ISBN 978-0-260-64704-7
PIBN 10961841

For support please visit www.forgottenbooks.com

MEMOIRES
POUR
L'HISTOIRE

Des Sciences & des beaux Arts.

Recüeillis par l'Ordre de Son Altesse Sereniffime Monfeigneur Prince Souverain de Dombes.

Avril 1710.

De l'Imprimerie de S. A. S.

A TREVOUX,

Et fe vendent à Paris,

Chez JAQUES ESTIENNE Libraire, Ruë Saint Jaques, au coin de la ruë de la Parcheminerie, à la Vertu.

Avec Privilege & Approbation. 1710.

MEMOIRES
POUR L'HISTOIRE
des Sciences & des beaux Arts.

Avril 1710.

ARTICLE XLVI.

MEMOIRES POUR SERVIR à l'Histoire Ecclesiastique des six premiers siecles, justifiez par les citations des Auteurs originaux. Avec des notes pour éclaircir les difficultez des faits & de la Chronologie. Tome quatorziéme. Par Mr. le Nain de Tillemont. A Paris chez Charles Robustel, ruë Saint Jaques au Palmier, 1709. *in* 4°. *pages* 830.

QUOI qu'on reconnoisse l'esprit & la main de Mr. de Tillemont dans la suite de ses Mémoires ; on est néanmoins persuadé que s'il les avoit publiez luì-même , ils paroîtroient en un autre état qu'on ne les voit au-jourd'hui. Ce font des collections & des premiéres penfées jettées fur le papier à mefure qu'il lifoit ; en les retouchant , il y auroit mis de l'or-dre & des liaifons ; il auroit châtié fon style ; & il y a apparence qu'il auroit retranché ces longues & fen-tentieufes reflexions , qui peut-être ennuyent les Lecteurs , & qui cer-tainement ne conviennent pas au deffein de fervir à l'Hiftoire Eccle-fiaftique.

La vie de Saint Paulin Evêque de Nole fe préfente la premiére dans ce Volume,& commence ainfi: ,, Celui ,, qui eft aujourd'hui fi célebre fous ,, le nom de Paulin , a auffi été nom-,, mé Ponce dans l'Antiquité. Les ,, Manufcrits l'appellent encore affez ,, fouvent Merope, auffi-bien que les ,, Imprimez. Saint Paulin nâquit à Bordeaux l'an 353. ou 354. d'un pe-re & d'une mere , qui avec une no-bleffe diftinguée lui laifférent de grandes richeffes. Les qualitez de fon Efprit répondirent à fa naiffance. Des inclinations portées à la Vertu, un naturel doux & bienfaisant, un Genie rare pour l'Eloquence & la Poësie, qu'il perfectionna par les leçons du célebre Ausone, tous ces avantages l'élevérent aux premiéres Dignitez & jusques au Consulat, comme il le marque lui-même en son treiziéme Poëme sur Saint Felix. Son nom étoit écrit dans les Fastes avant celui d'Ausone, selon le témoignage d'Ausone même *, qui fut Consul l'an 379. Saint Paulin l'avoit donc été auparavant, c'est à dire avant l'âge de 25 ou de 26 ans. Cependant le nom de Saint Paulin ne paroît point dans les Fastes : ce qui fait juger qu'il n'a pas été Consul ordinaire, mais subrogé : & le P. Pagi pense qu'il n'a été qu'honoraire sans administration : ce qui ne convient pas mal à la grande jeunesse où il étoit encore.

Il eût le bonheur de trouver en son mariage avec Therasie, cette égalité si recommandée entre un Epoux & une Epouse, égalité de naissance & de biens, de ressemblance d'humeur, de sentimens, & d'inclination à la vertu & à la pieté.

* *Auson. Epist. 20.*

C c iij

Saint Paulin Catécumene dès son enfance, étant né de Parens Chrétiens: mais l'année de son Baptême est incertaine. Il le reçût de St. Delphin Evêque de Bourdeaux, après avoir été instruit par St. Amand qui fut ensuite le Successeur de Saint Delphin. Le P. Chifflet croit que ce fut l'an 379. ou 380. parce qu'alors il se dévoüa au service de S. Felix de Nole : la raison n'est pas tout à fait concluante : mais il faut dire au moins, que ce fut au tems où il prit absolument la résolution de quitter le Monde. Or il commença à se retirer des affaires & à se réduire à une vie privée vers l'an 388. & pour se préparer à quelque chose de plus, il abandonna sa Patrie en 389. & chercha une retraite en Espagne où il avoit des terres, & où Thérasie l'accompagna. Il y demeura quatre ans ; & là il fit cette grande action si loüée par les Saints Sevére-Sulpice, Ambroise, Jerôme, Augustin : il se défit de tous ses biens, partie en faveur des Eglises, partie en faveur des Pauvres, se faisant lui-même pauvre pour l'amour de JESUS-CHRIST ; & Thérasie eût encore le courage de le suivre en cela. Leur union ne fut plus que de charité & dans une parfaite continence. Ce qui mérita les éloges des Saints, fut extremement desapprouvé par Aufone & par le commun des Hommes.

Saint Paulin fut fait Prêtre à Barcelone l'an 393. le jour de Noël par Lampius Evêque de cette Ville, à une condition qui n'étoit pas felon les Canons, qu'il ne demeureroit point attaché à l'Eglife en laquelle il étoit ordonné.

L'année fuivante il alla avec Thérafie à Nole. Dans fon voyage il vit Saint Ambroife qui alors étoit à Florence, s'étant retiré de Milan à l'approche du Tyran Eugene. St. Ambroife l'adopta à fon Clergé fans l'obliger d'y réfider : ce qui revient à une Confraternité. St. Paulin paffa à Rome, où il fut reçû avec admiration par tout ce qu'il y avoit de confiderable dans cette grande Ville, finon par le Pape Sirice & par le Clergé : ce que Mr. de Tillemont attribuë à jaloufie de leur part. Arrivé à Nole il fe logea proche de l'Eglife de St. Felix, & il affembla dans sa Maison une Communauté de Moines, avec lesquels il mena une vie très-pénitente, vétu d'un rude cilice, ne prenant pour nourriture que des légumes & des boüillies à la fin du jour pendant le Carême, & à trois heures après midi pendant le reste de l'année. De-là il entretint un commerce de charité & de lettres avec les Saints Severe-Sulpice son intime Ami, Delphin, Amand, Ambroise, Jerôme, Aurele, Alype, Augustin, Eucher, Honorat, & avec Rufin.

Il fut fait Evêque de Nole en 409. & mourut en 421. ou deux ou trois ans après. Urane qui assista à sa mort, raconte que deux jours auparavant il sacrifia dans sa Chambre en présence de deux Evêque qui l'étoient venu visiter. Il est croyable que Therasie l'avoit précedé dès l'an 413. puis qu'il n'en dit plus rien dans ses Lettres depuis ce tems-là.

Les Ouvrages que nous avons de St. Paulin ne respirent que la charité, l'humilité, la pieté; plus propres à édifier qu'à instruire : car il ne s'appliqua ni à l'Histoire ni à la dis-

cuffion des endroits difficiles de l'E-
criture. Sur tout il évita toute con-
teftation ; & ne voulut point entrer
dans celle qu'eût Saint Jerôme avec
Rufin. Mr. de Tillemont art. 51. le
trouve favorable aux fentimens des
Semi-pelagiens : on ne fçait fur quoi
tombe ce reproche ; car ce ne peut
être fur ce que St. Paulin s'exprime
en termes clairs & formels fur la Grace offerte à tous, & fur la mort de
JESUS-CHRIST pour tous les hommes.
Quoi qu'il en foit St. Auguftin * le
juftifie glorieufement en lui écrivant
à lui même : „ Vos Lettres, lui dit-
„ il , répandent la bonne odeur de
„ JESUS-CHRIST dans toute fa pure-
„ té ; & vous y paroiffez comme un
„ fidelle amateur & un généreux dé-
„ fenfeur de la Grace.

On ne s'eft point arrêté à ce que
Saint Gregoire raconte fur le récit
de quelques perfonnes de vertu, que
St. Paulin fe livra aux Vandales pour
retirer de captivité le Fils unique
d'une pauvre Veuve; ce fait avec ces
circonftances ne trouvant point de
place dans l'hiftoire de fa Vie.

* *Auguftin.* ep. 106.
Avril 1709.   Cc v

Mr. de Tillemont passe à St. Martinien Evêque de Milan, que Théodoret & les Orientaux appellent Martin ; & il reprend Baronius d'avoir, assûré qu'en ce tems-là il n'y avoit point d'Evêque de ce nom à Milan.

On s'attendoit à trouver de grands éloges ou du moins du ménagement pour le Pape St. Celestin, en considération de ce qu'il a fait contre Celeste, & pour St. Augustin : on est donc surpris de le voir traité d'infracteur des Canons dans l'affaire du Prêtre Apiarius, dont il reçût l'appel contre les Evêques d'Afrique, & dans l'autorité de Vicaire Apostolique qu'il donna à Rufe de Thessalonique sur l'Illyrie. Il se laissa surprendre sur le rapport „ peut-être „ de quelque vieux Ecclesiastiques „ ambitieux & fâchez, de ne se pas „ voir chargez du fardeau de l'E- „ piscopat, lorsqu'il desapprouva des Elections très-saintes faites en France, telles que celles de St. Hilaire d'Arles & de S. Loup de Troye, qui n'étoient pas du Clergé de ces Eglises, mais tirez du Monastere de *Lerins.*

Mr. de Tillemont rapporte quelques paroles de St. Celeſtin Epître deuxième, addreſſées aux Evêques de France qui gardoient l'habit qu'ils avoient porté dans le Monaſtere. Les voici, ces paroles: ,, Nous ,, devons nous diſtinguer du Peu- ,, ple & des autres par la doctrine & ,, non par les vêtemens, par la ſain- ,, teté de nôtre vie & non par nos ha- ,, bits, par la pureté de l'ame & non ,, par l'exterieur du corps. Il ajoute que cet endroit eſt fort pour montrer que les Eccleſiaſtiques n'étoient point autrement vétus que les Séculiers & les Laïques, lors même qu'ils approchoient de l'Autel pour céſebrer les Saints Myſteres. On renvoye pour les habits ſacrez au Cardinal Bona *, qui traite de temeraire le ſentiment qu'on voit ici ; & on ſe contente de demander ce que vouloit dire St. Jerôme *, ,, Que la ,, Religion divine ſe ſert d'autres ha- ,, bits au Miniſtére de l'Autel que ,, dans l'uſage commun de la vie ? Saint Celeſtin ſucceda à St. Boni-

a *Rerum Liturgic. c. 5. & 24.*
b *In Ezech. 44.*

face mort le 4. de Septembre 422. &
mourut le 26. de Juillet 432. L'endroit éclattant de sa vie est la condamnation de Nestorius.

Mr. de Tillemont a sans doute
respecté le nom de Saint donné à
Cassien par plusieurs Saints & par
plusieurs Papes : il traite avec modération ce Chef des Semi-pelagiens
de Marseille : il se contente d'avertir
qu'il a mêlé dans ses Ouvrages, des
erreurs sur la Grace qui ont été condamnées dans le second Concile
d'Orange , & pour lesquelles le Pape
Gélase a mis les Livres de Cassien au
nombre des apocryphes. Il remarque encore quelques autres sentimens *fâcheux* ou *tout-à-fait mauvais*,
du même Auteur , sur le mensonge,
le tems de la création des Anges , la
mort de deux enfans qui aimérent
mieux se laisser mourir de faim que
de manger des figues , qui leur
avoient été données à porter à une
personne.

Il paroît plus probable à Mr. de
Tillemont , que Cassien étoit de la
petite Scythie , l'une des provinces
de la Thrace, & qu'il naquit envi-

ron l'an 350. ou 360. Il fut élevé loin de sa Patrie dans un Monastere de Bethléem, où il apprit les Lettres humaines ; & son style en Latin montre assez, que ce fut parmi des Moines d'Occident. Il se lia là d'amitié avec Germain qui étoit de son pays & vrai-semblablement son Parent. Ils se joignirent au plus-tard en 390. pour visiter les Saints Moines qui habitoient les Deserts de l'Egypte ; & Cassien pendant l'espace de sept ans qu'il conversa avec eux, recüeillit de leurs exemples & de leurs discours, ce qu'il a dans la suite exposé avec élegance dans ses Institutions & ses Conférences. Il fut témoin d'une penitence assez étrange, dont l'Abbé Paul punit la lenteur d'un jeune Moine à servir à table : il lui donna un grand soufflet qui fut reçû avec patience & sans émotion.

Cependant comme les deux Amis avant que de partir du Monastere de Bethléem, s'étoient engagez d'y retourner ; ils y retournérent en effet, mais seulement pour s'acquitter de leur promesse : car bien-tôt après ils reprirent le chemin de l'Egypte ; où ils étoient encore lorsqu'en 399. la Lettre Paſcale de Theophile d'Alexandrie contre les Antropomorphites jetta le trouble dans les Deſerts. Delà ils paſſérent à Conſtantinople , & s'attachérent à Saint Jean Chryſoſtome , qui éleva Germain au Sacerdoce , & Caſſien au Diaconat. Ils eurent part à la perſecution que ſouffrit cet illuſtre Prélat ; & après ſon exil ils furent députez à Rome par ceux qui lui demeuroient encore fidelles. On ne ſçait point s'ils retournérent en Orient ; & comme on ne voit plus rien de Germain , on conjecture qu'il mourut vers ce tems-là. Pour Caſſien il fut fait Prêtre ſans qu'on ſçache préciſément le lieu de ſon ordination , non plus que le tems qu'il vint à Marſeille , où il fonda la celebre Abbaye de Saint Victor & un autre Monaſtere pour des Filles. Alors la Provence & les Iſles voiſines, à l'imitation de l'Egypte, commençoient à fleurir par les exercices de la vie monaſtique ; & Caſſien n'y contribua pas peu par ſes beaux

Ecrits. Saint Leon, qui n'étoit encore qu'Archidiacre de l'Eglise Romaine, l'anima à compofer fes Livres de l'Incarnation contre Neftorius. Caffien Mourut à Marfeille entre les années 433. & 450. Quelques-uns ont prétendu qu'il avoit écrit en Grec, fur ce que quelquesunes de fes Conférences fe trouvent en cette langue dans la Bibliotheque du Vatican, & que Photius fait mention de fes Inftitutions : conjecture mal fondée & contredite par le ftyle Latin de Caffien, qui évidemment eft original.

Saint Nil vient enfuite : & c'eft de fes propres Ecrits qu'il faut apprendre l'Hiftoire de fa Vie, ne s'en trouvant que peu de chofes ailleurs, au moins de chofes fur lefquelles on puiffe compter. Après avoir été Grand dans le monde, confideré pour fon Eloquence, fes richeffes, fes emplois, il fe retira au mont Sinaï : de deux Fils qu'il avoit, il en emmena un avec lui, & laiffa l'autre à fa Femme, avec laquelle il avoit vécu en continence depuis la naiffance de leur fecond Enfant. Il paffa le refte de fes jours fur cette Montagne dans les pratiques aufteres de la vie foli- taire des Anacoretes, fans oublier néanmoins d'édifier le Monde par quantité de Lettres, d'Inftructions, & de Traitez de Pieté :,, où l'on ,, voit d'une part, dit Photius, juf- ,, qu'à quelle perfection alloit fa ,, Vertu, & de l'autre ce qu'il ,, pouvoit faire pour l'Eloquence. Entre fes Ouvrages, celui où il dé- crit une Courfe des Sarrazins fur le Mont-Sinaï, n'eft pas le moins tra- vaillé, mais on le trouve exceffif en plaintes. Ces Barbares dépoüil- lérent les pauvres Moines, & en tuérent un grand nombre : ils n'ô- térent pas la vie à Saint Nil ; mais ce qui lui fut plus douloureux, ils lui enlevérent fon Fils, qu'il recouvra néanmoins peu de tems après.

Acace Evêque de Bérée qui fuit, a été un des Prélats de l'Orient qui ait jamais reçû de plus beaux élo- ges, & qui ait été plus refpecté. Il fut deux fois l'inftrument & le média- teur de la paix de l'Eglife, en travail- lant à affoupir le Schifme d'Antio- che, & à réünir les Orientaux avec

Saint Cyrille. Cependant il a terni
ſa grande réputation par l'animoſité
qu'il fit paroître contre Saint Jean
Chryſoſtome , à qui il nuiſit plus
que Theophile même , par l'eſtime
generale qu'on avoit de ſa ſageſſe &
de ſa vertu. Il eût une longue vie
d'environ 116 années, dont il paſſa les
premieres depuis ſon enfance dans
le Monaſtère , & les 58 derniéres
dans l'Epiſcopat , né en 322. & mort
en 337.

Sur le chapitre de St. Heſyche
Prêtre de Jeruſalem , Mr. de Tillemont fait ſon éloge & le dénombre-
ment de ſes Ouvrages : & il examine s'il y a eû un ſecond Heſyche ou
Iſice Prêtre & Evêque de Jeruſalem.
Il met enſuite la Vie de Sainte Me-
lanie la jeune , d'Albine ſa Mere,
& de Pinien ſon Mari : l'Hiſtoire
Eccléſiaſtique n'a rien de plus édifiant. Il ajoute ce que Théodoret
rapporte dans ſon Hiſtoire religieu-
ſe de Pierre de Galatie Anacorete
à Antioche, ce qu'on peut ſçavoir de
St. Poſſide Evêque de Calame &
Ami de Saint Auguſtin , dont il a
écrit la Vie, de Saint Sixte III. Pa-

Avril 1710.

pe , & il s'exprime ainsi sur deux
Lettres que ce Pape écrivit peu après
son Ordination, l'une aux Evêques
d'Orient , l'autre à Saint Cyrille :
,, On pourroit desirer dans ces deux
,, Lettres, qu'il y témoignât davan+
,, tage sentir & craindre le poids
,, de la Charge qu'on venoit de lui
,, imposer.

Le zele de Saint Cyrille à entreprendre Nestorius , & sa fermeté à
suivre cette affaire , ont rendu son
nom respectable & sa memoire glorieuse dans l'Eglise : c'est aussi par
où Mr. de Tillemont nous le fait
principalement considérer ; & sous
son titre il renferme toute l'Histoire
du Nestorianisme. La matiere est
ample , & il ne la traite pas en abbregé. Mais on se croit dispensé de
le suivre sur un sujet aussi connu ,
déja exposé par mille Auteurs, &
sur lequel il ne semble pas qu'il
reste rien à desirer aprés l'Histoire
du Nestorianisme , qui parut en
François il y a environ 14 ou 15 ans.
On se resserre donc à rendre compte
de l'ordre que Mr. de Tillemont a
mis dans sa narration.

Avril 1710.

Saint Cyrille paſſa premierement
par les exercices de la vie monaſtique, & les fonctions de la Clérica-
ture ; & ayant ſuccedé à Théophile
ſon Oncle, Patriarche d'Alexandrie
en 412. le dixhuitiéme d'Octobre,
il ſe crût d'abord obligé de ſe conformer en tout à un Oncle & à un
Prédeceſſeur, tant pour les affaires
eccleſiaſtiques que pour les civiles
mêmes. De ſorte que les commence-
mencemens de ſon Epiſcopat ſemblent plus avoir de beſoin d'apologie que mériter des loüanges. Car il
perſiſta à ſoutenir ce qui avoit été
fait contre Saint Jean Chryſoſtome,
& ne ſe relâcha enfin qu'avec peine
environ l'an 417. D'ailleurs il ſe
donna une autorité à Alexandrie,
juſqu'à cauſer de la jalouſie aux
Gouverneurs : il en chaſſa les Juifs
malgré Oreſte Préfet auguſtal ou
Gouverneur d'Egypte ; & ſes dé-
mêlez avec lui allérent fort loin. Il
n'eſt pas néanmoins permis de le
ſoupçonner d'avoir eu part à l'inſulte
faite par cinq cens Moines à Oreſte,
qu'un d'eux eût l'audace de bleſſer
à la tête d'un coup de pierre ; ni à

l'horrible massacre de la celebre
Hypatie, qu'une troupe de gens
dévoüez au service de l'Eglise mirent en piéces, sous pretexte qu'elle aigrissoit l'esprit du Gouverneur
contre le Patriarche.

Passons à ce qui fait la gloire de
Saint Cyrille, c'est à dire, à la défense de la Foi de l'Incarnation,
contre l'Heresie de Nestorius. Mr.
de Tillemont explique ce qui regarde la personne de Nestorius ; ensuite il expose l'état où l'Empire &
l'Eglise étoient alors : il fait le caractere des Evêques, que la dignité de leur Siége & leur propre merite distinguoient. Il dit avec grande raison, qu'une preuve invinci-
ble pour convaincre Nestorius d'hé-
resie, qui d'ailleurs enveloppoit ses
mauvais sentimens sous l'ambigüité
des termes ; c'étoit l'aveu qu'il faisoit de s'éloigner de la doctrine
qu'il trouvoit établie dans l'Eglise,
& dans laquelle les Fidelles étoient
instruits. De-là Mr. de Tillemont
entre dans un détail très-circons-
tantié du Nestorianisme, à le prendre dès son origine jusques dans ses

fuites. Il juftifie la Foi de Jean Patriarche d'Antioche, & des Evêques d'Orient, qui lui adhérérent
dans fon différend contre Saint Cyrille : & il parle auffi favorablement
de celle de Theodoret, auquel il
donne bonne part à la belle Lettre
que Jean écrivit à Neftorius au commencement de la difpute , & à la
Confeffion de Foi que Paul Evêque
d'Emefe, porta de la part des Evêque d'Orient , à foufcrire à Saint
Cyrille pour finir toutes les conteftations. Dans la 80ᵉ. note il montre
que la Lettre par laquelle Théodoret marque à Jean fa joye de la mort
de Saint Cyrille , eft fuppofée, &
que le Sermon prêché à Antioche
devant Domnus, l'eft auffi. Mr. de
Tillemont dans la fuite de cette
Hiftoire s'éloigne par tout du Pere
Garnier.

Cependant ceux qui perfiftérent
dans les fentimens de Neftorius, inti-
midez par la crainte de l'exil dont
l'Empereur Théofe II. puniffoit ir-
remiffiblement l'opiniâtreté de quiconque ne fe foumettoit pas , & re-
fufoit de foufcrire aux Décifions de

l'Eglise , abandonnérent le nom de Neſtorius, & ſe parérent de celui de Théodore Evêque de Mopſueſte. Leur choix ne fut pas heureux , comme il parut par la ſuite ; mais alors il leur parut bon , à cauſe de la réputation où étoit ce Prélat dans tout l'Orient, qu'il avoit couvert de la multitude de ſes Livres. Saint Cyriﬂe entreprit donc de flétrir ſa mémoire ; & s'il ne pût en venir tout à fait à bout, au moins il commença à le décréditer.

Enfin Saint Cyrille après avoir ſi bien merité de l'Egliſe, mourut l'an 444. le 27. de Juin. Mr. de Tillemont ﬁnit ce qui le regarde par un éloge de ſon courage , de ſa ſageſſe , & de ſa modération , & par la Critique de ſes Ouvrages.

Sur le chapitre de Saint Arſene , Mr. de Tillemont ramaſſe ce qui en eſt rapporté en divers endroits de l'Hiſtoire des Peres du Deſert : & c'eſt auſſi tout ce qui peut s'en croire comme certain ; ſa vie, telle que nous l'avons de Metamaphraſte , étant mêlée de circonſtances ou peu vrai-ſemblables, ou même contraites·à·l'Hiſtoire. Il mourut vers l'an 445. âgé de 95, dont il avoit paſſé 55 dans la Solitude, auſſi pauvre, humble, mortifié, qu'il avoit été riche, grand, & amateur du luxe dans ſe ſiécle. Mr. de Tillemont lui joint ſes Diſciples Daniel, Alexandre, Loïle, & ſon Ami Ammon ou Amnoës; & puis il parle d'un Saint Achille Moine de Sceté.

Ce Volume eſt terminé par Saint Procle. Dès ſon enfance il fut fait Lecteur: il s'attacha depuis à Attique Patriarche de Conſtantinople, qui l'ordonna Prêtre. Après la mort d'Attique en 426. il fut propoſé pour lui ſuccéder; mais les ſuffrages du Peuple ſe déclarérent en faveur de Siſine, qui bien-tôt après conſacra Procle Evêque de Cyzique. Les oppoſitions que formérent le Clergé & le Peuple de cette Ville à la priſe de poſſeſſion de ſon Evêché, l'obligérent à demeurer à Conſtantinople avec le titre ſeul d'Evêque; & il s'y employa à la prédication avec ſuccès. Il fut encore propoſé pour être Patriarche de Conſtantinople, & avant Neſtorius, &

après la déposition de Nestorius : il eût en ces occasions pour concurrent un Prêtre nommé Philippe qui lui nuisit. Enfin après Maximien Successeur de Nestorius & mort en 434. il parvint à une place qu'il avoit si souvent manquée, & en laquelle il se proposa d'imiter la douceur & la modération d'Attique. Quoi qu'il témoignât n'approuver pas les Anathématismes de Saint Cyrille, il fut néanmoins en grande union avec lui & avec Jean d'Antioche. Il demanda que le Corps de Saint Jean Chrysostome fût rapporté à Constantinople, & le réçût l'an 438. le 27. de Janvier. Il mourut en 446. Un Traité en forme de Lettre qu'il écrivit aux Armeniens sur le Mystere de l'Incarnation, fut fort applaudi de Saint Cyrille, de Jean d'Antioche, & de tous les Evêques de l'Orient ; & il est demeuré celebre dans l'Eglise.

Ce fut de son tems que l'usage s'introduisit de chanter le *Trisagion*, qui consiste en cet Hymne : *Saint, Saint, Saint ; Dieu Saint, Saint & fort ; Saint & immortel, ayez pitié de nous.*

Saint

Saint Jean de Damas & Theopha-
ne assûrent qu'il fut apporté du
Ciel à Saint Procle , par un enfant
qui y avoit été enlevé, tandis que la
Ville de Constantinople sembloit
aller être renversée par un terrible
tremblement de terre , qui cessa
à l'instant que le Patriarche suivi
du Peuple commença à chanter le
Trisagion. Les Grecs l'employent par
tout dans leur Office : nous ne le
mettons qu'en celui du Vendredi-
saint , & quelques jours aux priéres de Prime.

ARTICLE XLVII.

JOANNIS MEYERI SS. TH.
& Ling. S. Doct. & Professor.
Dissertatio Theologica , quâ pro-
pheticas visiones Ezechielis de
Templo , Urbes & Terræ Israëlis
distributione novem extremis ca-
pitibus contentas, nondum imple-
tas , sed olim implendas esse perf-
picuè demonstratur. Accedit figura quâ totius Terræ , Tem-
pli &c. mensura declaratur. Har-
lerovici apud Petrum Sas. C'est-à-
vril 1710. **D d**

Les promesses magnifiques qu'Ezechiel fait au Peuple Juif de la part
de Dieu, fournissent un nouvel argument à Mr. Meyer, qu'il expose
dans la Section troisiéme. Le Prophete promet que les douze Tribus
sortiront ensemble de la captivité,
qu'elles partageront la Terre sainte
par portions égales, que Jerusalem
leur appartiendra en commun, que
des eaux sorties du Temple iront
arroser l'Orient & l'Occident : rien
de tout cela n'est arrivé après la captivité de Babylone. Il résulte, dit-il,
de toutes ces preuves, qu'on ne peut
soutenir que cette partie de la Pro-
phétie d'Ezechiel soit accomplie, &
que les Interpretes qui ont cherché dans ce Prophete, les mesures
& la description du Temple de Salomon ou de celui de Zorobabel, se
sont fort écartez du vrai.

Il ne reste plus que deux partis à
prendre sur ces prédictions : l'un de
les entendre du retour de tout le
Peuple Juif après son entiere conversion à la fin des siécles, & de l'E-
tat heureux de la République Judaïque qui suivra cette conversion :
Avril 1710.

l'autre de donner à toutes ces promeffes, à ces préceptes, à ces def-
criptions un fens allégorique, en les
expliquant de l'Eglife Chrétienne.
Les Interpretes font partagez entre ces deux fentimens. L'Auteur
embraffe le premier, & il employe
la fection quatriéme à montrer par
divers paffages des Prophetes, que
cette converfion generale des Juifs,
& leur retour dans la Terre fainte,
font véritablement prédits dans les
Livres facrez.

Il ne peut cependant difconvenir, que beaucoup de ces Prophéties ne s'entendent naturellement
de l'établiffement de l'Eglife Chrétienne, des avantages dont y joüif-
fent les Fidelles, & des Juifs qui fe
convertiffent : mais quelques-unes
de ces Prophéties femblent prédire
clairement la converfion de toute
la Nation : il n'en faut pas cependant
conclurre, que toutes les prédictions
d'Ezechiel s'accompliront alors à
la lettre : il faut neceffairement y
reconnoître du myftere & de l'alle-
gorie. Il eft certain que les Sacrifices
fanglans font abolis pour toûjours:&

ſi l'on n'avoit pas recours au ſens figu
ré, l'accompliſſement de pluſieurs d
ces prédictions ſeroit abſolumen
impoſſible. Comment, par exemple
toutes les douze Tribus pourroient
elles demeurer enſemble dans Jé
ruſalem ? comment ſe pourroit - i
faire que tous les Peuples. du Mon
de y vinſſent chaque mois , ſelon l
prédiction de Zacharie? Mr. Meye
établit dans la ſection cinquiéme
cette diſtinction neceſſaire entre le
Propheties touchant l'heureux éta
des Juifs après leur converſion , qu
s'accompliront à la lettre , & celle
qui renferment un ſens myſtique
Il finit par une comparaiſon de ce
neuf Chapitres d'Ezechiel avec le
Chapitres xxi. & xxii. de l'Apoca
lypſe.

Ce n'eſt pas ici le premier frui
des études de l'Auteur : Nous avor
de lui *un Traité de l'origine des Fêt*
des Juifs , imprimé à Amſterdam e
1693. & une édition du *Lederolan*
ou *de la Chronique des Juifs* , avec d
ſçavantes notes, imprimée à Harde
wick en 1699.

Mr. Meyer a fait paroître dar
Avril 1710.

tous fes Ouvrages une grande connoiffance des Ecrits des Rabbins :
peut - être leur défere - t'il un peu
trop. On en jugera par une fable
du Talmud qu'il rapporte , & qu'il
examine trop férieufement dans fa
Differtation. Les Rabbins plus anciens que JESUS-CHRIST déli-
berérent, felon ce comte , s'ils ôte-
roient ce Livre d'Ezechiel du nombre des Livres facrez ; parce qu'il
leur parut contraire en certains articles aux Livres de Moyfe : mais
Chanania Fils de Kiskia offrit de
concilier les prétenduës contradictions ; & il empêcha la condamnation du Prophete.

Les mœurs du Peuple Juif, leur
refpeâ fi connu , fi conftant, pour
le Canon des Livres facrez , ôtent
toute vrai - femblance à cette ridicule fiction.

ARTICLE XLVIII.

AËROMETRIÆ ELEMENTA &c.
Elemens de l'Aërometrie. Principes pour
mefurer l'Air, où fes forces & fes pro-
prietez, font expofées felon la méthode
Avril 1710.   D d iiij

*des Géometres. Par Chrétien Wolfius Pro-
feſſeur de Mathematique en l'Univer-
ſité de Hall de Magdebourg.* A Lip-
ſic aux frais des Heritiers de Lan-
kiſius, 1709. *in douze*, *pag.* 335.

S I quelqu'un ignore encore que
l'air eſt peſant, ſe comprime & ſe
dilate , & quels ſont les effets de
cette peſanteur & de ce reſſort ;
c'eſt bien ſa faute, puiſque le Public a entre les mains une infinité
de Traitez ingenieux ſur cette matiere. En voici un de plus ; où l'Auteur ſe propoſant de s'attacher à la
methode des Géometres , commence par des définitions , établit des
axiomes , rapporte des experiences ,
s'étend en une longue ſuite de 111.
propoſitions, tire de chacune pluſieurs corollaires, & les éclaircit par
des ſcholies.

Par ménagement pour nos Lecteurs, & crainte de les ennuyer d'un
ſujet ſi ſouvent rebattu & épuiſé, on
ſe contentera de remarquer quelques endroits de cet Ouvrage qui
ſemblent mériter plus d'attention.

Quand on vuide d'air le récipient
Avril 1710.

par le moyen d'une pompe , il eſt
manifeſte que l'air qui reſte dans le
récipient ſe dilate & ſe rarefie , à
proportion que le piſton eſt plus
ſouvent tiré. On demande de déterminer le degré de raréfaction de cet
air , après un certain nombre de fois
que le piſton aura été tiré, par exemple après dix fois ? Comme à la premiere l'air renfermé dans le ſeul récipient s'eſt étendu dans la pompe ,
& que cela eſt arrivé de même les
neuf fois ſuivantes ; il ſe forme une
progreſſion géometrique , dont le
premier terme eſt la cavité ou la capacité du récipient, & le ſecond eſt
la capacité du même récipient &
celle de la pompe priſes enſemble.
Mettant donc la capacité du récipient à celle de la pompe , comme
$12 = a$, & celle de la pompe comme
$1 = b$: on a la progreſſion géometrique $a : a + b$: pouſſée au dixiéme
terme ; & l'air en ſa raréfaction eſt
à lui-même en ſon état ordinaire ,
comme la neuviéme puiſſance de
$a + b$ à la neuviéme de a. Telle eſt
la regle que donne le Sieur Wolfius
en la propoſition quatorziéme, &

elle eſt juſte, eû égard à la ſeule force élaſtique de l'air. Mais parce
que ſes parties étant moins ſoutenuës, s'affaiſſent d'elles-mêmes par
leur peſanteur & tombent dans la
pompe ; ce calcul ne ſçauroit être
conforme à l'exacte verité ; & il
n'eſt pas permis d'en conclurre, comme fait l'Auteur en la propoſition
dixneufviéme, que l'air ſe dilate toûjours de plus en plus, ſans pouvoir
être entierement tiré du récipient,
quoi qu'on ne nie pas qu'il en reſte
toûjours quelque partie.

Il lui eſt échappé d'aſſurer en la
propoſition vingt-cinquiéme, qu'un
corps ſuſpendu en l'air en eſt également preſſé de toutes parts : ce qui
n'eſt pas préciſément vrai ; la preſſion qui ſe fait au deſſous pour le ſou-
lever étant plus forte que celle du
deſſus pour l'abbaiſſer.

Si en faiſant l'experience de Tor-
ricelli, le tube n'eſt pas entiérement
rempli, & qu'on y laiſſe quelque
place à l'air ; le vif argent demeure
au deſſous de ſa hauteur ordinaire,
& l'air ſe dilate au deſſus. Surquoi
le Sieur Wolfius entreprend de dé-

terminer ce qu'un pouce ou deux pouces d'air laiſſez dans le tube, doivent faire perdre au vif argent de ſa hauteur, & de marquer la quantité d'air laiſſée dans le tube, quand on connoit ce que le vif argent a perdu de ſa hauteur. Voici ſa quarante-neufviéme propoſition : »Connoiſſant le rapport des diffe- » rentes hauteurs du vif - argent, ſe- » lon qu'il n'y a point d'air ou qu'il » y a de l'air laiſſé dans le tube, con- » noiſſant de plus l'eſpace que l'air » dilaté occupe; aſſigner la quantité » d'air qui y a été laiſſé. La réſolu- tion qu'il donne, eſt de faire, que comme la hauteur du vif - argent dans le tube ſans air, eſt à la diffe- rence des deux hauteurs, ainſi l'eſ- pace occupé par l'air dilaté, ſoit à un autre eſpace : celui - ci déterminera la quantité d'air reſtée dans le tube.

Pour examiner la verité de cette regle, ſoient ſuppoſez trois tubes préciſément de la hauteur qui con- vient au vif-argent ſelon l'experien- ce de Toricelli, & qu'on prend ici comme étant de 28 pouces. Le vif- argent s'éleve juſqu'au ſommet du tu-

be A, où il n'y a point d'air : dans les
tubes B & C, il est arrêté au 21°. & au
14°. pouce par l'air qui y a été laissé.
En cette supposition les sept pouces
d'en haut du tube B, & les 14 du tube
C, marquent la difference de l'élevation du vif-argent, par rapport au
tube A, & marquent aussi l'étenduë
que l'air renfermé s'est donnée en
se dilatant : donc selon la regle de
l'Auteur, le même espace superieur des tubes B & C, où l'air s'est
maintenu, devient moyen propor-
tionnel entre la hauteur du tube A,
& la quantité d'air laissé dans les
mêmes tubes B & C : de sorte qu'il
faudra assûrer, que le troisiéme terme des proportions continuës 28, 7,
1¼. & 28, 14, 7. donne l'air resté
dans les tubes B & C : & il y en a
quatre fois plus dans C que dans B, ſ
pour produire un effet double. Et
generalement dans cette supposition
la quantité d'air renfermé dans un
tube, est comme le quarré de l'espace qu'il y occupe divisé par 28.
Comme en ces matieres on ne doit
marcher qu'après l'experience, il
faudroit qu'elle justifiât une regle

qui femble ne s'accorder pas avec la proportion des caufes {& des effets, mettant celles-là comme les quarrez, & ceux-ci comme les racines : fi ce n'eft qu'on veuille dire , que l'air renfermé faifant effort pour fe dilater, & pour foutenir une partie du poids de l'athmofphere, c'eft un effet doublé.

L'Auteur explique les différentes fortes de Thermometres, Barometres, Hygromettres, Manometres, inventez pour mefurer les degrez de chaleur de l'air, de pefanteur, d'humidité, de denfité.

A R T I C L E XLIX.

GUILLELMI NICHOLSII Presbyteri Defenfio Ecclefiæ Anglicanæ, in quâ vindicantur omnia quæ ab Adverfariis in doctrinâ, cultu, & difciplinâ ejus improbantur. Præmittitur apparatus qui hiftoriam turbarum à feceffione ab Ecclefiâ Anglicanâ exortarum continet. *Défenfe de l'Eglife Anglicane par Guillaume Nichols Prêtre, où l'on juftifie cette Eglife de tous les* Avril 1710.

tinez à fortir du Royaume. Les Anglois réfugiez à Francfort fe laifférent perfuader par Knox, de quitter
la Liturgie Anglicane , & de s'en
faire une nouvelle conforme à la
difcipline de Geneve. Un autre Proteftant Anglois nommé Cox s'oppofa à cette nouveauté ; & il eût le
crédit de faire chaffer Knox , qui
fuivi de fes plus zelez Partifans, fe
retira à Geneve , où d'autres Anglois fugitifs s'étoient déja établi.
La mort de Marie fit changer de face aux Affaires de la Religion : les
Catholiques furent perfecutez à leur
tour par Elifabeth : les refugiez re-
vinrent ; mais ils ne rapportérent
pas le refpect pour la Liturgie , les
ceremonies , & l'Epifcopat, qu'ils
avoient fait paroître avant leur exil.
Prévenus en faveur de la difcipline
de Geneve, ils traitoient tout ce qui
n'y étoit pas conforme , d'idolatrie
papiftique , & parloient hautement
d'une nouvelle Reformation.   On
fut cependant obligé de mettre dans
les poftes confiderables de l'Eglife
Anglicane , ces Miniftres fi mal dif-
pofez pour elle : la rareté des fujets

ne permettoit pas de choisir. Le Parlement fit des Reglemens sur la Religion : il expliqua plus distinctement les trente-neuf Articles de la Confession de Foi, & il ordonna que tous les Pasteurs se servissent de la Liturgie. Cet Acte du Parlement fut le signal de la guerre qui dure encore entre les Episcopaux observateurs de cette Loi, & les Presbytériens qui refusérent de s'y soumettre : plusieurs aimérent mieux perdre leurs Benefices.

Il falloit un Chef à la nouvelle Secte : le dépit lui en donna un. Thomas Carturit outré de ce que la Reine dans une Dispute publique lui avoit préferé son Adversaire, étoit sorti sur le champ d'Angleterre pour aller à Geneve : il en revint déterminé à un éclat, & ne tarda pas à le faire. Il présenta au Parlement deux Libelles séditieux : il enhardit les autres Puritains à tenir des Assemblées particuliéres : enfin il commença le Schisme l'an mil cinq cens soixane treize. Beze avoit écrit plusieurs Lettres pour l'empêcher, & pour porter les Puritains à la to-

lerance des usages de l'Eglise Angl
cane ; mais ses conseils ne furent p:
écoutez. L'emportement de que
ques-uns de ces Sectaires alla jusqu
proclamer Roi un Homme de la l
du Peuple nommé Haccet, dont
supplice suivit de près cette ridicu
entreprise.

. La Secte des Independans, Calv
nistes encore plus rigides que l
Puritains , ennemis de tout Go1
vernement & de toute Loi, comme1
ça presque en même tems. Robe
Brown en fut l'Auteur. Aussi an
mez contre les Presbyteriens dor
ils étoient sortis , que contre l
Episcopaux ; leurs emportemens a
loient plus loin que ceux de leu
Maîtres ; & l'horreur qu'on en el
servit à rendre les premiers Schi
matiques plus moderez par un éve
nement fort rare. Les deux Che1
de ces nouvelles Sectes Carturit ₹
Brown| rentrérent dans la Commu
nion des Episcopaux, & obtinrer
des Benefices qu'ils conservéren
jusqu'à la mort.

Tout fut tranquille jusques à l
mort d'Elizabeth. Le supplice d

plufieurs Schifmatiqués, de Barrow entre autres)& de Grenwood', avoit *intimidé* les autres. L'avencment de Jaques Roi d'Ecoffe à la Couronne d'Angleterre, releva le courage des Presbyteriens : ils fe promirent tout d'un Roi élevé par Knox & par Buchanan : dans cette confiance ils recommencérent leurs Affemblées particuliéres. Les plus moderez prirent le parti de préfenter une Requête au nouveau Roi, pour lui demander qu'on ceffât de faire le figne de la Croix fur le front de ceux qu'on baptizoit ; qu'on ne portât plus de furpelis dans l'Eglife ; qu'on abolît les jours de Fêtes ; qu'on ne fe fervît plus d'orgues ; qu'il fût défendu de donner l'anneau dans la ceremonie du mariage : ils demandoient encore bien d'autres changemens : leur grand nombre ne permit pas de les méprifer. Le Roi confentit à une Conférence entre les Epifcopaux & les Presbyteriens : elle fe tint à Hamptoncourt en préfence du Roi l'an mil fix cens dix, Rainold, Sparce, Chaterton, & Cneuftubft parlant pour les Pres-

bytériens ; l'Achevêque de Cant
bery, fix Evêques & quelques P
tres pour les Epifcopaux. Le R
prit hautément la défenfe de l'Egli
Anglicane : il répondit lui mên
aux objections des Presbytériens ;
il employa les plus preffantes exho
tations pour obtenir par douceur
que la force de fes raifons n'avc
pû emporter. Tout fut inutile,
la Conference n'eût point d'aut
effet, que celui qu'elles ont d'orc
naire, de rendre l'animofité pl
vive, & les divifions plus irréco
ciliables.

Le Roi naturellement timide n'
fa prendre contre ces Seditieux, l
réfolutions fermes qui auroient a
rêté le mal : il eut recours à d
ménagemens plus propres à le fi
menter qu'à le guerir. Il ordon
fur leurs plaintes contre la Verfic
Angloife de l'Ecriture fainte qu't
lifoit dans les Eglifes, qu'on s
feroit une nouvelle, & défendit a
folument aux Laïques d'admini
trer le Baptême même dans le c
de neceffité, condamnant la coun
me contraire, qui malgré les erreu

de Calvin contre la necessité du Baptême, s'étoit conservée dans l'Eglise Anglicane : Loi cruelle qui ferma le Ciel à une infinité d'Enfans.

Cette lâche condescendance rendit les Puritains plus fiers, plus on gardoit de mesures avec eux, moins ils en gardérent : mais leur révolte contre le Gouvernement ecclesiastique & civil alla encore plus loin sous le Regne de Charles premier, aprés que deux Disputes fort vives, qui s'élevérent entre les Théologiens, eurent renduë plus aigre la dissension des Episcopaux & des Presbyteriens. La premiere de ces Disputes roula sur l'observation du Dimanche. Les Puritains l'exigeoient avec une rigueur Judaïque ; les Episcopaux portérent trop loin le relâchement de ce Précepte. L'autre Dispute est la fameuse querelle des Gomaristes & des Arminiens. Les Puritains zelez pour la doctrine de Calvin soutinrent avec chaleur les Decrets du Synode de Dordrecht ; les Episcopaux panchérent du côté des Arminiens. Enfin les troubles de

l'État fournirent aux Presbyteriens
l'occasion long-tems attenduë de se
porter aux derniéres extremitez. Ils
prêchérent la rebellion avec une fureur, dont Laud Archevêque de
Cantorbery fut la premiere victime :
sa mort ne l'appaisa pas. De concert
avec les Membres *du Parlement san-*
guinaire, qui étoient presque tous
dans leurs sentimens, ils chassérent
de la Chambre haute les Evêques;
ils les dépouïllerent de leurs biens;
ils abolirent l'usage de la Liturgie &
l'Espiscopat ; & couronnérent ces
crimes par l'exécrable particide com-
mis en la Personne de leur Souverain, qu'on peut dire avoir été le
Martyr de l'Episcopat, s'il est permis de parler ainsi. Il faut cependant avouër que les Independans
eurent encore plus de part à cet
horrible attentat que les Puritains.
Aprés le changement de Brown la
persécution dispersa ses Disciples :
les plus opiniâtres passérent en Hol-
land & dans l'Amérique , & y formérent diverses Eglises opposées les
unes aux autres, & promptes à s'ex-
communier mutuellement. Jean Ro-
    Avril 1710.

binſon qui gouvernoit à Leyde la plus nombreuſe de ces Egliſes moins fanatique que les autres, fixa les dogmes & la diſcipline de cette Secte & en fit un Syſteme regulier. Le tumulte de la guerre civile leur ſervit pour rentrer en Angleterre, & ils y acquirent bientôt un crédit, dont les Puritains furent jaloux. D'autres Sectes s'élevérent, *les Ranters*, *les Chercheurs*, *les Trembleurs.*

Les Ranters Secte infame, ſur le principe mal entendu, *que La Gloire de Dieu eſt d'autant plus grande., qu'il pardonne un plus grand nombre des plus énormes pechez*, ſe livroient ſans aucune retenuë aux paſſions les plus infames.

Les Chercheurs prétendoient, *que la véritable Egliſe étoit diſparuë ; qu'on ne pouvoit la chercher avec trop de ſoin ; qu'il ne falloit pas ſe fier à l'Ecriture ſainte ; que les miracles étoient la ſeule preuve infaillible de la veritable Religion ; qu'on devoit rejetter toutes les Inſtitutions humaines :* ils mettoient en ce rang toutes les Loix civiles & eccléſiaſtiques.

Les Trembleurs ou Quakers eu-

Avril 1710.

rent pour Fondateurs deux Ho
de la lie du Peuple , Jean Nail
George Fox. Jean Nailer osa
qu'il étoit le Christ. C'étoit u
travagant, qui dans les accés
transport insensé couroit les
tout nud. Le Magistrat l'ayant
vaincu de blasphême lui fit perc
langue. George Fox Soldat très i
rant , & d'une humeur feroce,
aprés lui le premier rang dans la
velle Secte , & il lui inspira so
prit grossier & brutal. Les T:
bleurs portent la rusticité jusqu'
fuser aux Princes & aux Magis
les devoirs les plus indispensabl
la civilité ordinaire : par une ri
le délicatesse de conscience , i
fusent de prêter les sermens les
légitimes , tandis qu'ils se per
tent tout ce que leur inspire leur
gination , qui leur tient lieu
criture sainte & de Loi : pou
dogmes ils ont rejetté ceux m
qui sont communs aux Catholi
& aux Protestans : ils nient la
nité , & la Divinité , l'Incarnat
la Satisfaction de JESUS-CHRIST
ne reconnoissent d'autre Verbe

Avril 1710.

que la lumiére interieure, c'eſt a
dire leurs viſions : ils nient la réſur-
rection des corps, les peines & les
récompenſes de l'autre vie. Le Paradis, ſi on les en croit, eſt la bonne conſcience : les remords ſont l'Enfer. Dans leurs Aſſemblées ils demeurent les bras croiſez juſqu'à ce
que ſaiſis d'une eſpece de fureur,
qui ſe maniſeſte par le tremblement
vrai ou affecté de tous le corps, ils
commencent à débiter leurs viſions :
les femmes ont le droit de parler
dans ces Aſſemblées fanatiques.

Mugleton & Rew parurent preſque au même tems. Ils ſe donnoient
pour les deux Témoins de l'Apoca-
lypſe : ils s'attribuoient le droit de
damner ou de ſauver qui il leur plai-
roit : ils enſeignérent les erreurs des
Antropomorphites. Les Anabaptiſ-
tes & les Millenaires profitérent auſſi
de ce tems de trouble, pour ſe répandre dans l'Angleterre.

Le rétabliſſement de Charles ſecond en mil ſix cens ſoixante, fut
ſuivi du rétabliſſement de l'Epiſcopat. Les Non-conformiſtes cependant furent traitez avec beaucoup

d'indulgence : la clémence du nouveau Prince s'étendit jusqu'à ces fu-
rieux ennemis de la Royauté. Pour
procurer un repos durable à l'Angleterre, on songea à réünir toutes les
Sectes Protestantes. On tint pour y
parvenir une seconde Conference qui
n'eût pas plus de succès que la premiere. L'obstination des Non-conformistes irrita les Episcopaux, qui
aprés une révision de la Liturgie,
employérent leur crédit pour faire
dépouïller les Ministres Presbyteriens des Benefices qu'ils avoient
envahis. Deux Conjurations contre
l'Etat, l'une des seuls Millenaires,
& l'autre en mil six cens soixante
trois, à laquelle toutes les Sectes
non-conformistes eurent part, dis-
posérent la Cour & le Parlément à
suivre les conseils violens des Evêques. La Cour changea quelques
années aprés. Le Roi en mil six cens
soixante onze accorda une entiere
liberté de conscience à toutes les
Sectes, par une Déclaration que le
Parlement l'obligea incontinent de
révoquer.

Baxter Ministre Presbyterien, qui
Avril 1710.

s'étoit diftingué dans la Conférence
& par fa capacité & par fa hardieffe,
étoit devenu l'oracle de fon Parti. Il
eût l'autorité d'y faire recevoir les
fentimens des Arminiens qu'il avoit
embraffez, tandis que les Indépendans tombérent dans les plus monf-
trueux égaremens, en fuivant fans aucune retenuë les principes de Calvin. Owen & d'autres de leurs Miniftres prêchoient, *que* JESUS-CHRIST
avoit obfervé la Loi pour tous les hommes;
que les plus grands fcelerats feroient fau-
vez fans converfion; que vouloir pratiquer
les Vertus morales, c'étoit être charnel;
& que toute la Vertu Chrétienne confif-
toit dans une affection fenfible pour
JESUS-CHRIST. Les efforts des
Presbyteriens pour exclurre le Duc
d'York de la fucceffion à la Couronne fur le prétexte de la confpiration
fuppofée des Catholiques, & la veritable conjuration des Presbyteriens contre Charles fecond, font
deux évenemens trop connus pour
nous arrêter, non plus qu'au deffein
qu'eût Jaques fecond d'abolir le
Teft & les Loix penales, & d'établir
en Angleterre une parfaite liberté de

confcience. Mr. Nichols peint ce deffein des couleurs les plus noires : cependant la revolution qui plaça le Prince d'Orange fur le Trône fut plus funefte aux Epifcopaux que ce jufte & fage projet. Les Presbyteriens depuis l'ufurpation ont toujours balancé le credit des Epifcopaux. Et il s'eft élevé dans le fein de l'Eglife Anglicane un tiers Parti déclaré pour la tolerance; Parti où plufieurs Evêques font entrez , prefque auffi contraire aux Epifcopaux zelez que le Parti Presbyterien.

Le Prince d'Orange tenta la réünion de tous les Proteftans. Il choifit parmi les Tolerans trente Commiffaires, Evêques & Théologiens, pour revoir la Liturgie & la Verfion de l'Ecriture fainte. Mr. Tennifon, Simon Patrick, Burnet, Stillingfleet, Tillotfon , Cidder , étoient les plus fçavans , & l'ame de cette délicate commiffion. Mr. Tennifon eût le foin d'examiner tout ce qui déplaifoit aux Non-conformiftes dans les expreffions de la Liturgie , & d'y faire les changemens neceffaires. Mr. Patrick fut chargé de compofer de nouvelles Collectes sur les Evangiles & les Epîtres de toute l'année. Messieurs Burnet Stilingfleet, & Tillotson, y mirent aussi la main. Mr. Nichols partageant les loüanges entre ces quatre Auteurs des nouvelles Oraisons, attribuë l'onction à Mr. Patrick, la force à Mr. Burnet, l'exactitude & la solidité à Mr. Stillingfleet, & l'élegance a Mr. Tillotson. Pour Mr. Cidder on l'employa à faire une nouvelle Version des Pseaumes sur l'Hebreu. Tous ces travaux devinrent inutiles par l'opposition des Episcopaux zelez, dont le nombre prévalut dans la convocation du Clergé d'Angleterre.

La revolution produisit un nouveau Schisme. Outre cette division entre les Episcopaux, Guillaume Sanderoft Archevêque de Cantorbery digne Successeur des Dunstans & des Anselmes, s'il en avoit conservé la Foi, & si son ordination eût été valide, Les Evêques d'Ely, de Petter-boroug, de Bath, avec plusieurs Prêtres de l'Eglise Anglicane, refusérent de se soumettre à l'Usurpateur, & demeurérent aux dépens

de toute leur fortune, fidelles à leur
Roi legitime, qui les avoit fait em-
prisonner peu de tems avant la révolution, à cause de leur obstination
à soutenir le Test & les Loix penales. L'Usurpateur dissimula quelque
tems le chagrin que lui donnoit un
exemple de fidelité si éclattant. Enfin
il en craignit les consequences. I
déposa le Primat & les Evêques : i
ôta les Benefices aux Prêtres qu.
refusoient de lui jurer obéissance, &
qui ont persisté à le refuser : on les
appelle *les Non-jureurs*. Il nomma Mr
Tillotson un des Théologiens tolé-
rans Archevêque de Cantorbery, &
remplit les Siéges des autres Evêques
Ceux qu'il avoit nommez furent re-
gardez comme intrus par une partie
du Clergé qui se sépara de ceux qu.
les reconnurent : & cette division
dure encore à present.

Il se forma d'autres Partis dans
le Clergé soumis à l'Usurpateur, qu
le diviserent de plus en plus. Tillotson & Tennison son Successeur dans
l'Archevêché de Cantorbery, pour
éluder le zele des Episcopaux les
plus ardens, ne tenoient plus de Sy-

nodes. Il parut un Libelle très-emporté, où le Prince & les Evêques tolerans n'étoient pas épargnez. Mr. Vakc y répondit, & soutint que le Prince seul avoit le pouvoir d'assembler les Synodes; que les convocations du Clergé n'avoient rien de commun avec le Parlement; & qu'il étoit alors inutile de le convoquer. Mr. Atterbury excellent Ecrivain répondit a Mr. Vakc, & il sçut donner à sa Réponse un tour si fin, si agréable, & si persuasif, qu'il remua tout le Clergé, & mit le Primat dans la necessité d'assembler un Synode. Les Anglicans zelez y déferérent plusieurs propositions contraires à la Doctrine reçuë, & plusieurs Livres dont ils demandoient la condamnation, entre autres l'Explication des trente neuf Articles de la Confession de Foi par Mr. Burnet Evêque de Salisbery. Les Tolerans traînérent cette affaire en longueur, & la convocation fut prorogée. La Chambre basse ou le second Ordre du Clergé n'obéït pas à cette prorogation. On disputa sur le droit de proroger; & les Episcopaux tournérent les uns contre les autres l'aigreur & l'animosité qu'ils avoient fait paroître jusques alors contre les Presbyteriens, qui profitoient habilement de ces disputes.

Pour achever de s'établir il falloit qu'ils levassent l'obstacle qui leur fermoit l'entrée aux Emplois publics. Les Loix ne permettent d'en prendre possession qu'après avoir communié publiquement dans une Eglise par la main d'un Ministre Episcopal. Les Presbyteriens pour éluder cette Loi, eurent recours à un moyen que tout Chrétien , & même tout honnête Homme doit avoir en horreur : ils ne firent aucune difficulté de donner cette marque publique de leur attachement à l'Eglise Anglicane sans changer de sentimens , ni même de couduite , & demeurant Presbyteriens comme auparavant. C'est ce qu'on appelle la Communion occasionnelle , dont on n'a pû encore obtenir du Parlement d'Angleterre la condamnation. L'accusation que le Sieur d'Olben vient d'intenter devant le Parlement contre le Docteur Sakverel , sur quel-

ques Sermons où il a maltraité les
Episcopaux tolerans ; va faire conſ
noître quelle eſt la plus puiſſante des
deux Sectes ; l'Episcopale rigide, ou
la Presbyterienne : ce fera dans
l'Histoire des Non-conformiſtes un
évenement remarquable.

Défenſe de l'Egliſe Anglicane.

Aprés avoir rendu un compte fidelle de l'Histoire des Non-conformiſtes expoſée dans la premiere partie du Livre de Mr. Nichols, il faut
inſtruire le Lecteur de ce que l'Auteur allegue pour juſtifier l'Egliſe
Anglicane des reproches qu'on lui
fait.

Il rejette ſur quelques Evêques
les accuſations de Papiſme & de So-
cinianiſme, dont les Puritains veulent charger toute l'Egliſe Anglicane. Et comme les Puritains demandent ce que l'Egliſe Anglicane a fait
pour punir ces faux Paſteurs, &
pour marquer combien leurs erreurs
étoient contraires à ſa Doctrine ; il
avouë ſincerement que l'Egliſe Anglicane les a tolerées. Soumiſe au

que & Chrétienne , & par le pouvoir que la Musique a sur les Cœurs; les formules des prieres ; par les inconveniens des prieres faites sur le champ , & par l'usage ancien des Liturgies parmi les Juifs , & parmi les Chrétiens Catholiques & Protestans. C'est par la même conformité avec l'Eglise primitive , qu'il justifie la coutume de faire le signe de la Croix sur le front de ceux que l'on baptize , celle d'avoir des Parrains qui répondent pour les Enfans aux interrogations du Baptême , & celle de porter dans l'Eglise certains habits Ecclésiastiques. Il justifie de la même maniere la Confirmation , que l'Eglise Anglicane a retenuë, sans la croire un Sacrement ; la Ceremonie de mettre un anneau au doigt de la Mariée en invoquant la Sainte Trinité ; la pratique de recevoir la Communion à genoux ; l'observation de quelques Fêtes outre les Dimanches; de l'Annonciation , de la Circoncision de Nôtre Seigneur , de sa Présentation au Temple , de sa Résurrection , de son Ascension ; de la Descente du

Avril 1710.

Saint Esprit , des Apôtres , de Saint
Luc , de Saint Marc , de Saint Michel & de tous les Anges , des Inno-
cens ; les jeûnes du Carême, des
quatre tems, des veilles de quelques
Fêtes , & des jours d'ordination ;
le respect que l'on rend au nom de
JESUS en baissant la tête quand on
le prononce dans le Symbole , & la
même marque de veneration que
l'on donne en entrant dans l'Eglise
tourné vers l'Autel ; la lecture so-
lemnelle des Livres qui passent parmi les Protestans pour apocryphes.

Les autres accusations font plus
legeres. Les Presbyteriens critiquent
les Homelies inserées dans la Liturgie, & la maniere de prêcher ordinaire dans l'Eglise Anglicane. Monsieur Nichols répond en donnant de
grands éloges aux vieilles Homelies
de la Liturgie, & aux Prédicateurs
de son Eglise, qu'il met hardiment
au dessus de tous les Prédicateurs
de nôtre siécle : ce sont pourtant
de froids & languissans Orateurs ,
si l'on en juge par les Sermons de
Tillotson le plus célebre de tous les
Prédicateurs Anglois.

Avril 1710.

Mr. Nichols finit l'Apologi
son Eglise , par la discussion de q
ques défauts prétendus de la Li
gie & de la Discipline. Les dé
de la Liturgie objectez par les I
tains sont , que dans l'Office du
me jour on dit plusieurs fois l'C
dominicale , qu'on demande à I
d'être délivré de la fornicatio
de tous pechez mortels : c'est
sent les Presbyteriens , en recon
tre de veniels ; qu'on parle de
que Mort dans l'office de la sé
ture comme si on le croyoit sa
Mr. Nichols dit qu'on ne re
l'Oraison dominicale , que qu
on joint plusieurs parties de l'O
qui pourroient se dire séparém
qu'il est de la Charité Chréti
de juger favorablement du !
des Fidelles ; que demander d
délivré des pechez mortels, ce
pas en reconnoître de veniels. I
ne comprenons pas comment ce
vant Homme a mêlé dans cett
ponse une insigne calomnie , en
prochant aux Catholiques de
garder la fornication comme un
ché veniel. Fut-il jamais mens

plus visible ou ignorance plus gros-
siére ? Dans quel Ecrivain Catholique Mr. Nichols a-t'il lû cette infame opinion ?

A l'égard de la Discipline, les Pref-
byteriens la blâment de relâchement & d'une molle indulgence.
Mr. Nichols convient qu'elle pourroit être soutenuë avec plus de vigueur & de sévérité, si les Schismes
le permettoient.

Nous sommes entrez dans le détail des reproches des Puritains, pour
faire connoître toute la difference
des deux Sectes, l'Episcopale & la
Presbyterienne : & nous avons rapporté les réponses de l'Auteur, pour
montrer que les Episcopaux ne peuvent se défendre contre leurs Ad-
versaires, qu'en recourant à la Tradition, & à l'autorité des Peres, qu'ils
refusent d'admettre dans leurs difputes contre les Catholiques. Quelque long que soit déja cet Extrait,
nous croyons que les Lecteurs ne
trouveront pas mauvais, que nous
ajoutions une description abregée,
de la Discipline & de la Liturgie
Anglicane, tirée du Livre de Mr.
Nichols.

Idée de la Discipline de
Anglicane.

On compte en Anglet
mille Paroisses partagées
huit Dioceses. Vingt-de
ques font soumis à l'Arche
Cantorbery, quatre à l'Ar
d'York. Le Roi est Chef
se : il nomme, il juge, il d
Evêques ou par lui-même
des Commissaires : les Arcl
jugent leurs Suffragans, &
ques jugent les Prêtres
Evêque a sous lui un Doye
ou plusieurs Archidiacres,
ques Chanoines. Les pein
niques en usage sont la p
publique, l'excommunica
neure ou majeure. Les
font obligez de visiter leur
sés : il leur est défendu d'
les Clercs d'un autre Di
moins qu'ils n'ayent un dim
leur Evêque : ils peuvent f
ner la Confirmation, &
les Pasteurs que les Pati
présentent. Les degrez de

eccléfiaftiques font la fufpenfe, l'excommunication, la dépofition. Dans
les grands crîmes tels que l'adultere,
le parjure, la fimonie, on dépofe d'a-
bord. Tous les fujets de l'Eglife
Anglicane font obligez de communier au moins une fois l'année à
Pâques.

Idée de la Liturgie.

Là Liturgie commence par des
paffages choifis de l'Ecriture propres à porter les hommes à la pénitence : la Confeffion des pechez
vient après, & eft fuivie de la forme
de l'abfolution generale, qu'ils ne
croyent pas un exercice de Jurif-
diction, mais une fimple déclaration
du deffein qu'a Dieu de pardonner
aux véritables pénitens. On reci-
te enfuite l'Oraifon dominicale &
quelques Pfeaumes, les Prêtres difant un verfet & le Peuple un verfet.
Le Pfeautier fe dit tout entier chaque mois : une leçon tirée de l'ancien Teftament fuccede à la réci-
tation des Pfeaumes : les jouts de
Fête on en ajoute une feconde pro-

A Paris chez Gabriel
ruë Saint Jaques, vis-à-v
du Plâtre, à l'Etoile 17
pages 525.

L'Ouvrage de la Perpetu
Foi de l'Eglise Catholi
chant l'Eucharistie, a fait
plus d'honneur à ses Auteur
ont eû à combattre, & q
vaincu un Adversaire habil
gereux, qui ne leur cedar
pour le talent d'écrire, n'a
bé que par le défaut de la Ca
s'obstinoit à soutenir. De :
leur Victoire est celle de la
& non de l'Eloquence, que
ait été grande en eux. Ce
style élevé, le Ministre C
opposoit un peut-être pl
sant; & tandis que ceux-là
soient qu'à forcer l'esprit
teur, celui-ci employoit
niéres insinuantes pour le g

Mais ne faut-il s'armei
défense de la Verité, que le
le est attaquée par un En
doutable; & faut-il laisser
l'audace d'un miserable &
Avril 1710.

Auteur, qui ne fçait lui oppofer que
des fauffetez groffiéres, des calomnies atroces , des raifonnemens abfurdes , & dont enfin l'Ouvrage fe
détruifant de lui-même , ne peut
qu'exciter l'indignation des Perfonnes fenfées ? Tel eft le Sieur Aymon
avec fon Livre, auquel il a donné
le titre pompeux de *Monumens authentiques de la Religion des Grecs*,
& où il a prétendu renverfer tout
ce qu'il y a dans la *Perpetuité de
la Foi*, touchant l'union des Eglifes
d'Orient & de l'Eglife Romaine fur
l'Euchariftie. Il eft vrai qu'eû égard
à ce qu'il vaut , il étoit inutile d'y
répondre : mais comme Mr. Bernard * n'y a trouvé à reprendre que
quelques bagatelles qui ne touchent
point au fait , & que d'ailleurs il a
affuré que le Sieur Aymon s'eft ac-
quitté de tout ce qu'il a promis par
fon titre ; ç'a été un jufte fujet à Mr.
l'Abbé R. d'en entreprendre la réfutation. D'ailleurs il lui convenoit
de fe charger de la défenfe d'un
Ouvrage où il a eû part : & il eft le

* *Nouvelles de la Republ. des Lettres,
Aoüt 1708.*
Avril 1710.

seul qui reste à cette heure, de ceux qui y ont travaillé.

Il seroit difficile d'exposer la maniere dont il s'y prend, sans faire premierement connoître deux insignes Personnages. Le premier est Cyrille Lucar né en Candie l'an 1572. élevé auprès de Melece Piga Patriarche d'Alexandrie; qui l'ayant ordonné Prêtre, l'envoya étudier à Padoüe, & ensuite faire une quête en Moldavie & en Valaquie. Cyrille de retour à Alexandrie trouva son Patriarche mort, & employa l'argent qu'il avoit ramassé à gagner les suffrages pour se faire élire en sa place. Relevé par cette Dignité il alla à Constantinople, & retourna en Moldavie & en Valaquie, avec la qualité de Délegué du Patriarche de Constantinople. Là il donna des marques éclattantes de son averssion pour l'Eglise Romaine, en fulminant de anathemes à Tergowits 1616. contre ce que nous croyons de la procession du Saint Esprit, la communion sous une espece, le pain azyme pour le Sacrifice, du gement particulier, du Purgatoire, de la Primauté du Pape.

Cyrille prit enſuite de plus grands
& de plus pernicicieux deſſeins : car
à l'aide de l'argent des Anglois &
des Hollandois , qu'il emprunta
néanmoins à gros interêts , il acheta
des Turcs le Patriarchat de Conſtantinople après la mort de Timothée en 1622. comptant bien , comme il fit , de ſe rédimer de ſes dettes
par la vente des Archevêchez & des
Evêchez de ſa dépendance. Pendant quatre mois il tint renfermée
dans ſon ame la reſolution qu'il
avoit priſe d'introduire le Calvi-
niſme daus l'Egliſe Grecque ; &
pour s'y préparer les voyes , il ſuſ-
cita aux Jeſuites une rude perſécu-
tion , qui les obligea de ſortir de
Conſtantinople , où ils furent bien-
tôt après rétablis , à la recommanda-
tion & par la protection du Roi
Loüis XIII. Quoique le Patriarche uſât de diſſimulation , & s'ac-
quitât à l'exterieur de tous les' devoirs de la Religion Grecque ;
comme cependant il dogmatizoit
en particulier , & qu'il travailloit à
ſuborner ceux qu'il jugeoit propres
à favoriſer ſon projet ; il s'attira l'in-

dignation de son Eglise , qui s
tant generalement soulevée con
lui , obtint sa déposition , & qu
fût exilé à Rhodes. Antime Met
politain d'Andrinople prit sa pla
& puis la quitta sous la prome
d'une grosse somme de la part
Cyrille , qui pour tout payeme
lui fit dire , que c'étoit beauco
qu'il le laissât vivre.

Cyrille rapporta à Constantir
ple les mêmes sentimens, pour l
quels il en avoit été chassé , rep
la même conduite & les mêmes p
tiques qui l'avoient rendu odieu
& qui le firent déposer & relegi
à Rhodes une seconde fois. U
disgrace réïterée ne le décourag
pas : non seulement il trouva
moyen de s'en relever en renv
sant Gregoire Metropolitain d'
masée qui lui avoit été substin
mais il le fit étrangler par les Tur
Traitement qu'il reçût lui - mei
l'an 1638. dans un Château sur
mer Noire , où il avoit été enferi
après une troisiéme déposition. I
najotti écrit dans une Lettre à M
de Nointel , que Cyrille avoit

chaffé quatre fois de fon Siége : & en effét on trouve au troifiéme tome de la Perpetuité de la Fôi , l. 8. ch. 6. un Athanafe Batelare nommé entre fes Succeffeurs , & différent de ceux dont on a parlé.

Avant que d'être parvenu au Patriarchat, & tandis qu'il l'occupa , il entretint d'étroites correfpondances avec le Sieur Corneille Haga Réfident des Hollandois à la Porte, & par fon moyen avec les Miniftres Leger , Diodati, Wltembogart, avec Mr. Wilhem Officier des Princes d'Orange , & avec George Abbot Archevêque de Cantorberi : il fe livra abfolument aux Calviniftes, non feulement dans tous les points qui les féparent de l'Eglife Romaine , mais jufqu'à abandonner le fentiment des Grecs touchant la proceffion du Saint Efprit ; & pour les convaincre de fon attachement, en 1629. il compófa en Latin une Confeffion de Foi conforme à leur doctrine : deux ans après à leur requêté il la mit en Grec , & elle parut imprimée à Geneve en 1633. C'eft un Ecrit abfolument deftitué de toutes

les formalitez requises à un Acte pa-
triarchal & authentique ; puisqu'il
n'est ni émané d'un Synode des Metropolitains & des Evêques soumis
au Siege de Constantinople, ni signé par les Officiers & Dignitez de
la Grande Eglise, ni référé dans ses
Régistres, & que Cyrille n'y prend
pas même le titre ordinaire d'Archevêque de Constantinople la nouvelle Rome, Patriarche universel.
Aussi Grotius, Calovius, & les plus
habiles Protestans le méprisérent
comme un attentat de Cyrille, qui
attribuoit à son Eglise ses sentimens
particuliers. Mais où il sembloit manquer, il avoit ses vûës : car en dissi-
mulant avec les Grecs, & ne se dé-
couvrant aux Protestans que par un
Acte informe, il prétendoit se réser-
ver le droit de nier tout.

Un autre Cyrille Metropolitain de
Bérée en Macedoine lui succeda en
dernier lieu ; & aussi-tôt, pour re-
médier promptement au scandale,
il anathématiza la Confession & la
Personne de Cyrille Lucar en un Synode, où se trouvérent les Patriarches d'Alexandrie & d'Antioche,

avec vingt-trois autres Prélats, & les Officiers de la Grande Eglife. On dira en paffant que Cyrille de Bérée étoit Catholique , que dépoffedé dans la fuite & exilé à Tunis, il y fut étranglé aprés avoir protefté qu'il mouroit dans l'union de JESUS-CHRIST & de l'Eglife Romaine.

Parthenius fon Succeffeur fut des plus animez contre la même Eglife : cependant il condamna avec autant de force la Confeffion de Cyrille Lucar , & lui en oppofa une toute contraire , appellée parmi les Grecs Confeffion orthodoxe , & autorifée par un Synode de vingt-cinq Prélats & des Officiers de la Grande Eglife, tenu l'an 1642. Melece Syrigus avoit été l'ame de ces deux Synodes ; & aprés le dernier il fut délégué par le Patriarche pourarr êter le fcandale & appaifer les troubles qui s'étoient répandus dans la Moldavie, la Walaquie , & les Provinces voifines : il convoqua un Synode à Jaffi, dans lequel la Confeffion orthodoxe fut reçüe avec une approbation univerfelle , & depuis encore ratifiée par Parthenius dans un autre Synode ,

& enfin par deux Patriarches de Constantinople, Denys en 1672. & Callinique en 1691. & par Nectarius de Jerusalem en 1662. tous Prélats Schismatiques & Ennemis déclarez de l'Eglise Romaine.

» Mr. de Nointel Ambassadeur du » Roi à la Porte ayant appris en 1672. » que plusieurs Métropolitains, Evê- » ques, & autre Ecclésiastiques s'as- » sembloient avec le Patriarche de » Jerusalem nommé Dosithée, à Beth- » léem à l'occasion de la Dédicace » d'une nouvelle Eglise ; leur fit pro- » poser les principaux articles con- » testez entre les Auteurs de la Per- » petuité de la Foi & le Ministre » Claude, demandant qu'ils fussent » examinez, & que ces Prélats don- » nassent leur réponse en bonne for- » me. Ils le firent par un Traité qu'ils » intitulérent Bouclier de la Foi or- » thodoxe. L'Original relié magni- » fiquement fut envoyé au Roi, & » mis dans la Bibliotheque de sa Ma- » jesté. Le seul titre du Traité fait comprendre que les sentimens Cal- viniftes de Cyrille Lucar y font froudroyez, conformément à ce

qu'en avoit décidé Parthenius. Néanmoins ces Prélats déclarent qu'ils
ne peuvent comprendre que Cyrille
soit l'Auteur de la Confession de Foi
qui porte son nom, ayant toujours
paru attaché à la Religion des Grecs,.
& s'y étant conformé dans des Homelies dont ils citent des Extraits.
Par la même raison Parthenius épar-
gna sa Personne & supprima son
nom. Mais ses Lettres justifient Cyrille de Berée, qui mieux instruit
le frappa d'anathême.

Outre que les Grecs ont en exé-
cration le nom de Cyrille Lucar ,
pour avoir calomnié leur Eglise en
lui attribuant des erreurs qu'elle n'a
pas , & en avoir deshonoré le premier Siége par son hypocrisie ; ils se
plaignent de ce qu'il l'a accablée de
dettes à n'en revenir jamais ; par ce
que ces remûmens de Patriarches ne
s'obtenoient des Turcs qu'à force
d'argent.

Si la vie du Sieur Aymon n'est
pas relevée de traits aussi éclattans
que celle de Cyrille Lucar , elle ne
laisse pas d'en porter d'assez mémo-
rables. Il est Prêtre Dauphinois ; &

étant entré dans la Maison de son,
Evêque, il fit à sa suite le voyage
de Rome. Ce qui lui a suffi pour se
vanter en Hollande, où quelque
tems après son retour de Rome il se
refugia & apostasia, d'avoir été Prélat Domestique du Pape, au lieu de
se dire Domestique d'un Evêque.

» Touché de remords ou sincéres
» alors, ou trompeurs, il obtint un
» Passe-port du Roi, pour venir à
» Paris, sur diverses Lettres écrites
» à Mr. Clement Garde de la Biblio-
» théque du Roi, dont la probité &
» l'honêteté envers les Etrangers qui
» venoient voir la Bibliothéque,
» étoient si connuës. Le dessein que
» témoignoit le Sieur Aymon de re-
» connître ses erreurs, engagea Mr.
» Clement à le présenter aux Minis-
» tres, & à Monseigneur le Cardi-
» nal de Noaïlles, qui lui obtint une
» pension de sa Majesté, & le mit
» dans le Séminaire des Missions
» étrangéres. Pendant ce tems-là Mr.
» Clement donna entrée avec une
» entiere liberté dans la Bibliothé-
» que au Sieur Aymon, qui en ré-
» compense de tous les services &

Avril 1710.

" marques d'amitié qu'il en avoit
" reçu, vola plufieurs Livres, &
" trouva moyen de s'échapper. Entre
" les Livres qu'il emporta, fut l'O-
" riginal du Synode de Jerufalem
" fous le Patriarche Dofithée, dont
" on a parlé ; & il le dépofa dans la
" Bibliothéque de Leyde. Son larcin néanmoins n'a pas été approuvé
par Meffieurs des Etats-Généraux,
qui en ayant ordonné la reftitution,
l'Original eft révenu dans la Bibliothéque du Roi.

Pendant que le Sieur Aymon l'a
eu entre les mains, il en a fait une
édition en Hollande, en y joignant
21 Lettres & la Confeffion de Foi de
Cyrille Lucar ; & c'eft ce qu'il a appellé Monumens authentiques de la
Religion des Grecs. A toutes ces
differentes Pieces déja connuës &
imprimées, il a ajouté des Notes de
fa façon ; où il ne prétend pas moins
que démontrer avec évidence, que
Cyrille Lucar a expofé les véritables fentimens de fon Eglife touchant l'Euchariftie ; & que tout ce
qui a été fait contre lui dans la fuite,
né vient que de mal-heureux Grecs,

Avril 1710. F f iiij.

ignorans, fauſſaires, parjures, ap
tats, ſurbornez par les Miniſtres
France, par les Docteurs de Sorbc
ne & Meſſieurs de Port Royal,
les Jeſuites, enfin de Grecs La
niſez. Il fait le même jugement
toutes les atteſtations produites d:
le premier & le ſecond tome de
Perpetuité de la Foi.

Mr. l'Abbé R. entreprenant la
ſenſe de la Perpetuité de la Foi,
plûtôt la réfutation du Sieur Aym
qu'il n'épargne pas, commence a
ſa Préface : » Parmi le nombre
» fini d'Ouvrages de Controve
» qui ont paru depuis plus d'un:
» cle, il n'y en a peut-être jam
» eu un ſeul dans lequel il y ait
» plus d'emportement, plus de h
» dieſſe,& plus d'ignorance que da
» celui du Sieur A. Le titre pompe
» de *Monumens authentiques de la*
» *ligion des Grecs , & de la fauſſeté*
» *pluſieurs Confeſſions de Foi des C.*
» *tiens orientaux produites dans la* I
» *petuité de la Foi,* fera d'abord cr
» re à ceux qui ne connoîtront
» l'Auteur, ou qui ne liront pas
» Ouvrage , qu'il va produire.
Avril 17 10,

»grand nombre de Piéces originales,
»& qu'après de grandes recherches
»fur la Religion des Grecs & des
»autres Chrétiens orientaux, il a
»trouvé de quoi détruire les Actes
»produits dans tout le cours de cet-
»te Difpute. Ce n'eft rien de tout
»cela. C'eft 'un homme qui à peine
»fçait lire le Grec, qui n'a pas la
»moindre connoiffance des Auteurs
»les plus vulgaires, & qui ne cite
»ni ne produit pas une feule piece ;
»mais qui examine celles que les
»Catholiques ont données au Pu-
»blic, & qui en tire des reflexions
»& des conféquences fi abfurdes,
»qu'elles fuffifent pour faire voir
»qu'il ignore entiérement la matiere
»dont il traite ; qui donne les rai-
»fonnemens les plus faux comme des
»démonftrations ; & qui au défaut
»des raifons qui lui manquent tou-
»jours, croit accabler fes Adverfaires
»par des calomnies & par des inju-
»res.

Mr. R. fans fe fervir des diftinctions ufitées en livres & en chapitres, examine d'abord les notes du
Sieur Aymon fur les Lettres de Cy-

rille Lucar : enfuite il fait des
vations fur ce qui regarde le S
de Jérufalem tenu en 1672.
les Decrets du Synode ten
Parthenius à Conftantinople en
Aprés quoi il revient à d'autre
fervations fur la Préface , le
crets , & les Signatures du S
de Jérufalem ; & parmi fes
vations il mêle des éclaircifl
fur les Sacrements, la neceff
Baptême , & la créance des
Orientaux féparez des Grecs
nit en montrant la validité des
tations rapportées dans la Perp
de la Foi.

Comme la caufe qu'il défe
foutient d'elle-même , & que c
derniere extravagance de s'ima
que Cyrille Lucar doive êtr
fur les fentimens communs d
Eglife , lui qu'elle defavou
qu'elle contredit hautement pa
Synodes & par la plume de fes
vains les plus approuvez ; l'Abl
s'eft occupé à relever les ignora
les fauffetez, les abfurditez du
Aymon , & à réfuter les calo
& les reproches qu'il fait fans f
ment aux Latins & aux Grecs.

emble qu'il eſt à propos de re-
ier .quelques ignorances du
Aymon , que Mr. l'Abbé Re-
t. a ramaſſées comme en un
» Le ſieur A. ne devroit jamais
ocher d'ignorance à perſonne,
ime il oſe en reprocher à Do-
te & à ſon Synode , aprés les
ives qu'il donne à tous momens
a ſienne, depuis la Théologie
ŋ'à la Grammaire. Une igno-
te craſſe eſt de citer à faux la
gate , de citer le nouveau Teſ-
ent ſelon la Verſion des Sep-
e ,. de prendre un Arminien
r un Théologien Grec Latitu-
aire, la Sainte Grotte de Beth-
ɔ pour un Saint , un Monaſ-
pour une Sainte, Clement Diſ-
e des Apôtres pour Clement
I. les Cophtes & les Armeniens
r des Grecs , & cent autres pa-
es. C'eſt-à-dire que le Sieur
on a crû que le Grec du nou-
Teſtament eſt une Verſion des
nte ; que Venator Miniſtre Ar-
n eſt un Grec ; que dans les
tures du Synode de Jéruſalem

ʼage 306.

il a traduit ces mots Grecs ἱ
ἱερωμένο τῦ ἁγίε σπιλαίε en ce
Prêtre & Journalifte de S. Speleius
lieu de dire *Prêtre defservant la :*
Grotte de Bethléem : de τὸ ἅγιε σπι
qui fignifie Sainte Caverne, il a
S. Speleius ; comme auparavai
la Laure ou du Monaftere de S.
bas il a fait S. Laure & S. Sabba
comme il a pris le jour de Noë
φῶτα pour une Sainte Theoph
Il n'a pas fçu diftinguer les Co
tutions apoftoliques attribuées
Clement, de l'Inftruction de
ment VIII. pour les Grecs. En
parle de Grecs-Armeniens &
Grecs-Cophtes, de même que
Eglifes Armeniennes & Co
étoient unies de doctrine & de (
munion avec celle des Grecs.

Avant que de finir fur le Cha
des ignorances ou plûs-tôt des i
vertances du Sieur Aymon, o
remarquera encore deux qui v:
bien les autres. " Quand il ajo
" dit Mr. R. page 13. que Mi
" Cerularius qui *n'avoit que le*
" *d'Evêque de Byzance* en 1043. o
" de l'Empereur Conftantin la quali

» *Patriarche Universel;* il fait voir que
» sa capacité dans l'Histoire Ecclé-
» siastique est égale à celle qu'il a
» dans la langue Grecque. Car qui
» ne sçait pas que le titre d'Evêque
» Oecuménique fut usurpé la pre-
» miere fois par Jean le Jeûneur du
» tems de S. Gregoire, plus de qua-
» tre cens ans avant Cerularius, com-
» me il le dit lui même à la page sui-
» vante ? L'autre ignorance à remarquer est d'autant moins pardonnable,
qu'elle regarde le sujet même dont
il traite : il confond le Parthenius
qui condamna la Confession de Cyrille Lucar en 1642. avec un autre
Parthenius aussi Patriarche de Constantinople en 1671. & qui parla à Mr.
le Marquis de Nointel. De-là il tombe dans une absurdité extrême, en
avançant que la condamnation de
Cyrille Lucar par Parthenius, est
l'Ouvrage du Marquis de Nointel.
Mr. R. n'a t'il donc pas raison de
dire, qu'on craindra toujours ses
mains autant qu'on méprisera sa Critique ? La bonne foi & la force des
raisonnemens du Sieur Aymon répondent à sa Science, & c'est en dire
assez.

On finira par deux réflexions.

1º. Une marque certaine, selon M. l'Abbé R. pages 189. 198. 223. pour connoître qu'un Patriarche de Constantinople a été Schifmatique, c'est qu'il ait retenu le titre de Patriarche univerfel. Mr. l'Abbé R. fçait néanmoins que depuis Jean le Jeûneur ceux qui ont été placez fur ce premier Siege de l'Orient, ont continué à fe nommer Patriarches univerfels : & certainement il ne voudroit pas qu'on le crût affez peu inftruit de l'Hiftoire de l'Eglife, pour penfer qu'ils ont tous été féparez de communion de l'Eglife Romaine. Quant à ce qu'il dit page 13ᵉ. *Qui ne fçait pas que le titre d'Evêque Oecumenique fut ufurpé la prémiere fois par Jean le Jeûneur?* Cela n'eft pas fans difficulté ; puifque dans le Concile tenu à Conftantinople fous Menas en 536. cinquante ans avant Jean le Jeûneur, le titre de Patriarche univerfel eft attribué à Menas même, & dans un Acte plus ancien de dix huit ans, à Jean Patriarche de Conftantinople.

2º. Mr. l'Abbé R. à la fin de fa Préface a eu la précaution de donn er un avertiſſement, qui ſemble devoir être éclairci par un autre. Voici ſes paroles : *Par tout où il eſt parlé du Decret abſolu de Prédeſtination & de Réprobation, il ſe doit entendre ſelon le ſens que l'Egliſe a condamné dans les Calviniſtes.* Ce n'eſt pas néanmoins qu'il croye ou qu'il ait deſſein de faire croire, que les Grecs admettent le Syſtéme Prédeſtinatien & Janſeniſte. Si les Auteurs de la Perpetuité de la Foi avoient voulu s'en rapporter au conſentement de l'Egliſe Grecque avec la Romaine touchant la Grace, le libre arbitre, & la Prédeſtination, comme ſur le chapitre de l'Euchariſtie ; c'étoit fait de Janſenius comme du Miniſtre Claude. Alors les diſputes du Janſeniſme auroient été veritablement terminées.

ARTICLE LL.

2963. *Tome I I I. pp.* 258. *Tom*
*pp.*1438. *Tome V. pp.*1605.

UN Catalogue exact des I
vains Ecclefiaftiques or
doxes & heretiques; eft un Ouv
neceffaire. Pour remplir ce titr
faut à ce qu'il nous femble un H
me d'un travail infatiguable & d
Critique fûre ; un Homme
exact que laborieux, qui ne fe
tente pas de copier les Catalo
que nous avons déja avec to
leurs fautes ; mais qui remontant
fources corrige ce que la préci
tion ou la laffitude des Auteur
ces Catalogues y a laiffé d'impa
Pour rendre cet Ouvrage utile
faut mettre les titres des Livres
la langue où ils font écrits ; car
Verfion faite à la hâte défigure
lement ces titres, qu'on ne peut
reconnoitre les Livres. Il faut e
re prendre garde de confondre
Ouvrages manufcrits ou proje
feulement, avec les Ouvrages in
mez. Il faut s'attacher moins à g
fir le Catalogue d'un tas de p
Ecrivains & de leurs Livres de
    Avril 1710.

ns, qu'à marquer avec un foin
me tous les Ouvrages des Au-
celebres, & le tems qu'ils ont

Les Auteurs du Livre dont
donnons l'extrait, n'ont pas
levoir s'affujettir à toutes ces re-
: je dis les Auteurs, car le Li-
e avertit que le premier Auteur
int pû achever l'Ouvrage, un au-
a continué & augmenté de quel-
additions.

premier tome contient les Ecri-
i des feize premiers fiecles de
ife. Le fecond eft rempli de la
des Ecrivains Catholiques du
feptiéme fiecle. Le troifiême
of é de quatre parties, préfente
ird aux Lecteurs une methode
étudier les Sciences ecclefiafti-
, enfuite une table alphabeti-
des Auteurs marquez dans les
: premiers Volumes, un fupple-
: de ces deux Volumes difpofé
: l'ordre alphabetique ;, & un
logue de tous les Conciles felon
re chronologique. Le quatriéme eft un Catalogue des Ecri-
heretiques des deux derniers
s diftinguez par Sectes. Enfin,
ars 1710.

le cinquiéme est une table generale des Ecrivains ecclesiastiques selon l'ordre des Matieres. L'entreprise étoit grande, & le Public auroit dû excuser un petit nombre de fautes : mais il trouvera peut-être qu'on a trop compté sur son indulgence. Nous ne pouvons nous dispenser d'avertir des fautes qui se rencontrent dans ces sortes d'Ouvrages, dont l'exactitude fait tout le merite. Et comme la brieveté d'un extrait ne nous permet pas de les détailler toutes, nous en remarquerons quelques-unes de chaque espece , sans choix & à mesure qu'elles s'offrent à l'ouverture du Livre.

Dans le premier tome colomne 980. l'Auteur attribuë au St. Martyr Jean Fischer Evêque de Rochester & Cardinal , un Traité *de la confiance & de la misericorde* publié par les Heretiques sous son nom. L'impos ture fut d'abord découverte, & Pos sevin dans son Apparat en avo averti.

Le Commentaire de Marc Ant ne Flaminius sur les Pseaumes es commun, qu'on ne comprend qu'il ne ſoit jamais tombé entre les mains de l'Auteur : s'il l'avoit vû il n'auroit eû garde d'attribuer ce Commentaire à Jean-Antoine Flaminius, comme il le fait dans la colomne 1005.

Il confond dans la colomne 1028. Gregoire Corteſe avec Paul Corteſe, & attribuë à Gregoire les Ouvrages de Paul : ce n'eſt pas la ſeule faute de cet article. Il parle de l'*Inſtitution Theologique* de Paul Corteſe, qu'il attribuë à Gregoire comme d'un Ouvrage different de ſon Commentaire ſur le Maître des Sentences : c'eſt le même Livre.

Ceux qui ſur la parole de nôtre Auteur chercheroient une Verſion des Peſaumes en Vers Syriaques compoſez par le fameux Jean Gannai, perdroient leur peine : c'eſt en Vers lyriques Latins que Gannai a traduit les Pſeaumes ; & l'on peut corriger hardiment cette faute à la colomne 1030. On lit dans la colomne 1076. que Jean Gropper étoit de Suſat : un Auteur moins accablé de travail que le nôtre , auroit cherché dans quelque Dictionnaire hiſtorique *Suſatum:*

Avril 1710.

il auroit trouvé que c'est Zoest dans
la Westphalie : mais nôtre Auteur
trop pressé de travail, ne s'est point
du tout gêné dans les noms qu'il a
été obligé de traduire. On trouve
dans le supplement , tome troisiéme, colomne 192. un exemple encore plus singulier de cette negligence. Le Pere George d'Amiens Capu-
cin, très-illustre y est appellé George Ambiana.

La même précipitation a fait avancer à la colomne 1253. qu'on avoit
imprimé à Anvers en 1567. une Version des Pseaumes, des Livres de Job
& de Salomon & de tous les Prophetes, avec des Commentaires de
François Forerius Dominicain , &
que l'on avoit un Commentaire du
même Auteur sur les petits Prophetes à la fin de son Commentaire sur
Isaïe imprimé à Venise : il est cependant certain, que l'on n'a jamais imprimé d'autre Ouvrage de Forerius,
que son Commentaire sur Isaïe,
qu'assurément l'Auteur n'a point vû ;
puisqu'il suppose qu'il est joint à un
Commentaire sur les petits Prophetes : le Livre cependant est si excel-

lent qu'il meritoit quelque attention. Quand on lit dans la colomne
1300. que les Oeuvres de Grenade
ont été traduites en François par
Loüis Giri, on feroit tenté de croire,
que Giri eſt là pour Girard par la
faute de l'Imprimeur ; mais le nom
propre de Mr. Giri celebre Traducteur marqué par l'Auteur, ne convient point à Mr. Girard , & juſtifie
l'Imprimeur ſur cette faute.

Dans le ſecond tome colomne
2186. on donne à Mr. Pereiret Docteur de Paris & grand Theologien,
la Relation de Groënlande compo-
ſée par le viſionnaire la Pereire.

On ôte dans la colomne 2322. au
Pere Charles Lallemant Jeſuite, les
Entretiens de l'Ame dévote ſur le
Saint Sacrement, pour le donner au
Pere Pierre Lallemant Chanoine re-
gulier de Sainte Geneviéve.

L'Auteur confond colomne 2337.
le Pere Jean Ferrier Jeſuite Conſeſ-
feur du Roi avec un Pere Jean Fevrier Jeſuite de la Province de
Guyenne eſtimé de Balzac. Les Livres *de la beauté de* JESUS-CHRIST *&
de l'immortalité de l'Ame,* ſont du Pe-

re Fevrier & non du Pere Ferrier.

Il a omis colomne 2512. parmi les Ouvrages de Michel Bourdaille Docteur de Paris, la Theologie morale de Saint Augustin. A la faveur d'un nom si respectable Mr. Bourdaille avoit proposé les principes du plus affreux relâchement condamnez par le Clergé de France il y a quelques années. Le Faiseur de Catalogue a omis de la même maniere parmi les Ouvrages de Pierre Cally, colomne 2614. son Livre sur l'Eucharistie intitulé Durand, commenté condamné par Mr. de Bayeux. Cette omission ne seroit-elle point faite à dessein ?

On ne sçait si Mr. Boileau Docteur de Sorbonne avoüera le Livre du prétendu *Claude Fonteius sur l'ancien Droit des Prêtres dans le gouvernement de l'Eglise* : nôtre Auteur le lui attribuë sans façon. A t'il sçû que ce Livre fut supprimé dès qu'il parut, comme un Ouvrage seditieux & injurieux aux Evêques, rempli de propositions hardies & mal prouvées ? Est-ce à ces marques qu'il reconnoit les Ouvrages de Mr. Boileau?

Avril 1709.

C'eſt à lui à ſe juſtifier ſur ce point.

Le Continuateur n'eſt pas plus exact que le premier Auteur. Les Sçavans qui connoiſſent l'Ouvrage de Caninius ſur *les mots Hebraïques qui ſe trouvent dans le nouveau Teſta-ment,* verront bien que c'eſt cet Ouvrage qu'on repreſente comme un Commentaire ſur les Livres Hebraïques de l'Ecriture ; mais le commun des Lecteurs y ſera trompé.

Le même Continuateur doit déclarer à quel Auteur il adjuge la Paraphraſe courte ou Traduction ſuivie des Pſeaumes imprimée chez Denis Mariette en 1697. Il l'a donné au Pere Jean Paulinier Prêtre de l'Oratoire colomne 376. du ſupplement, & au Pere Jean Polinier Chanoine de Sainte Genevieve colomne 381. du même ſupplement.

L'Auteur de *Margarita Antoniana,* Ouvrage ſi celebre, & d'où l'on prétend que Deſcartes a pris ſon ſentiment ſur l'ame des bêtes, eſt certainement Gomeſius Pereira : le Continuateur le nomme Pineda, & l'Auteur a fait la même faute dans le Traité des Etudes eccleſiaſtiques.

Avril 1710.

. Dans le tome quatriéme colomne 708. en parlant des Ouvrages de Guillaume Skikard, l'Auteur marque comme deux Livres differens *Bechinath Happeruscim* & *l'examen des interpretations Hebraïques sur la Gene-se* : C'est le même Livre, & un titre est l'interpretation de l'autre.

La faute qu'il a faite colomne 752. le chagrinera sans doute : il y range parmi les Livres Lutheriens le Trai-té *de la conversion du pecheur* par Antoine le Felon imprimé à Brunswik en 1675. Ce Livre qui fut imprimé à Paris en 1677. n'est pas assurément d'un Auteur de la Communion Lutherienne ; quoi qu'il y ait quelques principes assez approchans des dogmes Lutheriens. La premiere page disoit faussement que le Livre étoit imprimé à Brunswik : le Faiseur de Catalogue sans autre examen, a crû que l'Auteur du Livre étoit de la Religion qu'on professe à Brunswik.

Il n'a pas eû la même raison de ranger Jameson Presbyterien d'E-cosse Auteur de Rome Racovienne parmi les Lutheriens : son Livre est imprimé à Edimbourg, où sûre-
ment

ment il n'y a point de Lutheriens.

On chercheroit en vain parmi les Heretiques, les Ecrivains qui n'ont défendu l'herefie Janfenienne : l'Auteur les a mis de fon autorité parmi les Catholiques : ce n'eft pas au refte parce que la plûpart font morts dans la Communion de l'Eglife Romaine ; puifqu'il a mis parmi les Heretiques de la Secte des Quietiftes, Falconi & Cansfeld, auffi recommandables par leur pieté & leur foumiffion conftante à l'Eglife, que réprehenfibles pour les erreurs qu'ils ont défenduës avant qu'elles fuffent condamnées. Enfin l'Auteur attribuë des Livres à des Auteurs qui les ont defavoüez. Cette faute regarde en particulier les Jefuites, & un Abbé auffi diftingué par fon fçavoir que par fa naiffance.

Au commencement du troifiéme tome on trouve une Differtation des études Théologiques. L'Auteur veut qu'on commence par l'étude de l'Ecriture Sainte, & qu'après avoir pris une *teinture de Theologie*, on s'enfonce dans la lecture des Peres, en faifant préceder l'étude de la Vie & de

la Critique des Ouvrages de chaque
Pere. Il croit que la Bibliotheque
des Auteurs Ecclefiaftiques, condamnée pour un grand nombre d'erreurs contre les principaux Dogmes
de la Foi, & l'Hiftoire litteraire de
Cave Auteur heretique, contribue-
ront beaucoup à former un Théologien tel qu'il le veut.

Il donne enfuite deux avis très-
importans; l'un que quand on veut
s'appliquer en particulier à quelqu'une des Sciences ecclefiaftiques,
ou approfondir quelque queftion, il
faut lire les Livres qui en ont traité;
l'autre qu'il faut préferer les Ecrivains qui font très-habiles à ceux
qui n'ont qu'une mediocre érudition. Il donne enfin des liftes des
Ouvrages qu'il faut lire fur chaque
matiere: mais par malheur il n'eft
pas plus exact dans fes liftes que
dans fes catalogues. Il y confeille la
lecture de beaucoup d'Auteurs me-
diocres, & qui fe copient l'un l'autre : il en omet d'originaux & dont
l'utilité eft generalement reconnuë.
Donnons en quelques exemples. On
feroit prodigue de fon tems, fi fur fa

parole pour s'inftruire de l'immortalité de l'Ame, on s'amufoit à lire
les traitez d'Alphonfe Spina, de Jaques Chevreüil, de Theodore
Thummius, & de Joachim Hilde-
brand. Tous ceux qu'il indique à un
Etudiant. curieux de connoître la
Religion Mahometane, lui en donneront une connoiffance affez imparfaite. C'eft dans le Livre du Pere Michel Nau Jefuite, Miffionnaire dans
la Turquie fur la Religion des Mahometans, & fur tout dans la rféu-
tation de l'Alcoran par le Sçavant
Loüis Maracci Clerc Regulier,
qu'on peut apprendre à fonds cette
fauffe Religion & là vraye maniere
de la détruire : ce font précifément
ceux qu'il a oubliez. On voit par-là
à quoi fe réduit la promeffe de pré-
ferver les Etudians de l'embarras
de confulter tous les Livres écrits
fur une matiere, & du peril de
mal choifir dans la multitude des
Livres. La negligence de l'Auteur
va jufqu'à leur confeiller de fe fervir de Livres qui ne font pas imprimez, ni peut-être achevez, comme
par exemple les Traitez de Mr. le

des Sermens. 2°. Par quelles I
nitez on avoit coutume de j
3°. Les differentes ceremonies
accompagnoient le Serment. 4
Religion avec laquelle on le
doit. 5°. L'usage qu'on en fa
dans la vie civile , 6°. L'hou
qu'on avoit pour ceux qui le
loient ouvertement , ou qui
choient d'en éluder la force.

L'Origine des Sermens a ét
mauvaise foi des hommes. Les
messes & les protestations étan
liens trop foibles , on tâcha de
donner de la force, en les marq
du seau de la Religion , & l'on
que ceux qui ne craignoient pas
tre infidelles, craindroient peut
au moins d'être impies. C'est
qu'à la bonté de l'Humanité, les
mens prirent naissance : origine
ancienne, puis qu'ils commencé
à s'établir, presque au même
que les hommes commencére
tromper.

On jura d'abord par le Dieu
table, le garand naturel de la ve
c'est en son nom que font conçû
quatre Sermens les plus anciens

nous ayons connoiſſance. Celui d'A-
braham au Roi de Sodome, celui
du même Abraham au Roi Abime-
lech, d'Eliezer à Abraham, & enfin
de Jacob à Laban. Dieu lui même
par une condeſcendance incompré-
henſible voulut bien s'accommoder
à la foibleſſe des hommes, & confirmer ſes promeſſes par des Sermens.
J'en jure par moi-même, dit le Seigneur à Abraham. Depuis les hommes ayant abandonné le vrai Dieu,
pour s'en faire de faux au gré de
leurs paſſions, le Serment ſuivit le
ſort de la Religion. Le Monde ſe
trouva comme inondé d'un déluge
de Dieux monſtrueux, & de Sermens
ridicules. Les Egyptiens juroient par
leurs Divinitez, qui, comme dit Juvenal, croiſſoient dans leurs jardins.
Les Perſes juroient par le Soleil, les
Scythes par l'air & le cimeterre, les
Grecs & les Romains par les Dieux
qui leur étoient communs, & entre
autres par Caſtor, Pollux, Hercule
&c. avec cette difference, que les
hommes ſeuls juroient par Hercule,
les hommes & les femmes par Pollux, & les femmes ſeules par Caſtor:

regles pourtant qui n'étoient pas inviolablement obſervées. Il y avoit outre cela des Divinitez particuliéres qui préſidoient aux Sermens : La Déeſſe étoit la *Foi* ou la *Fidelité*, le Dieu étoit *Dius fidius*, dont Mr. l'Abbé Maſſieu chercha l'origine avec beaucoup de ſoin & d'érudition. Il paroît que ſon culte venoit des anciens Sabins. Il avoit encore d'autres noms ſur leſquels les Sçavans ne ſont pas bien d'accord.

Outre ces Sermens communs il y en avoit de particuliers pour de certains lieux & pour de certaines profeſſions. On juroit non-ſeulement par les Divinitez, mais encore par tout ce qui relevoit de leur Empire, & enfin par tous les êtres les plus vils, d'où les hommes ſe rabbattant à eux-mêmes, jurérent par eux & par les perſonnes qui leur étoient les plus chéres. Ils ne ſe contentérent pas de jurer par leurs têtes, mais attribuant à Dieu un corps ſemblable au nôtre, ils jurérent *par la téte & par les cheveux de Dieu* : ſorte de Serment qui dura même après l'établiſſement du Chriſtianiſme, juſqu'à ce qu'enfin vers le milieu du sixiéme siecle, Justinien par une Constitution faite exprès, défendit sous des peines trèssévéres, cette indecente & scandaleuse formule.

1. Les Dieux du Paganisme ne furent pas plus exempts que les hommes de l'abus des Sermens : ils prirent aussi des cautions étrangéres de leur parole. Tout le Monde sçait qu'ils juroient par le Styx : Serment si respectable, que quiconque des Dieux osoit le violer, étoit obligé de subir une penitence de neuf ans. Pendant la premiere année il demeuroit dans une lethargie profonde, & pendant les huit autres il erroit chassé du Ciel, exclus de tous les Conseils des Dieux, & ce qui n'étoit pas moins triste, de tous leurs repas.

Comme la bonne foi avoit eu besoin pour se soutenir, d'emprunter le secours des Sermens ; il fallut que les Sermens à leur tour, pour se conserver dans quelque force, eussent recours à certaines ceremonies exterieures. L'usage le plus ancien & peut-être le plus naturel & le plus

simple ; étoit de lever ;
jurant. J'en leverai la n
le Seigneur le Dieu Trés
Abraham. Dans la suite 1
dans cette ceremonie 1
de dignitez ou de profes
les Rois levérent leur Scep
les Généraux d'Armée l
leur pavois, les Soldats
dont ils s'appliquoient au
fois la pointe sur la gorge
monies venanp à se mul
obligez ceux qui juroient
les Autels. C'est pour quo
se trouvoit éloigné des T
élevoit des Autels à la hâ
me on en avoit de portati
usage. Souvent on im
victimes ; & ceux qui s'e
par Serment trempoien
fois leur main dans le fa
les entrailles de ces victi
que Peuple avoit outre c
remonies particuliéres. sel
nie, & le caractére de fa
On voit dans l'Ecriture fa
braham & Jacob se firer
la cuisse en exigeant des
ceremonie singuliére pra

ces deux Patriarches, pour marquer la ferme croyance ou' ils étoient, qu'un jour le Meſſie naîtroit de leur race.

Les Scythes avoient coutume de ſe piquer le doigt quand ils ſe juroient une amitié mutuelle, & de teindre du ſang qui en ſortoit là pointe de leurs épées, qu'ils ſuçoient enſuite pour marque de la diſpoſition où ils étoient, de répandre l'un pour l'autre juſqu'à la derniere goutte de leurſſang. Les Grecs jettoient dans la mer un fer ardent, s'obligeant de garder leur parole juſqu'à ce que de lui même il revint ſur l'eau. C'eſt ce que pratiquérent les Phocéens lors qu'ils abandonnérent leur Ville. Les Romains avoient leur Serment particulier en jurant par *Jupiter pierre* ; par ce qu'ils tenoient une pierre à la main, que quelque fois ils lançoient au loin de toutes leurs forces, priant Jupiter de les éloigner ainſi de Rome s'ils manquoient à leur parole ; & d'autres fois ils frappoient une victime de cette pierre, ſouhaitant d'être frappez de même s'ils devenoient par

jures. Mais comme la superfti
n'a point de bornes , les hom
introduifirent jufqu'à des prati
barbares. Il y avoit des endroit
l'on obligeoit ceux qui juroien
tenir du feu dans leur main , ou
marcher les pieds nuds fur un
chaud : fuperftitions dont quek
unes fe conferverent long-tems
milieu même du Chriftianifme

Quelque corrompuë qu'ait é
créance des Anciens fur les Serm
leur Morale a toujours été fi pu
cet égard , qu'aprés la Pieté en
les Dieux , ils donnoient le fec
rang à la Religion des Sermens,
effet ils avoient fur cela deux g
des regles ; l'une que pour au
confideration que ce pût être n
violence, ni de furprife , ni de r
vaife foi , ni de fuites fâcheufes
ne pouvoit fe difpenfer de tenir
Serment ; l'autre qu'on devoi
tenir dans toute fon étenduë. (
ce que Mr. l'Abbé Maffieu pr
dans tous les chefs par des exen
& des autoritez.

Comme les Anciens avoient
fi haute idée du Serment , il

choient d'en faire un employ utile
dans la Societé. On n'entroit point
dans le Sacerdoce, ni dans la Magif-
trature, ni dans la Profeſſion militaire ſans prêter Serment. Bien plus
chez les Atheniens on ne devenoit
point Citoyen d'Athenes, quoi
qu'on y fut né de parens Citoyens,
ſans faire un Serment ſolemnel.
Quand un jeune homme avoit atteint l'âge de 20 ans, on le menoit
dans le Temple d'Agraule Fille de
Cecrops, qui s'étoit autre fois ſa-
crifiée pour ſon Pays ; & là il juroit
une fidelité inviolable à la Patrie,
prenant à témoin de ſon Serment
Agraule, Eurialius, Mars, & Jupiter. Mr. l'Abbé Maſſieu parla enſuite du Serment que prêtoient les Prêtres & les autres Perſonnes conſa-
crées au culte des Dieux, du Serment des Juges, & du Serment militaire. Ce dernier Serment étoit
triple, & renfermoit trois qualitez
principales, que doit avoir tout
Homme de guerre ; l'obeïſſance, la
valeur, & la Juſtice.

Ils faiſoient le premier dans le
tems de leur enrôlement, promet-

origine des Sermens. Si les hom-
nes, dit-il, avoient conservé l'innocence & les mœurs du premier
âge, on n'eut point connu l'usage
des Sermens ; une confiance réciproque en auroit tenu lieu, & la
parole seule auroit été considerée
comme le gage assuré de nos promesses, & comme une expression simple & fidelle de la verité.

Mais l'interêt, l'ambition, & des
passions violentes, ayant amené l'infidelité & le mensonge, ces mêmes
hommes dans une défiance mutuelle,
ont été obligez de chercher jusques
dans le Ciel, la caution de leurs
paroles, ou la vengeance du parjure.

Il établit ensuite la juste distinction que l'on doit faire entre les Se-
mens religieux, & ceux qu'on a'
pelle juremens, & qui sont éga'
ment condamnez par les Loix Di
nes & humaines. Je parlerai seu
ment ici, di-il, des Sermens
François, en tant qu'ils sont autor
par les Loix, & que les homme
ont fait intervenir dans les Tr
les plus solemnels, comme le su

ment d'une confiance réciproque,
& comme un lien neceffaire dans la
Societé civile.

Il paffe de-là à l'origine de la Nation Françoife, pour en faire mieux
conoître les mœurs & les anciens
ufages. Il faut convenir, dit-il, que
la plus-part des Etats n'ont eû qu'u-
ne origine fort obfcure, & même
qui a été fouvent l'Ouvrage de la
fortune & du hazard. Des Brigands
qui cherchoient un afyle, & à écha-
per à la puiffance des Loix, jettérent
les premiers fondemens de l'Empire
Romain ; & Carthage vit élever
fes Tours fi fuperbes fur les débris
de quelques cabannes que des Etrangers & des Fugitifs avoient bâties
au bord de la mer. Les uns & les
autres commencérent à étendre leur
domination par des courfes fur leurs
Voifins, & en faifant le métier de
brigands & de Pirates, ils apprirent
infenfiblement celui de Conqué-
rants.

Telle a été dit Mr. l'Abbé de Vertot l'origine des plus grands Em-
pires, & c'eft ainfi que fe forma la
Monarchie Françoife. Un petit nom-

Avril 1710.

bre de Barbares qui habitoient differens Cantons de la Germanie, ne
s'alliérent d'abord que pour se souf-
traire à la Puissance des Romains.
Ils prirent le nom de Francs comme
la marque de leur indépendance :
leur nombre se grossit : on accou-
roit de tous côtez dans leur camp
comme dans l'asyle de la liberté ; &
bien-tôt ils ne connurent plus pour
Patrie que les endroits où ils établi-
rent leur domination. Tous les François, dit-il, étoient Soldats, tout
l'Etat étoit dans l'Armée. Le Gouvernement militaire passa du Camp
dans le pays de leurs conquêtes, la
plus part des differends se décidoient
dans des combats singuliers, la Justice même ne se rendoit que par des
hommes armez, on voyoit au milieu
du Malle ou de l'Assemblée une hache
d'armes & un bouclier attachez à un
poteau, comme les marques de cette
Jurisdiction militaire. Leurs Chefs
leur servoient en même tems de Juges dans la paix, & de Capitaines
à la guerre ; & on ne parvenoit au
Commandement que par une valeur
éprouvée, & un courage détermi-

né. Les Armes fervoient à une Nation fi guerriere d'Autel & de Divinité; ils juroient par leur épée comme le gage & le foutien le plus fûr de leurs promeffes. Depuis la converfion des François par les Evêques des Gaules, des Sermens plus religieux prirent la place de ces Sermens militaires; & on vit, dit Mr. l'Abbé de Vertot, ces Peuples fi fiers & fi indomptables, fe foumettre avec docilité aux pratiques religieufes des Vaincus.

Ce paffage à des mœurs fi diferentes ne fe fit pas tout d'un coup. On fe contenta d'abord qu'ils fiffent feulement benir leurs épées. Et aprés cette ceremonie on leur permettoit de s'en fervir, foit pour prêter Serment, ou pour foutenir dans des combats finguliers la verité de leurs paroles.

Cette Jurifprudence barbare & le mélange encore bizarre de pratiques faintes avec des combats cruels & fanglans, cedérent peu à peu à des ufages plus pieux & plus uniformes. Les François s'accoutumérent enfin à jurer fur les Autels, fur le Livre des Evangiles, fur les Tombeaux, & fur les Reliques des Saints, quelque fois même fur le Saint Sacrement. Les Sermens les plus ordinaires fe prêtoient fur les Reliques des Saints. Mr. l'Abbé de Vertot dit, que les François y avoient plus fouvent recours, parce qu'ils étoient perfuadez, que la vangeance divine fuivoit de plus prés le parjure, & qu'ils regardoient ces Heros du Chriftianifme, comme les Arbitres de la colere & des faveurs du Ciel. quelque fois on fe contentoit par refpect de jurer fur les fimples ornemens de la Chaffe du Saint. Un Seigneur François envoya à Chilperic la nappe de l'Autel de Saint Martin pour gage de fa fidelité, *pallam altaris fidejuſſorem dedit.* Et aprés une telle caution, dit Mr. l'Abbé de Vertot, la defiance n'auroit été gueres moins honteufe que le parjure même.

Pour rendre les Sermens plus authentiques, on obligeoit ceux qui juroient, de faire foutenir leurs Sermens par plufieurs Témoins qui s'appelloient *conjureurs - facramentaux* &

Avril 1710.

on multiplioit ces Témoins à proportion de l'importance de l'affaire dont il étoit queſtion. Ils devoient être de condition libre, d'une réputation integre : on exigeoit même qu'ils fuſſent à jeun lorſqu'ils prétoient ſerment ; & on obſerva dans la ſuite & pour un plus grand reſpect, de ne point expoſer les Reliques à cet uſage pendant le tems de l'Avent, du Carême, & des Rogations.

· Ces Témoins ou *Conjureurs* mettoient tous la main ſur l'Autel ou ſur la Chaſſe ou repoſoient les Reliques; & celui qui prêtoit le Serment mettoit la main ſur toutes ces mains differentes, & lui ſeul prononçoit les paroles du Serment : que ſi on manquoit de Témoins & de Conjureurs on ſubſtituoit alors en leur place des Autels ou des Tombeaux des Saints; & le Serment prêté ſur differens Tombeaux tenoit lieu d'autant de Témoins. Mr. l'Abbé de Vertot n'avance rien ſur ces anciens uſages, qu'il n'autoriſe, ſoit par les Loix Saliques, les Formules de Marculphe, les Conciles des Gaules, ou les Capitulaires de nos Rois ; & chaque fait particulier eſt

foutenu par des traits h
tirez de Gregoire de Tou
nos plus anciens Hiftorien

De ces Sermens entre
culiers nôtre Hiftorien paf
mens que les Sujets prêtoi
Souverains. La feconde
naître l'origine des Fiefs ;
produifent les Sermens
On trouve ici la diftinctio
mens fimples ou francs, 8
mens liges. L'Auteur en raj
ferens exemples ; & il m
tout leurs differentes ob
qu'il tire de l'Epître 101.
Evêque de Chartres. Je ne
rai point, dit l'Auteur, à er
les Sermens que l'on trouv
te feconde Race : je ne fai:
quer les matieres en paffan
che moins la multitude de
les differences qui s'y rei
Cette difference le condu
des Sermens des Evêques.
que fous la premiere Race
religieufe de jurer tenoit
Prélats des Sermens mêr
folemnels. Il ajoute que co
n'ayant encore ni dignite

fance temporelle qui les diftinguât
des Particuliers, leur Serment de fidelité étoit compris, pour ainfi dire,
dans celui que tous les hommes font
cenfez faire à leurs Souverains en
naiffant dans leurs Etats ; qu'il eft
bien vrai que nos Rois de la premiere Race en honorérent quelques-uns
de leurs bien-faits ; qu'on leur con-
fioit quelquefois l'adminiftration de
la Juftice , & même une Clef des
Villes conjointement avec le Comte
ou le Duc qui en étoit Gouverneur;
mais que ces diftinctions fi honora-
bles regardoient plûtôt la Perfonne
que le Caractere de l'Evêque ; &
que tout cela n'étoit encore en un
mot que des hommes fans titres , &
que des richeffes fans domination.

L'Auteur obferve enfuite , que de
grands Fiefs ayant été unis à leurs
Croffes, & les Evéques fous la feconde Race fe trouvant à la tête des
Etats & des Parlemens , il étoit bien
jufte que ces Prélats , qui avoient un
grand nombre de Vaffaux , & même
des Troupes qu'ils fourniffoient au
Prince chacun felon leur contingent,
donnaffent pour ainfi dire , des cau-

tions précises de leur fidelité.

Mr. l'Abbé de Vertot fait voir cependant toute la répugnance que les Evêques avoient à prêter ce serment. Ils vouloient bien succeder aux Grands de l'Etat dans leurs Fiefs; mais ils ne pouvoient se résoudre à en recevoir l'investiture avec les mêmes soumissions des Seculiers, ce qu'ils croyoient qui blessoient l'independance de leur Caractére. Ils offrirent d'abord de donner une promesse par écrit, de conserver une fidelité inviolable à leur Souverain: ils firent ensuite des Sermens précis: mais pour se distinguer des Abbez, des Ecclesiastiques du second ordre & des Laïques, ils ne vouloient faire ces Sermens qu'à la vûë des Saint Evangiles & sans y toucher, *inspect sacro-sanctis Evangeliis*. Nôtre Aute développe assez nettement tout qui se passa en France sur cette m tiére, sur tout sous le Regne Charles le Chauve. La troisiéme l ce amene les Traitez de nos F avec les autres Souverains de l' rope. Mr. l'Abbé de Vertot fait les differens Sermens qui s'y o voient. Il remonte même jufqu'au Traité d'Andelau en Alface fait dès l'an 591. entre Gontran Roi de Bourgogne, Childebert Roi d'Auftrafie, & la Reine Brunehaut fa Mere. Le Traité de Strasbourg vient enfuite entre Charles le Chauve & Louis le Germanique. Il examine celui de Bonn entre Charles le Simple & Henri de Saxe Roi d'Alemagne ou des François Orientaux. Il parcourt la plûpart de nos Traitez : il en obferve fort exactement les differens Sermens. Cette matiere feule meriteroit une Differtation particuliere. L'Auteur fait voir que nos Rois s'obligeoient à l'obfervation de ces Traitez, tantôt en jurant au nom de Dieu tout-puiffant, tantôt fur les Reliques, fur les Saints Evangiles, fur le *Te igitur*, comme on parloit en ce tems-là, c'eft à dire fur le Canon de la Meffe, & quelque fois même fur le Saint Sacrement ; & il rapporte differens exemples de ces Sermens. Il remarque que la plûpart des Princes de l'Europe peu fcrupuleux fur l'obfervation de ces Sermens, en exigérent d'une nouvelle espece. On fut obligé, dit-il, de changer la formule des Sermens : les Reliques les plus celebres avoit perdu insensiblement leur réputation, parce qu'on y avoit eû trop souvent recours. On substitua à la crainte du Ciel qui se faisoit sentir trop rarement, la frayeur des foudres ecclesiastiques, & la plûpart des Souverains se soumirent de concert à être excommuniez par le Pape s'ils violoient leurs Sermens.

On se flattoit d'avoir trouvé le moyen d'enchaîner la parole des Princes ; mais ils échappérent bientôt à ces précautions ; & celui qui vouloit recommencer la guerre, ou obtenoit la dispense de son Serment, ou s'il avoit déja fait quelques actes d'hostilitez, il en demandoit l'absolution, avant que la Cour de Rome eût prononcé contre lui les Censures ecclesiastiques. Ce fut, dit Mr. l'Abbé de Vertot, pour prévenir le détour, & pour assurer l'effet de l'excommunication qu'on inventa la fameuse clause du *Nisi* : cette clause que l'on trouve en plusieurs de nos Traitez, consistoit en ce que ces

Princes immédiatement après avoir signé leurs Traitez, faisoient d'avance & de concert , fulminer les Censures par l'Official de l'Evêque Diocesain de l'endroit ou le Traité avoit été conclu ; & il déclaroit dans sa Sentence , qu'il excommunioit actuellement celui qui violeroit son Serment, *Ex tunc prout ex nunc, & ex nunc prout ex tunc* , Dès à prefent comme dès-lors, & dès-lors comme dès à-prefent, *Nisi conventa acta &c. adimpleantur* &c. Mais cette claufe, dit Mr. l'Abbé de Vertot, inventée apparemment par quelque Canonifte, n'étoit pas capable de fixer des Princes, que la crainte du Ciel ni le respect des chofes faintes, n'avoient pû arrêter. Il fallut avoir recours à des liens d'une autre efpece. Ce fut, dit Mr. l'Abbé de Vertot, que par un interêt purement temporel, ces Princes s'engagérent mutuellement à tenir leurs paroles : & des Souverains dans une défiance réciproque n'eurent point de honte d'offrir ou d'exiger le Serment de leurs Sujets, & de les faire intervenir pour caution de leurs promeffes. Ces Princes

portérent encore plus loin la défiance, & la préeaution : ils convinrent
que ceux de leurs Sujets qui auroient
foufcrit avec Serment à leurs Traitez, feroient en droit de paffer dans
le parti de celui à qui on manqueroit
de parole. Abus, dit Mr. l'Abbé de
Vertot, qui rendoit les Sujets arbitres de leur devoir, & les interpretes
de celui de leurs Souverains.

On trouve dans la Differtation de
Mr. de Vertot des preuves de tous
les faits qu'il avance : on y voit un
grand nombre de traits hiftoriques
qui juftifient fes obfervations : & j
finit ce Traité en remarquant, qu
nos Rois fe font affranchis de tout
ces formules differentes de Sermen
que ces Princes ne jurent plus qu'
foi & en parole de Roi ; Sermen
dit-il, plus fimple, mais plus conf
me à la Majefté de nos Rois &
dignité de leur Couronne.

ARTICLE LIII.

ELOGE DE FEU MONSIEUR
le Préfident de la Moignon.

ENgagez à donner au Public l'E-
loge des Sçavans dans le tems
que la mort nous les enleve, nous
ne pouvons omettre celui de Mr.
le Préfident de la Moignon, Orateur
diftingué parmi les plus grands Orateurs François, & Protecteur déclaré
des Gens de Lettres : deux tîtres
dont chacun fuffiroit pour lui donner place dans nos Mémoires.

Chrétien François de la Moignon
premierement Avocat general , &
depuis Préfident à Mortier du Parlement de Paris , Fils aîné de Guillaume de la Moignon , premier Préfident du même Parlement , & de
Magdelaine Potier Fille de Nicolas
Potier Seigneur d'Ocquerre Secre-
cretaire d'Etat, naquit à Paris le 26.
Juin 1644. Il reçût du Ciel avec un
Efprit grand, étendu, facile , folide ,
propre à tout, un air noble, une voix
forte & agréable , une Eloquence

naturelle, à laquelle l'Art eût peu
de choſe à ajouter ; une memoire
ſurprenante, un cœur juſte , ferme :
il nâquit Orateur & Juge. De ſi
heureuſes diſpoſitions furent cultivées par de grands Maîtres. Son Pere,
à qui l'homme du monde qui le connoiſſoit le mieux , a crû pouvoir appliquer ce que Velleïus dit de Scipion : *Vir toga dotibus eminentiſſimus*
ſæculi ſui, qui nihil in vita niſi laudan-
dum aut fecit, aut dixit, aut ſenſit : qu'il
a été dans ſon ſiécle un modelle achevé des qualitez neceſſaires à un excellent Magiſtrat, qu'il n'a rien fait,
rien dit, rien penſé , que de loüable.
Son Pere ne ſe repoſa ſur perſonne
de l'éducation d'un Fils ſi digne de
lui : il ne dédaigna pas d'entrer dans
les moindres détails de ſes premieres études : l'amour des Lettres , un
goût droit & ſûr , une connoiſſance
exacte des vrais principes & de la
meilleure methode d'étudier, furent
les fruits que le Diſciple tira d'une
ſi prétieuſe éducation ; mais c'en furent les moindres fruits : & comme
Mr. le premier Préſident étoit plus
attentif à former dans ſon Fils le

Chrétien, le Sujet, le Magiſtrat fu-
tur, qu'à former le Sçavant ; il lui
inſpira plus d'amour encore pour la
Religion que pour les Lettres ; plus
de zele pour l'Etat & pour le Prince,
que de goût pour les Arts ; plus de
probité & de juſtice que d'application & de capacité.

Les exemples de l'Ayeule ſe joignirent aux exemples & aux diſcours
du Pere , pour apprendre toutes les
vertus au jeune la Moignon. S'il apprenoit de ſon Pere la fermeté qui
punit les crimes & détruit les vices ;
il apprenoit de cette vertueuſe Dame la compaſſion qui ſoulage ou
prévient les miſeres. Il avoit déja
l'Eſprit ſi droit & ſi Chrétien, qu'il
ſentit autant qu'il le devoit, la gloire que Dieu voulut répandre ſur la
charité de Madame de la Moignon,
par le mouvement d'une reconnoiſ-
ſance ſinguliere qu'il inſpira aux
Pauvres. Ils s'aſſemblérent en grand
nombre, enlevérent le Corps de leur
Bien - factrice , le portérent à Saint
Leu, & lui rendirent à leur maniére
des honneurs funebres , plus eſti-
mables que ceux qu'un Prince lui

il auroit trouvé.
la Westphalie :
trop preſſé de tr
du tout géné do
été obligé de tr
dans le ſupplem
me, colomne 19
re plus ſingulier
ce. Le Pere Georg
cin, très-illuſtre
ge Ambiana.

La même préci
cer à la colomne
imprimé à Anver
tion des Pſeaumes
& de Salomon &
phetes, avec des
François Foreriu
que l'on avoit u
Auteur ſ
la fin de ſ
imprimé à
certain, q
d'autre
Cett
p l'ſupp
le Livre
1710.

connoiſſances n'é-
ue ſes amuſemens.
étoit ſa veritable
le premier Préſi-
le Roi avec d'au-
u premier rang;
on des Ordonnan-
Fils dans ce travail
's de M. de la Moi-
ndoient plus loin :
la France de cette
ode de Loix, de
ntes : il aſſembloit
ſemaine les plus
& il eſperoit que
produiroient un
e Droit François,
s ſerviroient de
Tribunaux du

grands deſſeins, il
Fils, & il prenoit

auroit fait rendre. Mr. de la M
gnon en jugea ainfi dans un
où l'on ne juge ordinairement
fur les apparences. Mr. le Pre
Préfident le mit en Rhetorique
Collège des Jéfuites ; & ces P
choifirent le fameux Pere Ra
pour diriger les études d'un Eco
qui promettoit tant. Il répondit
defirs de fon Pere & aux foins de
habile Maître , auquel un p
Ecolier fait autant d'honneur
fes plus beaux Ouvrages,

Il eût trois ans après pour tém
de fes progrès les Sçavans d'An
terre & d'Hollande ; & il revîn
faire admirer à ceux que la Fra
admiroit dans les Affemblées q
tenoient régulierement chez
fon Pere. Déja Mr. Patin étoit
pris de la connoiffance que le je
la Moignon avoit de l'Antiquit
de l'habileté qu'il faifoit paro
dans le choix, dans l'explication
Médailles. Le Pere Rapin con
toit fon Difciple fur les Ouvr
qu'il donnoit au Public, & nos
fameux Poëtes fe rapportoient à
goût de la perfection de leurs

Avril 1710.

ces. Ces diverſes connoiſſances n'é-
toient pourtant que ſes amuſemens.
La Juriſprudence étoit ſa veritable
occupation. Mr. le premier Préſident nommé par le Roi avec d'autres Magiſtrats du premier rang,
pour la réformation des Ordonnan-
ces, fit entrer ſon Fils dans ce travail
important. Les vûës de M. de la Moignon le Pere s'étendoient plus loin :
il vouloit délivrer la France de cette
multitude incommode de Loix, de
Coutumes differentes : il aſſembloit
deux fois chaque ſemaine les plus
ſçavans Avocats ; & il eſperoit que
ces Conférences produiroient un
Corps complet de Droit François,
dont les maximes ſerviroient de
regle à tous les Tribunaux du
Royaume.

Attentif à ces grands deſſeins, il
n'oublioit pas ſon Fils, & il prenoit
ces occaſions pour le remplir de la
Science la plus profonde & du veritable eſprit des Loix. Il voulut qu'il
parût dans le Barreau comme ſimple Avocat deux ans de ſuite. Maître de lui choiſir les plus belles
Charges, il ne ſongeoit qu'à les lui

cet endroit. Le Fils sçût ce que l'on traitoit avec son Pere : il va sur le champ le trouver : il le conjure de n'avoir égard qu'aux regles du devoir : il lui protefte dans les termes les plus forts, qu'il refuseroit la plus brillante fortune , si elle devoit coûter une faute à son Pere. Mr. le premier Préfident n'ayant plus la tendrefle paternelle à combattre , résista sans peine aux artifices des flatteurs, & aux empreffemens des mauvais conseillers. Il fit son devoir , & il le fit sans interesser sa fortune : la Providence n'avoit voulu qu'éprouver le Pere & le Fils.

Mr. de la Moignon paffa de la Charge de Conseiller à celle de Maître des Requêtes, toûjours le même , toûjours également diftingué : & le Roi qui l'avoit entendu rapporter plusieurs affaires de confequence, le mit au nombre des Commiffaires dont il voulut prendre conseil, quand après la mort du Chancelier Seguier , Sa Majefté tint le Sceau elle-même pendant quelque tems.

Enfin une place à laquelle le Pu-

blic l'auroit appellé d'abord , fi elle
n'avoit été remplie par l'illuftre Mr.
Bignon , une place où les talens de
Mr. de la Moignon devoient paroître dans tout leur éclat , la place
d'Avocat general vint à vaquer : on
ne délibera pas fur le Sujet qui devoit la prendre : Mr. de la Moignon
étoit feul capable de fucceder à Mr.
Bignon , & de partager ce glorieux
& difficile Emploi avec Mr. Talon.

La réputation qu'il s'eft acquife
dans cette Charge , eft trop univer-
fellement répanduë , pour que nous
entrions dans quelque détail fur ce
qu'il y a fait : ce détail d'ailleurs
nous meneroit trop loin : ce que la
curiofité des particuliers ou l'avidi-
té des Copiftes a pû dérober de fes
Plaidoyez ou de fes Harangues
charme : que ne feroient pas les
Piéces entieres , fi on les rendoit publiques ? Deux évenemens feront
juger de l'empire que fon Eloquence exerçoit dans le Barreau. Il fit
abolir un ufage bizarre * il eft vrai ,
& contraire à la pudeur , mais ancien & foutenu par la pratique d'une

* *Le congrès.*

longue fuite d'années. Une autrefois il fit revenir les Juges d'un Avis
pour lequel ils s'étoient déclarez ;
& ce que l'Eloquence de Ciceron
pût fur Céfar dans la Caufe de Liga-
rius , la fienne en cette Caufe le pût
fur toute une Chambre. En 1690.
le Roi lui donna l'agrément d'une
Charge de Préfident à Mortier : diftinction convenable à fa Naiffance,
récompenfe dûë à dix-fept ans de
travail. Mr. de la Moignon n'accep-
ta cette preuve de la fatisfaction
que le Roi avoit de fes fervices, que
comme un engagement à les continuer. Il differa de profiter de la grace que fa Majefte lui avoit faite, &
le Barreau le poffeda encore huit
ans. Il ne le quitta que quand fa
fanté ufée par le travail ne répondit
plus à fon zele , fa fanté s'affoiblif-
fant tous les jours. En mil fept cens
fept, il remit à fon Fils aîné la Charge de Préfident à Mortier , & le Roi
lui accorda des Lettres de Préfident honoraire. Mais les Hommes
tels que Mr. de la Moignon, ne trouvent pas le repos lors même qu'ils
en ont befoin. En vain tâchoit-il

de se dérober aux affaires , elles le
suivoient jusques dans sa retraite.
La confiance generale lui avoit donné une jurisdiction qui n'avoit point
de bornes ; & ceux qui ne l'avoient
pas pour Juge vouloient l'avoir pour
Arbitre. Ses lumiéres, son équité, &
sur tout le talent si rare de concilier les Parties les plus animées , talent qu'il possedoit au plus haut
degré, excitoient & justifioient cette
confiance generale.

Au milieu de tant d'occupations
Mr. de la Moignon n'avoit jamais
negligé les Lettres : les momens dé-
robez aux affaires étoient tous pour
elles : c'étoit son seul plaisir. Une
Bibliotheque aussi nombreuse que
choisie, son assiduité aux assemblées
de l'Academie Royale des Incrip-
tions, où il entra en 1704. & dont le
Roi le nomma Président pour l'an-
né 1705. la protection qu'il a toujours donnée aux Gens lettrez, la
liaison qu'il entretenoit avec les plus
celebres Ecrivains de nôtre tems ,
liaison dont tout l'avantage étoit
pour eux, sont des preuves que son
goût dominant n'a jamais été com-

battu que par les obligbdisbdfb
difpenfables de fes Emp
peut regarder comme une f
ve de fon amour pour le:
la publication du feul Ou
fa modeftie ait laiffé échap
fon Plaidoyé pour le Sieur
Sculpteur : monument d
de fon Eloqnence & de fc
tion pour les beaux Arts.

Tel étoit dans Mr. de la
le Magiftrat & l'Homme d
mais fon merite n'étoit p
ces dehors éclattans : fes
viles & fes Vertus Chréti
dignes de loüanges plus
auffi vrayes. Cette efpec
qui le fuivoit à Bâville ,
groffe fans que l'ambition i
y attirât perfonne, ne laiff
ter combien fon comme
doux , fûr , & engageant :
mis qu'on publiât le té
qu'il a voulu rendre à l'a:
referve qui l'a lié pendant
nées avec le Pere Bourdaloï
bien glorieufe à l'un & à l'a
trait de la fidelité de Mr.
gnon pour fes Amis ne do

meurer caché : le Roi l'interrogeant
fur ce qu'il pouvoit avoir appris d'un
Ami malheureux & difgracié , *Je
vous le dirois , Sire , répondit-il , fi vous
me l'ordonniez , mais je fuis fûr que vous
ne me l'ordonnerez pas : fous un Prince
tel que vous les devoirs de l'obéiffance ne
feront jamais contraires aux obligations
de l'amitié.*

Heureux d'avoir joint à tant de
grandes, à tant d'aimables qualitez,
la feule qui donne aux autres un veritable prix, un attachement fincere
pour les veritez & les devoirs de la
Religion, une dévotion auffi folide
que fon Efprit, auffi droite que fon
Cœur. C'eft de cette fource & non
d'une vaine & trompeufe Philofophie, que naiffoit fa fermeté à l'approche de la mort : fermeté qui fans
lui rien ôter de la crainte que caufe
la Foi, le raffûroit par la confiance
qu'elle infpire, & qui fans diminuer fa jufte fenfibilité pour un Frere femblable à lui & toujours uni
avec lui, pour une Femme, pour des
Enfans dignes de lui, lui laiffa affez
de liberté pour leur épargner le chagrin d'une féparation fi dure, par

des moyens qui demandoient une attention, dont dans ces derniers momens, on eſt peu capable.

Il mourut aprés une longue maladie le 7ᵉ. d'Août 1709. âgé de ſoixante cinq ans.

Il a laiſſé de Marie Voiſin ſon Epouſe, Mr. le Préſident de la Moignon & Mr. de Blanc-Ménil Avocat general, & deux Filles, l'une mariée à Mr. le premier Préſident de la Chambre des Comptes, l'autre à Mr. de Maniban Préſident à Mortier du Parlement de Toulouſe : une troiſiéme premiere Femme de Mr. le Préſident de Maiſons eſt morte avant ſon Pere.

On n'a imprimé que deux de ſes Ouvrages : le Plaidoyé pour le Sieur Gerard Van-Obſtat, & une Lettre ſur la mort du Pere Bourdaloüe imprimée à la fin du troiſiéme tome du Carême du Pere Bourdaloüe.

ARTICLE LIV.

LE SACRAMENTAIRE DES Paſteurs tiré des Saintes Ecritures, des Conciles, des Peres, & des uſages Avril 1710.

des Eglises de France , contenant le Dogme & la pratique de tous les Sacremens , avec un Traité des Monitoires à l'usage des Cours Ecclesiastiques & seculieres & de Messieurs les Curez du Royaume. Par M. J. F. Joliot Prêtre du Diocése de Besançon , Docteur en Théologie. A Paris chez de Nully, rüe Saint Jaques , 1709. *in* 4°. *pages* 810. *sans la préface & les tables.*

L'Auteur soigneux d'apprendre les devoirs de son Etat, a connu par lui-même la necessité d'un Traité des Sacremens , qui renfermât dans un abregé clair & methodique, tout ce que l'on doit sçavoir sur cette matiére importante , où la Théologie, mais une Théologie familiére & aisée , fut mêlée sans embarras au Droit canon & à la Morale, pour s'éclaircir l'un l'autre, & pour ne laisser rien ignorer aux Pasteurs sur leurs fonctions. Il a lui-même entrepris de donner ce Traité si nécessaire , en écartant *les formalitez épineuses de l'Ecole,* contre laquelle il est extremement prévenu ; jusques-là qu'il applique aux jeunes Ecclésiastiques

qui fortent de deffus les ba
qu'un Ancien a dit de la Jeu
fon tems : Ego *adolescentulos*
in Scholis fieri stultissimos ; qui.
üs quæ in usu habemus, aut aud
vident. Bien des gens trouver
te citation de trop dans le Sa
taire. Quoi qu'il en foit l'A
eu en vûë de remedier au déf
attribuë à l'Ecole : C'eft la
qu'il enfeigne principaleme
cependant negliger le Dog
l'on doit convenir qu'il a le
neceffaires pour inftruire ,
choifi avec affez de difcen
difpofé avec beaucoup d'o
materiaux de fon Livre , q
prime nettement , & qu'e
rendu un grand fervice aux
& aux Peuples fidelles ; aux
en leur donnant dans un fe
me le précis de plufieurs qu
roient pû affembler qu'ave
coup de peine & de dépen
Peuples en fourniffant aux
un moyen de les inftruire, d
mêmes pourront profiter. L
des Monitoires eft travaillé
core plus d'application que
du Livre.

Nous ne croyons pas que l'Auteur regarde toutes les maximes qu'il débite comme autant de loix : il sçait que les Conciles provinciaux & même nationaux, quelque respectables qu'ils soient , n'ont qu'une autorité faillible & limitée : le sentiment d'un ou de plusieurs Auteurs a encore moins de force : & si l'Auteur semble vouloir qu'on suive les décisions de ces Conciles particuliers, ou les sentimens de certains Auteurs, ce n'est pas qu'il juge qu'on soit indispensablement obligé de s'y soumettre : quand on supposeroit cette obligation effective, on seroit dispensé de la remplir par l'impossibilité de le faire. Les Conciles particuliers pour se conformer aux tems & aux lieux ont fait des Loix directement contraires : il faut donc s'en tenir aux regles prescrites par l'Eglise Universelle, & à celles qui sont en vigueur dans l'Eglise particuliere où l'on vit : le reste ne peut servir que de direction. Il seroit à souhaiter que l'Auteur eût fait par tout cette distinction si necessaire des Canons qui obligent , & de ceux qui n'obligent

Avril 1710.

pas, & qu'il ne l'eût pa
à la feverité des Paſt
qui preſſeront ſans
l'obſervation de toutes
ou à l'indulgence des I
chez, qui ne propoſe
les plus autoriſées que
conſeils. Un autre éci
Joliot devoit éviter,
confiance dans une foul
modernes plus abondar
dans leurs citations.

A R T I C L E

LETTRE A SON
Sereniſſime Monſeignei
Maine, ſur les Quiha

M ONSEIGN

. C'eſt uniquement er
aux Ordres de Vôtre
niſſime, que j'oſe met
ce que je penſe de ce
dailles, que nous conn
jours ſous le nom de Q
m'appartient point d'êt
Avril 1710.

à décider fur cette matiere ; & cependant il faudra que je le faſſe, puiſqu'aucun Antiquaire n'en a encore parlé.

Je ſuppoſe d'abord, que par le terme de Quinaire l'on entend certaines Médailles , de quelque metal qu'elles ſoient , qui n'ont que la grandeur d'une de nos mailles. Vôtre Alteſſe Sereniſſime m'a fait l'honneur de me demander ſur cela deux choſes ; premierement, pourquoi on les a nommées Quinaires ; ſecondement , quel eſt le rang qu'elles doivent tenir dans les Cabinets.

Il eſt indubitable qu'il y avoit du tems de la République Romaine deux ſortes de monnoye d'argent ; dont l'une étoit du poids d'un gros , & l'autre du poids d'un demi-gros. La premiere s'appelloit *Denarius* , & l'autre *Quinarius* , parce que celle-là valoit dix As, & que celle-ci n'en valoit que cinq. Auſſi mettoit-on ſur la monnoye peſant un gros le nombre X. & le nombre V. ſur la monnoye qui n'étoit que d'un demi-gros. Or les monnoyes ſous les Empereurs étant demeurées à quelques grains

près de même poids & de m
leur que du tems de la Répu
la Médaille d'argent du poi
gros continüa d'être appellé
rius : Ostendite mihi denarium
habet imaginem & inscriptione
JESUS-CHRIST * à ceux qui l
troient une Médaille d'ar
l'Empereur Tibere. La m
d'argent continua, dis-je, d'
pellée *Denarius*, ou bien u
noye valant dix As. Par con
la monnoye d'un demi-gro
également un *Quinarius*, c'ef
une monnoye valant cinq
changement qui avoit été
rapport à l'inscription & aux
qu'on y representoit, ne faif
au prix & à la valeur de la m

Voilà, Monseigneur, fi j
trompe, l'origine du mot de
rius. Il s'ensuit de-là qu'il n'
prement que les Médailles
pesant un demi-gros, auxq
nom convienne, que les Ron
l'ont point donné aux autres
de monnoye aussi petites qu
là, & qu'ainsi ce n'est qu'im
ment & par analogie que

* *En S. Luc. ch. 20.*   d

dailliftes le donnent aujourd'hui aux
Médailles d'or & de bronze, qui font
de la même grandeur que les Quinaires d'argent, puifque les unes,
fçavoir celles d'or, font d'un prix
fort au-deffus de cinq As; & les autres, je veux dire celles de bronze,
font d'un prix fort inferieur.

L'unique convenance qui fe trouve entre ces Quinaires & les Quinaires d'argent, c'eft que le Quinaire
d'or eft la moitié d'une Médaille
d'or pour le poids & pour la valeur;
& celui de bronze la moitié d'une
Médaille de petit bronze; comme le
Quinaire d'argent eft la moitié d'une
Médaille d'argent. Car les Romains
ont obfervé dans leurs monnoyes les
mêmes regles que nous; ou plûtôt
c'eft d'eux que nous les avons prifes.
Ils avoient donc en or des Loüis, fi
j'ofe parler de la forte, & des demi-
Loüis, je veux dire la Médaille d'or
étoit du poids de deux gros & de
quelques grains; & le demi Loüis
ou Quinaire étoit à proportion d'un
gros & de quelques grains. Mais en
bronze ils avoient plus de pieces de
different poids que nous n'en avons.

qui ont obligé les Medailliftes de féparer les Medailles de differentes grandeurs, & d'en faire des fuités diftinguées les unes des autres.

Vôtre Alteffe féréniffime a commencé à en donner l'exemple aux Sçavans, & a connu dès fes premiéres années par là force de ce Genie fuperieur, qui a paru dans ce genre d'étude comme dans tout le refte, que les Quinaires devoient faire parmi les Medailles un ordre à-part, & compofer une fuite fans mélange d'aucune autre Medaille. De forte que l'on peut dire que les jeux de fon enfance, ont été de véritables leçons pour les plus habiles Antiquaires.

Au refte, quelques rares que foient les Quinaires, ces fortes de fuites ne font point abfolument impoffibles; puifque Vôtre Alteffe Sereniffime en a déja une fi nombreufe & fi confiderable, qu'il faudroit peu de Quinaires pour la rendre complette. Il eft à fouhaitter qu'un jour on en donne au Public le catalogue, avec des notes fçavantes & accompagnées de Differtations fur ce qui

Avril 1710.

regarde les revers singuliers qui s'y rencontrent. Le goût en viendroit aux Antiquaires , & dans peu il y auroit autant de suites de Quinaires , qu'il y auroit de Cabinets d'un certain rang. Au lieu qu'à l'heure qu'il est , je n'en sçais que deux , une en France & l'autre en Italie ; sçavoir celle de Vôtre Altesse Serenissime , & celle de Mr. l'Abbé Strozzi , un des Prélats des plus distinguez qu'il y ait dans la Cour de Rome , par sa naissance , par sa pieté , & par son amour pour les belles Lettres. Je suis &c.

ARTICLE LVI.

ELOGE DU R. P. BERNARDIN *de Pequigny Capucin.*

LE Pere Bernardin né à Pequigny l'an mil six cens trente trois, entra l'an mil six cens quarante neuf dans le Saint Ordre dont il a été un des principaux ornemens , toujours également distingué par son érudition , & par sa vertu , après avoir été long-tems Lecteur en Theologie,

....

Roi à Toulon, & de ceux qu'il a
faire dans les ports du Ponant ,
gravé 75 eſtampes repreſentant
tant de Bâtimens qui lui ſont ..
nus , & qui n'avoient point en..
été gravez , du moins en France,
il n'en a paru qu'onze differe..
Marſeille. Le nom & l'uſage de ..
que Bâtiment eſt marqué ſur ..
que eſtampe. On trouvera une ..
ample explication de la plus gr..
partie dans le Dictionnaire des S..
ces de des beaux Arts, dans cel..
Mr. Perrault , ou celui de ..
voux. Il eſpere que cette recher..
ſera agréable aux Curieux , ſur..
à ceux qui aiment le deſſein ..
ſera utile aux Officiers de la M..
ne & aux Negotians. Ces eſtá..
ſont en petit , gravées à l'eau ..
ſur le vernis dur , & réparée ..
burin , & cela pour une plus ..
de commodité , moins de dép..
& pour éviter un trop grand ..
vail , dont l'emploi qu'il rempli..
lui auroit pas donné le tems; ne ..
cupant à cet Art que par récré..
& pour l'utilité du Public.

Quelque Grec ou quelque ..
Avril 1710. ..

main qui auroit executé de son tems le même dessein, auroit rendu un grand service aux Amateurs de l'Antiquité, & épargné bien de la peine aux Baifs & aux Meibomius, pourvû cependant que son Ouvrage fût venu jusques à nous.

ARTICLE LVIII.

PROPRIETE' PARTICULIERE *de l'hellebore noir, découverte par Mr. Tablet.*

PLuſieurs Apothicaires vendent, au grand préjudice des Malades, au lieu des racines d'hellebore noir, celles du renoncule à fleur de fenoüil, que Bauhin appelle mal à propos hellebore noir à petite feüille; ou celles d'aſtrantia, racines qui n'ont aucune vertu purgative, comme Dodonée, avec quelques autres Botaniſtes celebres de nôtre siécle l'ont experimenté. C'eſt donc rendre au Public un service important, que de lûi donner un moyen aſſûré d'éviter toute surpriſe. Il ne faut que mettre ces racines infuser dans l'eau

chaude , & les rejetter comme inutiles , fi elles ne lui ont communiqué
aucune acrimonie.

L'hellebore dont Mr. Tablet prétend parler, eft celui qui croît dans
les Alpes , dans les Pyrenées , & dans
les montagnes d'Auvergne , d'où
l'on en apporte une quantité confi-
dérable à Paris : celui qu'on cultive
dans les jardins, pour la beauté de
fes fleurs, & l'utilité de fes feüilles
& racines, eft d'une pareille vertu.

L'Extrait des racines de cette plante préparé avec l'efprit de vin , n'é-
vacuë aucunement les humeurs : cette vertu n'appartient qu'à celui qui
eft fait avec l'eau boüillante, qui dif-
fout d'abord les fels acres & tarta-
reux, & incontinent après par leur
moyen les parties fulphureufes.

C'eft fe tromper & tromper les
autres, que de féparer les principes
de cette plante dans l'ufage de la
Medecine, les malades n'en recevant
prefque aucun foulagement : l'experience ayant appris que cette plante
n'opere promptement & efficacce-
ment, que lorfque tous les principes
font unis , lefquels confiftent en fels

res, acides, ftyptiques, fixes & vo-
tiles, & huile fétide.

On peut dire que l'hellebore noir
l'un des plus puiffans remedes, &
l'il a comme la force du levier,
ur remuer & expulfer les hu-
eurs les plus tenaces & les plus
mpactes. En effet on a reconnu
l'il eft d'un grand fecours aux
us, maniaques, hypocondriaques,
leptiques, afthmatiques, letargi-
es, lepreux, & aux perfonnes tra-
illées de la fiévre quarte.

C'eft principalement dans la guerf-
n de cette efpece de fiévre, que M.
abler a remarqué la proprieté par-
uliére de l'hellebore noir. Il en a
nfeillé l'ufage en fubftance, le
ids d'un gros en bol au commen-
encement du paroxyfme ; & il eft
rivé que prefque tous les malades
ii s'en font fervis trois fois dans
ois accès confécutifs, n'en ont point
ffenti d'autres dans la fuite.

Il eft aifé de comprendre com-
ent cette plante opere fi prompte-
ent un effet, qu'on ne peut obtenir
e rarement & très-difficilement
r l'ufage du quinquina & des au-

tres remedes qu'on juge convena-
bles dans cette maladie : car son sel
acide ſtyptique venant à piquer les
membranes du ventricule, les met
en contraction, & étreciſſant leur capacité, les force d'évacuer par où
il y a moins de réſiſtance, les humeurs qu'elles ne peuvent plus con-
tenir, amollies comme elles ſont &
renduës fluides par l'huile fétide,
laquelle enduiſant les parois de l'eſtomac, les garantit d'une trop
grande irritation, que cauſent très-
ſouvent le foye, le verre d'antimoine, & le tartre ſtybié, dont l'u-
ſage eſt beaucoup plus dangereux
que celui de l'hellebore noir : car
les parties de l'antimoine, quelque
préparation qu'elles ayent reçûë, demeurent toûjours metalliques, du-
res, & preſque indomptables au diſ-
ſolvant de l'eſtomac ; & par conſequent peuvent exciter dans le ſang,
pour peu qu'il y en entre, un tumulte qui ne ceſſe que par la mort, à
moins qu'elles ne ſe dulcifient, en
devenant ſouples, flexibles, coulan-
tes : ce qu'il n'eſt pas permis d'eſperer de la roideur, denſité, & âpreté
de leurs rameaux : outre que les

vegetaux ont incomparablement plus de proportion & d'analogie avec nos corps, que les metaux & mineraux : ils se nourriſſent des premiers & non des derniers : il eſt donc plus convenable à leur nature de ſe ſervir dans leurs maladies de ceux-là, que de ceux-ci.

L'uſage de l'hellebore dont les Anciens ſe ſervoient, a des ſuites fâcheuſes : car quoique les malades ne ſe plaignent pas toûjours de ſuperpurgation , ils ſont tourmentez de nauſées, de peſanteur d'eſtomac accompagnée d'acrimonie & d'inflammation, qui menacent la gorge & l'anus. De plus ils ſont incommodez pendant pluſieurs jours, d'une douleur de tête très-aïguë, & d'un tremblement de membres. Aucun de ces inconveniens ne ſe trouve dans l'uſage de l'hellebore noir, qu'il faut donner en ſubſtance dans toutes les maladies où il y a pourriture, & obſtructions inveterées, à la doſe d'un gros, & non pas de 15 grains, comme l'a conſeillé Mr. Tournefort dans ſon Hiſtoire de la matiere medicale : car on a obſervé qu'il ne produiſoit

presque aucun effet donné dan
si petite dose,

ARTICLE LIX.

REMARQUES SUR L'AR]
99. *des Memoires de Trevoux,*
de Juillet 1709. *Des forces (*
fuges, page 1284.

IL y a plusieurs choses en cet
cle qui font de la peine.

1°. Page 1287. Il condamne l
sonnement de ceux qui s'imag
que les forces centrifuges. s'ac
rent. Pour appuyer cette con
nation., je ne puis comprendre ,
il, que lors que le mobile B (*Fig*

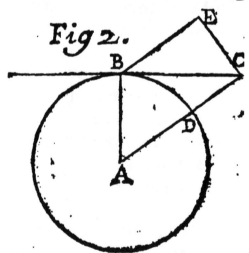

Fig 2.

parcourt d'un mouvement unif
Avril 1710.

l'arc B D infiniment petit , la force
centrifuge doive croître depuis B,
jusqu'à D. Il a raison en cela : ceux
mêmes contre qui il parle ne le con-
çoivent pas, ils ne le disent pas non
plus. Voici comme je conçois leur
sentiment. Ils supposent (*Fig. 1.*) par
exemple un cercle dans un plan
vertical, le fil ou le rayon A B inflexible & incapable de s'allonger ,

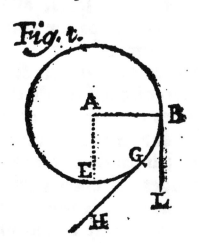

Fig. 1.

le mobile B pesant, élevé du point
E jusqu'au point B , & ensuite lâché.
Dans cette supposition ils préten-
dent que le mobile B descendant
par l'arc B E, accelerera continuellement son mouvement, jusqu'à ce
qu'il soit au point E , & qu'allant

plus vîte en G qu'en B, si par quelque accident au point G il se déta-
choit du rayon, il parcourroit plus
vîte la tangente G H, qu'il n'auroit
parcouru la tangente B L, si étant au
point B il s'étoit détaché. Il s'éloi-
gneroit donc plus du centre dans
un tems égal étant au point G, qu'il
n'auroit fait au point B. Donc la
force centrifuge seroit augmentée,
(ou si l'on veut parler comme l'Auteur) *accelerée*.

Pour ce qu'il dit en second lieu,
qu'il seroit impossible de déterminer
les forces centrifuges dans aucune
courbe sur-laquelle seroit mû un
mobile ; si par déterminer les forces
centrifuges, il entend ici la même
chose que dans la page 1296. on lui
soutient que c'est si peu un incon-
venient selon lui, que lui même croit
cette détermination aussi difficile,
que de trouver la quadrature du
cercle & la duplication du cube,
qui sont deux choses qu'apparemment il ne juge pas possibles.

2°. Il ne croit pas que l'on puisse
trouver de paralogisme dans le raisonnement par lequel il tâche de

prouver, que les forces centrifuges font proportionnelles aux viteffes avec lefquelles le mobile fe meut circulairement. Voici fon raifonnement. Il fuppofe d'abord diverfes puiffances, qui mettent fucceffivement un mobile (B par exemple) en mouvement. Il eft évident, dit-il, que les vîteffes que recevroit fucceffivement ce mobile, feroient comme ces puiffances, & que les forces du même mobile feroient proportionnelles aux viteffes. Il y a ici quelque chofe à diftinguer. *Les forces du mobile feroient proportionnelles aux viteffes* qu'il auroit, c'eft-à dire, tant à celles qu'il auroit déja reçûës & qui perfevereroient encore, qu'à celles qu'il recevroit actuellement : on l'accorde. Les forces du mobile feroient proportionnelles aux viteffes feulement qu'il recevroit à chaque inftant : on le nie. L'Auteur ne doit pas trouver étrange une telle diftinction : lui même dans le feüillet précedent déclare, qu'il veut bien admettre le principe (que fon Adverfaire attribuë, dit-il, à des Géometres habiles). & qui eft que lorfqu'une

force conſtante & conſtamment ap-
pliquée à un mobile, & de telle maniere qu'elle produit à chaque inſtant de nouvelles vîteſſes égales à la
premiere, les eſpaces parcourus par
ce mobile, ſont entre eux comme
les quarrez des tems. Quiconque admet ce principe, admet tout le fond
de cette diſtinction : car ſi une même puiſſance conſtamment appli-
quée, peut être ſuppoſée produire
à chaque inſtant de nouvelles vîteſſes égales à la premiere, on pourra
bien ſuppoſer la même choſe de
diverſes puiſſances ſucceſſivement
appliquées. On pourra même ſuppoſer, ſi l'on veut, que les nouvelles vîteſſes ſeront plus grandes que
la premiere. De même ſi l'on peut
ſuppoſer que les nouvelles vîteſſes,
produites par la premiere puiſſance
ſuivant la même direction, ne dé-
truiſent point celle qu'elle avoit
produite d'abord, on pourra avec
autant de raiſon ſuppoſer la même
choſe des nouvelles vîteſſes produites par differentes puiſſances appliquées ſucceſſivement. Enfin ſi les
eſpaces parcourus par le mobile,

ussé toujours par la même puis-
:e agissant comme l'on vient de
:) sont entre eux comme les
rrez des tems ; on pourra dire
i-bien, que les espaces parcou-
par le mobile, que differentes
sances poulleroient succellive-
it , feroient entre eux comme
quarrez des tems , ou ce qui est
même chose , comme les quarrez
vîtesses. Et puisque selon l'Au-
· même , la force qui meut circu-
ement est à la force centrifuge,
ımé l'arc B D (*Fig.* 2.) par-
ru est à l'excès D C de la secan-
ces espaces parcourus étant com-
les quarrez des vîtesses , ces for-
seront necessairement comme les
rrez des vîtesses & non pas com-
les vîtesses , ainsi que le soutient
iteur. Son paralogisme donc con-
:en ce qu'il n'a pas fait une distinc-
ı si aisée & cependant si necessaire.
ª. On ne comprend pas comment
uteur rejette cette expression des
:és centrifuges $\frac{vv}{r}$, puis qu'il pose

même tous les principes qui dé-
ıtrent que cette expression est la

Avril 1710.

véritable. **v** fignifie ici la v
mobile , & *r* le rayon du cer

Or fi l'on fait abftraction
la vîteffe eft à la vîteffe , con
pace à l'efpace : & puifque
BD (*Fig.* 2.) qu'on fupp
couru par le mobile B, v f
= B D ; & le rayon A B
Suppofant encore avec l'Au
infiniment petit , égal à u
droite & perpendiculaire f
on aura D C (qui felon

exprime la force centrifuge

car A B ou A D (r) : B l

$$BD (v) : DC \left(\frac{vv}{r}.\right)$$

Il n'y a rien dans ce raifo
que les fuppofitions de l'Au
la *proprieté* des triangles r
femblables démontrée dan
Livres d'Elemens. La mê
fe démontre encore par c
l'Auteur page 1293. dans
même où il prétend démon

la force centrifuge eft =

car A B eft ici (r) I eft (
& F eft la force qui fait m
mobile B fur l'arc B D.

Pour mettre ſous les yeux ſon raiſonnement, je remarque que page 1286. il ſuppoſe que la force qui meut par B C eſt exprimée par B C, celle qui meut par B D eſt expri+ mée par B D , & celle qui meut par D C, exprimée par D C : ainſi F = B C. D'ailleurs page 1289. il dit que les forces par B C & par B D , ſont cenſées égales. Donc F = B C = B D = v.

Voici maintenant ſes analogies : D C (force centrifuge du mobile B: F : : B C : A C = A B rayon. Donc B C : A B : : D C : F. Donc F x BC = A B X D C. Donc $D C = \frac{F \times BC}{AB}$

Et faiſant B C = I, on aura $\frac{IF}{AB}$ = D C force centrifuge.

Je remarque que comme F = BC, il s'enſuit que F x BC = BC x BC, ou F x BC = F x F ou à F^2, & qu'ain- ſi ſon expreſſion $\frac{IF}{AB}$ n'eſt pas com-

me il le veut $\frac{v}{r}$ mais c'eſt abſolu- ment la même choſe que $\frac{v\,v}{r}$.

Enfin l'Auteur fait le procès aux plus habiles Mathématiciens , &

Avril 1710.

il ne s'apperçoit pas qu'il en revient à conclurre sous d'autres termes la même chose qu'eux, quoi qu'il croye ou qu'il prétende conclurre le contraire.

Réponse du Pere de la Maugeraye.

Dans l'Article 99. des Mémoires de Trevoux mois de Juillet 1709. page 1284. je suppofai (*fig. 2.*) qu'un mobile B allât le long de la circonference d'un cercle d'un mouvement uniforme, & par confequent je suppofai que le cercle fût parallele à l'horizon; puifque c'eft la feule fituation dans laquelle un mobile B puiffe fe mouvoir le long de la circonférence d'un mouvement uniforme , & dans laquelle la force centrifuge puiffe être la même dans tous les points de la circonference. Dans cette fuppofi- tion je dis que je ne concevois pas le raifonnement de ceux qui s'ima- ginoient , que lorfque le mobile B parcourt d'un mouvement uniforme l'arc B D infiniment petit , la force centrifuge doit croître dé puis B jufqu'à D.

Avril 1710.

Auteur des Remarques, pour
concevoir comment les forces
ifuges, s'accelerent, suppose
ercle dans une situation verti-
mais ce n'est pas de quoi il s'a-
S'il vouloit agir contre moi, il
it conserver ma supposition. Qui
e qui ignore que les corps en
ant accelerent leur mouve-
? Il trouvera dans les Mémoires
revoux années précedentes,
a déterminé les forces & les
es relatives qu'auroit (*fig.* 1.) le
le B dans chaque point du quart
Il ajoute que ceux contre qui
ne disent pas cela : les con-
il pour parler de la sorte ?
joutai que ceux qui faisoient
r la démonstration des forces
ifuges sur cette acceleration, ne
ient pas apparemment reflexion
rendoient la chose impossible :
oi l'Auteur des Remarques croit
je me suis contredit, parce que
dit dans le même Article 99.
est aussi difficile de déterminer
ce centrifuge du mobile B, qui
eut le long de la circonférence
cercle & d'un mouvement uni-
rit 1710.

orme, que de trouver la quadrature du cercle ou la duplication du
cube.

Mais si je suis perfuadé, qu'il est
impossible de déterminer la force
centrifuge d'un mobile qui se meut
le long de la circonference d'un cercle, soit que la démonstration des
forces centrifuges roule sur l'accelé-
ration, soit qu'elle n'y roule pas
ceux contre qui j'écris n'en sont pas
persuadez: ainsi j'ai eû droit de leur
dire, que faire rouler la démonstration des forces centrifuges sur l'acceleration dont nous avons parlé
c'étoit rendre la chose impossible
par cette supposition, quand bien
même elle ne le seroit pas d'ailleur
& en cela il n'y a nulle contrad
tion; mais ce seroit un grand inc
venient pour ceux contre qui j'éc
à quoi l'Auteur des Remarque
pas fait d'attention.

Pour ce qui est du paralog
que l'Auteur des Remarques
voir dans mon raisonnement,
me il n'est fondé que sur la si
verticale de son cercle, il serc
tile de s'y arrêter.

Avril 1710.   L'

L'Auteur des Remarques est surpris que je rejette cette expression $\frac{vv}{r}$: mais s'il faisoit reflexion que le triangle B D C (*fig. 2.*) demeurant le même, les forces peuvent varier à l'infini, aussi bien que les vîtesses, il concevroit bien qu'il y a de la difference entre le quarré de B D & le quarré des vîtesses : ainsi quoi que pour avoir DC il faille diviser le quarré de BD par le rayon, il ne s'ensuit pas que pour avoir les forces centrifuges, il faille diviser le quarré des vîtesses par le rayon.

Par cette même raison on ne peut pas faire F = BC ou BD : ainsi mon expression $\frac{IF}{AB}$ est bien differente de $\frac{vv}{r}$, quoi qu'il croye qu'elle soit la même.

Enfin l'Auteur des Remarques m'accuse de faire le procés aux plus habiles Mathématiciens : mais s'il veut bien y faire attention, il trouvera que ce que j'ai écrit est une suite necessaire des principes reçûs de tous les plus habiles Mathématiciens. Et voici comme je le montre : Soit le

rectangle BDCE (*fig. 3.*) suppo-
sons au point B un mobile B, qui

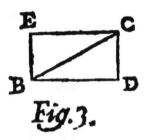

Fig. 3.

soit poussé suivant la diagonale B C,
par une puissance quelle qu'elle puisse être : tous les plus habiles Mathe-
maticiens conviennent, que si le mobile B est poussé suivant B C par une
force exprimée par B C, il sera poussé
suivant D C ou B E, par une force
exprimée par D C ou B E ; & suivant B D ou E C, par une force exprimée par B D ou E C. Ils conviennent encore qu'en faisant précision
de la résistance du milieu, les vîtesses que recevroit successivement le
mobile B suivant B C, seroient comme les puissances qui le pousseroient
successivement suivant B C.

Enfin ils conviennent que si le
mobile B est poussé successivement
suivant B C par diverses puissances,
les vîtesses ou forces rélatives que

recevroit fuccesſivement le mobile
B fuivant BD ou BE, feroient entre-
elles comme les puiſſances qui le
pouſſeroient fucceſſivement fuivant
BC.

Or le triangle rectangle BDC
(*fig. 2.*) eſt moitié du parallelo-
gramme BDCE: donc ſi un mo-
bile B eſt pouſſé fucceſſivement fuivant BC baſe du triangle BDC par
diverſes puiſſances, les forces & les
vîteſſes qu'il recevra fucceſſivement
fuivant BC, ou BD, ou DC, doivent être entre elles comme les puiſſances qui pouſſeront fucceſſivement
fuivant BC: donc les forces centrifuges doivent croître comme les
forces ou comme les vîteſſes, & non
pas comme les quarrez des vîteſſes.

Quoi! par ce que BC touche un
cercle au point B, les forces rélatives
doivent changer! & qu'eſt-ce qui
avertit le mobile B, que la ligne BC
fur laquelle il eſt pouſſé, touche un
cercle au point B? & quel changement cela doit-il faire? puiſque le
mobile B eſt toujours pouſſé de la
même maniére fuivant BC, ſoit
qu'elle touche, ſoit qu'elle ne tou-

che pas. Or fi B C ne touchoit pas
un cercle, perfonne ne doute que
les forces rélatives fuivant D C, ou
B E, ne fuffent comme les forces ou
vîteffes fuivant B C: donc les forces
centrifuges, qui ne font rien autre
chofe que les forces rélatives fuivant D E, doivent être comme les
forces ou vîteffes fuivant B C. Voilà
le précis de l'Article 99. & à quoi
l'Auteur des Remarques devoit répondre au lieu de fe faire un fantôme pour le combattre.

A R T I C L E   LX.

N O U V E L L E S   L I T E R A I R E S.

D'ALEMAGNE, DE BERLIN.

IL s'en faut peu que le Traité de
feu Mr. Jaquelot fur la verité &
l'infpiration des Livres facrez ne foit
achevé. Il ne manque que trois ou
quatre chapitres à la fin de la feconde partie. C'eft le Chef-d'œuvre de
fon Auteur, à qui il a couté la vie,
cet habile Homme n'ayant voulu
rien épargner pour épuifer une ma-

tiére fi importante, & dont l'éclair-
ciffement eft fi neceffaire pour confondre les Incrédules. Il a divifé ce
Traité en deux parties. La premiere
démontre la verité & l'infpiration de
l'ancien Teftament. La feconde partie eft pour le nouveau Teftament.
Dans les cinq premiers Chapitres de
la premiere partie, l'Auteur remonte aux principes de la révelation. Il
entre en matiere par quelques réflexions generales fur la conduite injufte & déraifonnable des Libertins
dans leurs difputes fur la Religion :
il rappelle les preuves qu'il a données dans fes autres Ouvrages de
l'exiftence de Dieu, de l'origine ce-
lefte de la Religion : il produit dans
le fixiéme Chapitre la premiére
preuve de l'infpiration des Livres facrez, qu'il tourne ainfi : La Religion
Chrétienne eft veritable ; donc ce
qu'elle enfeigne touchant les Livres
facrez eft veritable : elle enfeigne
qu'ils font infpirez ; ils font donc infpirez. En fuivant cette methode un
peu longue à la verité, il applique à
fon fujet toutes les démonftrations
de la verité de nôtre Religion, qu'il

ne fait qu'indiquer. Le VIIe. Cha
tre contient quelques reflexions
le premier Auteur des Livres fac
Le VIIIe. fait fentir l'utilité des L
de Moyfe. Le IXe. découvre dans
Ceremonies qu'il a prefcrites une
geffe véritablement Divine. Le
vient au fait , & démontre que D
eft l'Auteur de ces Loix. Le XI'
XII. & le XIII. Le XIV. & le ?
prouvent la verité des faits raco
dans la Pentateuque. Le XVI. 8
XVII. tirent des Propheties qu
lifent dans les Livres facrez un
argument que Dieu les a infpirez
XVIII. & XIX. établiffent la mê
verité par la Théologie & la Mo
des Livres Sts. & par le ftyle de l
Auteurs. Enfin le XX. & le XXI. ac
vent de démontrer l'infpiration
Livres faints par le fentiment qu
a eû le Peuple Juif. Cette feule pr
ve bien développée peut tenir
de toutes les autres.

Le Ier. Chapitre de la feconde
tie diffipe le préjugé des Juifs c
tre l'Evangile. Le II. prévient er
veur du Nouveau Teftament pa
tableau de la Religion Chrétier

qui en montre toute l'excellence.
Le III. entre dans le détail des Loix
de l'Evangile, & le IV. traite du
Culte Chrétien encore plus dignes
de Dieu que les Loix & le Culte Mo-
ſaïque. Depuis le V. juſqu'au VIII.
l'Auteur examine l'Hiſtoire de JESUS-
CHRIST. Il fait dans le VIII. pluſieurs reflexions ſur les Epîtres des
Apôtres. Il vient dans le IX. à la dé-
ciſion de la queſtion : il prouve l'inſpiration du nouveau Teſtament par
les marques qui en paroiſſent dans
les Livres mêmes. Dans le X.e il
prouve cette même verité par les
marques d'inſpiration qui ont paru
dans les Auteurs. Mr. Jaquelot explique dans les Chapitres ſuivans XI.
XII. XIII. XIV. XV. avec plus d'é-
tenduë quelques-unes de ces preuves, les prédictions contenuës dans
les Livres ſacrez, les monumens qui
prouvent la verité de l'Hiſtoire
Evangelique, les miracles de JESUS-
CHRIST, le merveilleux progrès de
l'Evangile. Il auroit joint quelques
Chapitres ſur la Théologie & la Morale du nouveau Teſtament, ſur le
ſtyle des Livres ſacrez, ſur l'opinion

qu'en ont eûë les Chrétiens de tous les siecles, & sur le Canon des Ecritures Saintes.

Mr. Penavaire a fait imprimer ici une explication physique des Fables. Pour entendre le titre de son Livre, il faut sçavoir que Zenon surnommé le Phénicien (apparemment parce qu'il tiroit son origine des Phéniciens, car la Ville de Ciltium dans l'isle de Chypre étoit sa Patrie) avoit fait un Traité que nous avons perdu, où il tâchoit de prouver que tous les Dieux de la Gentilité n'étoient que les Astres & d'autres corps inanimez; & que les Fables cachoient une Physique complette. Mr. Penavaire plein de cette idée, dont on pourroit démontrer la fausseté, a intitulé son Livre :

Phœnix redivivus in Dissertatione de Sole & Lunâ, pro specimine Operis critici; in quo vana multa & obscura Theologia & Fabularum gentilium reteguntur. Auctore Petro Penavareo Doctore in Jure Civili, & Professore lingua Graca in Gymnasio Gallico-Berolinensi. Le Phénicien ressuscité dans une Dissertation sur le Soleil & sur la Lune, pour fervir d'eſſai à un Ouvrage critique, dans lequel on éclaircit la Théologie vaine & obſcure & les Fables des Payens. Par Mr. Penavaire Docteur en Droit & Profeſſeur en Grec dans le College François de Berlin. A Berlin, *in* 4°. *pages* 67.

Mr. Barbeyrac prépare une nouvelle edition de Lucrece. Son premier ſoin ſera de rendre le Texte correct autant qu'il le peut être. Il invite les Sçavans à lui communiquer les Manuſcrits, les premieres editions qui tiennent lieu de Manuſcrits, & les conjectures des habiles Critiques qui ſeront entre leurs mains. Il eſt réſolu de ne rien changer dans le Texte que ſur l'autorité des Manuſcrits ou des premieres editions, à moins que l'évidence de la faute & de la correction ne l'oblige quelquefois d'en uſer autrement: il rejettera dans les Notes toutes ſes conjectures. C'eſt ſur la lecture de Lucrece même qu'il compte principalement pour le corriger. La comparaiſon de differens endroits du Poëte lui ſervira pour reconnoître la veritable maniere de rétablir les endroits défectueux. Il espere qu

lecture de ceux qui ont imité

crece & de ceux que ce Poëte a

tez , lui sera aussi d'un grand

cours. Comme il est persuadé

rienne contribuë tant à faire ente:

un Auteur, sur tout un Poëte, qu

bonne paraphrase , il se servir

celle que Thomas Creech a fait

comme elle n'est pas égale

exacte par tout , il avertira dan

notes de ce qu'il y faut corrige

paraphrase sera à côté du texte

notes seront sous le texte : on y

d'abord presque entieres les r

des quatre principaux Editeur

Lucrece , Lambin , Gifanius ,

neguy le Febvre , Creech. Mr.

beyrac y mêlera des notes ch

tirées de Parcus de Nardi , de l'

teur à la Dauphine dont il parle

mépris : ce dernier est pou

estimé par d'habiles Connoiss

Il y joindra tout ce qu'il aura ra

dans les Livres qui traitent la m

matiere que Lucrece. Il croit

Gassendi lui fournira une abond

moisson , & il ne se trompe pas.

Sçavant de France a eû la pensé

faire réimprimer Lucrece fur l'édition de Tanneguy le Fevre, avec un Commentaire tiré de Gaffendi feul. Les notes de Mr. Barbeyrac feront mifes après celles qu'il aura empruntées d'ailleurs. Dans les fiennes il rendra raifon de la maniére de lire qu'il aura fuivie dans le Texte, & des corrections qu'il croit qu'on peut faire aux endroits qu'il n'a pas ofé changer. Il examinera les notes qui auront précedé : il les réfutera ou les confirmera : il fuppléera en peu de mots ce qu'ils auront omis. Creech eft le feul des Commentateurs de Lucrece, qui ait penfé à développer la methode de ce Philofophe, & à redreffer fes faux raifonnemens : mais il a laiffé encore du travail à Mr. Barbeyrac, qui ne le refufe pas. Ce nouveau Commentateur s'eft donné une grande peine, qui en épargnera beaucoup aux Lecteurs : il a verifié & chiffré exactement toutes les citations de fes notes & de celles qu'il adopte : l'indice de Epiphanius augmenté & corrigé, & d'autres tables faites avec beaucoup de foin, rendront cette edition parfaite.

DE BRUNSWIK.

Un Auteur diftingué qui fe cache fous le nom de *Zephyrin de la Paix*, a écrit en Aleman fur *le rétabliſſement neceſſaire de l'Egliſe dans ſon état primitif.* Son deſſein eſt d'examiner *l'inſtruction Paſtorale que l'Electeur de Mayence a publiée, pour inviter les Lutheriens de ſe réunir aux Catholiques.* Les articles auxquels il s'arrête ſont , I. le choix des perſonnes qui confereront ſur cette réünion. II. Les manieres d'exprimer les Dogmes qu'on ne trouve point dans l'Ecriture Sainte. III. L'examen de la Confeſſion d'Ausbourg. IV. Les Ceremonies de la Meſſe. V. La queſtion ſi la Meſſe eſt un Sacrifice. VI. Le nom d'Evangeliques, & ſi les Luthériens le retiendront. VII. quel ſera le pouvoir du Pape ſur les nouveaux Réünis. VIII. La moderation avec laquelle une Secte parlera deſormais de l'autre. IX. La Communion ſous les deux expeces. X. La Confeſſion auriculaire. XI. Le culte des Saints. XII. Le Purgatoire.

Avril 1710.

L'Auteur dans fa Préface fe déclare pour la tolerance univerfelle. JESUS-CHRIST felon lui, a donné la paix à tous ceux qui le reconnoiffent pour Sauveur, & qui pratiquent la vertu. Il foutient que le Symbole des Apôtres contient tout ce qu'il eft neceffaire de eroire ; que Luther & Calvin ont repris dans l'Eglife Romaine de véritables abus, mais qu'ils ont été trop loin. En un mot il n'exclut de la Societé des Fidelles que ceux qui fe eroiroient infaillibles. On ne peut difconvenir que l'Auteur ne raifonne jufte fur le Syfteme proteftant, où il n'y a aucune regle de Foi : mais ce Syfteme eft faux & indigne de Dieu.

D'IENA.

Mr. Gerardi vient de faire paroître une Logique felon la methode de Defcartes : il rejette avec mépris les Regles d'Ariftote, qu'il ne paroît pas avoir affez étudiées.

Ephraimi Gerardi delineatio Philofophiæ rationalis celectica efformata, & ufui faculi accommodata. Sive de intellectûs

Avril 1710.

bumani usu atque emendatione, libri duo. Iena apud Henricum Christianum Crekerum 1709. in 8°.

D'ULME.

Mr. Riedlin vient de donner au Public un Recüeil de mille observations qu'il a faites sur des maladies & des cures singulières. Ces sortes d'Ouvrages sont très-propres à perfectionner la Medecine, où l'on avance plus par l'experience & la pratique, que par les raisonnemens & les systêmes.

Viti Riedlini Ulmensis, olim Augustâ Vindelicorum, nunc in Patriâ Physici & Academici curiosi, curarum medicarum millenarius, in quibus varii casus, historia observationés. Ulma apud Georgium Villelmum Kuchnium, 1709. in 4°.

DE HELMSTAD.

Mr. Fabricius va donner un Recüeil des Ouvrages d'Octave Ferrarius sçavant Italien du siecle passé : les plus connus sont *les Origines de la langue Italienne*, & un Traité *de Re vestiariâ Romanorum.*

D'ITALIE, DE ROME.

Les Livres qui ont paru ici depuis peu font,

Un Traité des anciennes monnoyes des Papes par Mr. Vignoli.

Joannis Vignolii Petilicenenfis antiquiores Romanorum Pontificum denarii, nunc primùm in lucem editi, notifque illuftrati; Pars prima. Romæ 1709. Apud Rocchum Bernabeum.

Un Commentaire fur la Coutume du Duché d'Urbin.

Conftitutiones Ducatûs Urbini à Solone ex Comitibus de Campelo, Juris-Confulto Spoletino, olim in eodem Statu Auditore & Confiliario, collecta & annotationibus illuftrata : quibus accedunt confentaneæ Decifiones Sacræ Rota Romanæ. Studio Francifci Mariæ Auctoris Filii, in Urbe Advocati, Sanctiffimo Domino noftro Clementi XI. Albano Urbinati; Tomus primus continens œconomica & politica, in folio. Romæ 1709. Apud Francifcum Gonzagam.

740 Memoires pour l'Histoire.

Un Traité de la translation des Pensions.

Fatinelli de Fatinellis Lucensis Reve-
renda Camera Apostolica Clerici votantis
Signatura gratia , & Correctoris sacra
Pœnitentiaria , Tractatus de translatione
pensionis,& responsa Juris, in folio *Roma*
typis novissimis Josephi Nicolai de Martiis
prope Templum Pacis.

D'ANGLETERRE.

Monsieur Atterbury Professeur en
Theologie, Doyen de Carlisle , &
Chapelain de la Reine Anne, a fait
imprimer le Sermon qu'il prêcha le
dix-septieme de Mai dernier dans
l'Assemblée du Clergé de Londres.

Concio ad Clerum Londinensem habita
in Ecclesia Sancti Elphegi Maii xvii.
A. D. 1709. à Francisco Atterbury Sacra
Theologia Professore, Carliolensis Ecclesia
Decano, & Regia Majestatis à Sacris
domesticis. Londini apud Joannem Bou-
vyer 1709. in 4°. pages 50.

L'Auteur qui passe pour le plus
éloquent Predicateur d'Angleterre,
avoit choisi pour sujet de ce Sermon

ou plûtôt de cette Oraison Synodale, l'obéiſſance que l'on doit aux Souverains ſur ce Texte de Saint Paul, chap. XIII. verſet I. de l'Epitre aux Romains : *Que toute perſonne ſoit ſuette aux Puißances ſuperieures.* Il remarqua d'abord que les Puiſſances à qui Saint Paul & Saint Pierre, ou plûtôt Dieu par la plume de ces deux Apôtres a commandé d'obéïr, c'eſt Neron & ſes cruels Miniſtres. Il fit voir enſuite, que ce précepte d'obéïr enfermoit l'obligation de ſouffrir l'injuſtice & la violence plûtôt que de ſe révolter ; que la raiſon de ce précepte clairement expliquée par Saint Paul, eſt que la puiſſance des Princes vient de Dieu : c'eſt de lui & non du Peuple qu'ils l'ont reçüe : enfin il prouva que c'eſt pour le bien du Peuple même que Dieu n'a point limité ſon obéïſſance, parce que la rebellion cauſe toujours plus de maux que la tyrannie. Ce Diſcours fut trouvé digne de ſon Auteur, quoi qu'apparemment le Clergé ne le prît pas pour un éloge de la conduite qu'il a tenue dans la derniere révolution.

Avril 1710.

Mr. Whiston a fait imprimer des Sermons d'un autre caractere. Il s'y déclare ouvertement Arrien & mé- me Socinien fur l'Article de la Divi- nité de JESUS-CHRIST ; & il y infinüe d'autres erreurs fur la durée des peines de l'Enfer, & fur un pré- tendu Regne de JESUS-CHRIST, qui doit commencer en mil fept cens quinze ou mil fept cens feize, & durer mille ans. Il prétend prouver dans un de fes Sermons, que JESUS- CHRIST a eu des Freres & des Sœurs dans le fens propre de ces noms. Il menace de deux Ouvrages, où il fera voir, dit-il, que les Peres des trois premiers fiecles ont penfé comme lui, c'eft-a-dire qu'il fera réparoitre fur la fcene les objections des Soci- niens, que Mr. Bullus a fi folidement réfutées.

Mr. Valler va donner le fecond volume des Oeuvres pofthumes de Mr. Hook un des plus habiles Phy- ficiens d'Angleterre.

DE HOLLANDE.

Les Vaëfbergues vendent un Traité du nitre. Mr. Schelammer connu par un curieux Traité de l'organe de L'oüye en eſt l'Auteur : il a eu ſoin d'y renfermer tout ce qui regarde le nitre connu des Anciens , & le nôtre : il a même été chercher juſques dans les Auteurs Arabes de quoi enrichir ſon Ouvrage. *Guatheri Schelammer de nitro cum Veterum tum Noſtrorum Commentatio. Amſtelodami apud Janſſenio-Vaëſbergios,* 1709. *in* 8°.

Mr. Ruyſch a publié *La huitiéme partie de ſon Treſor anatomique* écrit en Flamand. C'eſt une Deſcription des curioſitez d'Anatomie qu'il garde dans ſon Cabinet.

DE PARIS.

Mr. de Sautour a fait imprimer chez de Laulne dans la place de Sorbonne, *le Projet d'une nouvelle Somme des Conciles.* C'eſt, dit-il, l'imperfection des Sommes des Conciles que nous avons, qui l'a fait penſer à en donner une nouvelle. On a omis dans toutes celles qui ont paru juſques ici plus de la moitié des Conciles : on n'explique point les

Avril 1710.

Canons dont le sens est obscur. Mr.
de Sautour promet cinq Dissertations préliminaires à la tête de sa
nouvelle Somme, sur l'infaillibilité
des Conciles generaux, l'autorité du
Pape & du Concile, la Convocation
& la Confirmation des Conciles. Il
joindra d'autres Dissertations à l'explication des Canons. Il examinera
dans des notes ce qui aura donné occasion de faire quelques Decrets, &
il marquera les Canons qui sont en
vigueur. Comme cet Ouvrage est
vaste, il le donnera tome à tome ; &
cependant il va faire imprimer *l'His-*
toire des Conciles generaux par deman-
des & par réponses.

Il paroît une espece de Journal de
Medecine sous ce titre : *Le progrés de*
la Medecine, contenant des recueïls de
tout ce qui s'observe de plus singulier dans
cette Science, avec des réflexions de théorie
& de pratique, & de nouvelles explications
des principaux phénomenes de la nature.
A Paris chez Laurent d'Houry ruë Saint
Severin, in 12. Le dessein est beau :
pour l'exécuter il faut un habile
Homme, qui juge sainement des nouvelles découvertes , qui tire des

cas finguliers., des inftructions de pratique, & qui fur tout s'exprime avec beaucoup de clarté & de préci-fion.

Mr. Robbe Maire de Saint Denys, dont nous avons une Géographie fi eftimée, a conduit les Mufes Lati-nes dans des routes qu'on devoit croire impratiquables pour elles : il a écrit *une Epître en Vers elegiaques à Mr. l'Abbé Bignon fur le Jeu du Tric-trac.* Il faut être bien maître de fon expref-fion , pour traiter une femblable matiére avec autant de clarté qu'on en trouve dans les Vers de Mr. Robbe.

Le Pere Gonnelieu Jéfuite a fait imprimer chez Couterot une *Metho-de de bien prier.* Cet Ouvrage, comme tous ceux de ce fervent Prédicateur, eft plein d'une Spiritualité folide.

F I N.

TABLE

Memoires pour l'Histoire des Sciences & des beaux Arts, Mois d'Avril. 1710.

TABLE.

TABLE.

Fin de la Table.

ERRATA D'AVRIL
1710.

PAge 561. ligne 1. Aufone, tous ces avantages ; lifez, Aufone. Tous ces avantages, &c.

—— Lig. 6. Jufques au, lifez, jufqu'au Confulat.

Page 581. l. 10. lifez, Urbe.

Page 586. l. 24. lifez, feder olam.

Page 587. l. 10. lifez, le Livre.

Page 598. l. 21. mettez un point aprés moderez.

Page 604. l. 17. aprés Trinité, ôtez, &c.

Page 607. l. 26. lifez, nous y arrêter.

Page 608. l. 15. lifez, le Prince d'Orange à fon tour tenta.

—— Lig. 20. lifez, Mrs.

Page 609. l. 22. lifez, Sandcroft.

Page 611. l. 4. lifez, Vake.

Page 652. l. 1. lifez, Saint Paulin fut Catechumene,

Page 732. l. 10. lifez, citium.

Page 734. lifez, Pareus.

Page 735 l. 26. lifez, Giphanius.

Page 737. l. 26. lifez, Eclectice.

Page 718. l. 6. lifez, Petilianenfis.

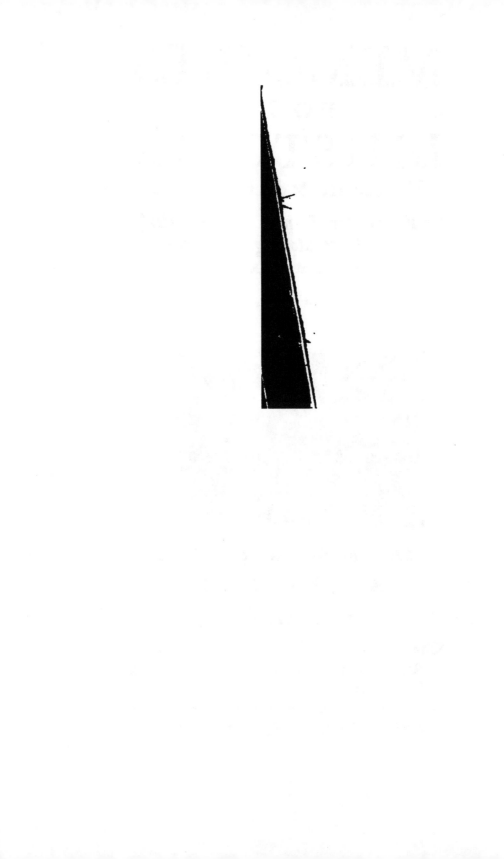

MEMOIRES
POUR
L'HISTOIRE
Des Sciences & des beaux Arts.

Recüeillis par l'Ordre de Son Altesse Sereniſſime Monſeigneur Prince Souverain de Dombes.

Mai 1710.

De l'Imprimerie de S. A. S.
A TREVOUX,

Et ſe vendent à Paris,

Chez JAQUES ESTIENNE Libraire, Ruë Saint Jaques, au coin de la ruë de la Parcheminerie, à la Vertu.

Avec Privilege & Approbation. 1710.

qu'il faut être auſſi habile que ce ſçavant Hiſtorien, pour en former une narration ſuivie, & qui attache le Lecteur. Le premier Livre de ce Tome (c'eſt le 65ᵉ. de l'Ouvrage) commence par l'élection du Pape Paſcal ſecond, & par la mort de Godefroi de Boüillon. Le dernier (c'eſt le 69ᵉ.) finit par la mort de St. Bernard. La multitude des faits expoſez dans les cinq livres de ce Volume ne nous permet pas d'en donner un Extrait détaillé : nous les indiquons ſeulement. On y verra l'Empereur Henry IV. dépoüillé par ſon Fils ſur le prétexte de la guerre qu'il faiſoit à l'Egliſe : on verra le Fils à peine monté ſur le thrône, attaquer l'Egliſe avec plus de violence que ſon Pere : on verra la Secte des Manichéens réprimée dans l'Egliſe Grecque, s'inſinuer en divers endroits de l'Egliſe Latine ; les erreurs d'Arnaud de Breſſo, de Pierre Abaillard, & de Gilbert de la Porée étouffées dans leur naiſſance ; Abaillard trouver le repos & le ſalut dans l'humiliation & la retraite : on y verra l'Egliſe Romaine déchirée par deux ſchiſmes ;

Mai 1710.

la France afyle ordinaire des Papes legitimes, rendre deux fois la paix à l'Eglife ; Dieu oppofer dans toutes les parties de l'Europe de grands Saints, de nouveaux Ordres Religieux, à la corruption des mœurs montée au dernier excès; Saint Anfelme en Angleterre ; Saint Malachie en Irlande ; Saint Norbert, Sainte Hildegarde en Allemagne ; dans le Nord Saint Othon Apôtre de la Pomeranie, Saint Eric Roi de Suede, Saint Henri Evêque d'Upfal ; en Angleterre Saint Gilbert de Sempringham ; en Italie Saint Brunon de Segni ; en Efpagne le bien-heureux Oldegaire ; en France Saint Bernard de Tiron, Saint Godefroi Evêque d'Amiens, St. Hugues de Clugny, Saint Vital de Savigny, Saint Etienne de Grandmont; Saint Hugues de Grenoble, Guillaume de Champeaux, Pierre de Clugny, Robert d'Abriffel, & le grand St. Bernard Abbé de Clervaux.

L'illuftre Auteur n'a rien omis des grandes actions de ces Héros Chrétiens. Les Ecrivains Ecclefiaftiques tiennent auffi place dans fon

Histoire. On y lit avec plaisir de courts extraits des principaux Ouvrages de Saint Anselme, d'Yves de Chartres, de Geoffroi de Vendôme, d'Alger, de Guibert Abbé de Nogent, de Pierre de Clugny, d'Hildebert, de Rupert, de Saint Bernard, de Guillaume de Saint Thierry, d'Hugues de Saint Victor, de Robert Pullus, d'Anselme de Hauelberg.

Parmi tant de faits digne de la curiosité du Lecteur, nous en avons choisi deux que nous croyons moins connus que les autres, pour en parler avec un peu plus d'étenduë ; l'Heresie des Bogomiles, & la Conversion de la Poméranie.

L'Heresie des Bogomiles.

Les Bogomiles étoient des Herétiques Bulgares, ainsi nommez, comme qui diroit ceux qui implorent la misericorde divine ; car *Bog* en leur langue, la même que la Sclavone, signifie Dieu, & *Miloüi*, ayez pitié de nous. Or ils vantoient extremement la Priére, comme les anciens

Maſſaliens , dont ils tenoient pluſieurs erreurs : mais au fonds ils
étoient Manichéens , ou plûtôt une
branche des Pauliciens. Ceux ci af-
fectoient un grand exterieur de pieté, couppoient leurs cheveux, & portoient des manteaux & des cuculles
abaiſſées juſques ſur le nez , marchant la tête panchée, & marmotant
quelques priéres : on les eût pris
pour des Moines. Comme de tous
côtez on parloit beaucoup de cette
Secte, l'Empereur Alexis s'en infor-
ma, & fit amener à ſon Palais quelques-uns de ceux qui la profeſſoient.
Ils dirent tous que leur Chef étoit
Baſile , qui ſuivi de douze Diſciples
qu'il nommoit ſes Apôtres, & de
quelques femmes , alloit partout ſe-
mant ſa doctrine. Il étoit Medecin
de profeſſion, avoit été quinze ans à
apprendre cette doctrine, & l'enſei-
gnoit depuis cinquante deux ans.

. L'Empereur le fit ſi bien chercher
qu'on le trouva , & il lui fut préſenté. C'étoit un Vieillard de grande
taille , le viſage mortifié ; la barbe
claire, vêtu en Moine comme les autres. L'Empereur ſe leva de ſon ſiége

pour le recevoir, le fit affeoir & même manger à fa table, feignant de
vouloir être fon Difciple, lui & fon
Frere Ifaac Comnene ; & difant
qu'ils recevroient tous fes difcours
comme des oracles, pourvû qu'il
voulût bien prendre foin du falut de
leurs Ames. Bafile très-exercé à diffimuler, réfifta d'abord ; mais enfin
il fe laiffa furprendre aux flatteries
des deux Princes, qui joüoient enfemble cette Comédie. Il comman-
ça donc à expliquer fa doctrine, & à
répondre à leurs queftions : c'étoit
dans un appartement reculé du Palais; & l'Empereur avoit placé der-
riere un rideau un Secretaire, qui
écrivoit tout ce que difoit le Vieillard. Il ne diffimula rien & expliqua
à fonds toutes fes erreurs.

Alors l'Empereur leva le mafque:
il fit affembler le Senat & les Officiers militaires : il appella le Clergé
& le Patriarche Nicolas ; & fit lire
l'écrit contenant la doctrine de Bafile. Celui-ci fe voyant convaincu
ne la nia pas : il offrit de la foutenir,
& déclara qu'il étoit prêt à fouffrir le
feu, les tourmens, & la mort. Car

une des erreurs des Bogomiles étoit, qu'ils ne fouffriroient point dans les tourmens, & que les Anges les délivreroient même du feu. Bafile demeura donc inflexible, nonobftant les exhortations des Catholiques, de fes propres Difciples, & de l'Empereur, qui le faifoit fouvent venir de fa prifon pour lui parler. Ce Prince fit chercher de tous côtez les Difciples de Bafile, principalement fes douze Apôtres ; & s'efforça de les convertir, mais inutilement : feulement on trouva que le mal s'étendoit loin, & qu'il avoit gagné de grandes Maifons & beaucoup de Peuple. Enfin l'Empereur les condamna tous au feu.

Mais entre ceux qui avoient été pris comme Bogomiles, un grand nombre nioient qu'ils le fuffent, & déteftoient cette Hérefie : c'eft pourquoi l'Empereur, qui connoiffoit leur diffimulation, s'avifa d'un ftratageme pour difcerner les vrais Catholiques. Il s'affit fur fon Thrône en public accompagné du Senat, du Clergé, & des Moines le plus eftimez : puis il fit amener tous ceux

Aſſiſtans, ſans avancer ni reculer, &
ſembloit avoir perdu le ſens. Alors
les Boureaux craignant que peut-
être les Demons ne l'enlevaſſent par
la permiſſion divine, voulurent faire une épreuve, & comme il conti-
nuoit de ſe vanter qu'il ſortiroit du
feu ſain & ſauf, ils y jettérent ſon
manteau. Ne voyez-vous pas, leur
dit-il, comme mon manteau s'envo-
le en l'air ? A ces mots ils le prirent
lui-même tout vétu, & le jettérent
au milieu du feu ; où il fut tellement
conſumé que l'on ne ſentit aucune
odeur, & on ne vit point de fumée
nouvelle, ſinon comme un petit
trait. Le Peuple vouloit jetter dans
le même feu ſes Sectateurs, dont un
grand nombre aſſiſtoit à ce ſpecta-
cle ; mais l'Empereur ne le permit
pas : il ſe contenta de les faire mettre
dans une priſon, où ils demeurérent
aſſez long-tems, & moururent dans
leur impieté.

L'Empereur Alexis fit écrire les
erreurs des Bagomiles par un Moine
nommé Euthymius Zigabene. Il
compoſa par ordre de l'Empereur
une expoſition de toutes les Heréſies,

.avec la refutation de chacune, tirée des Peres ; & l'Empereur nomma ce Livre Panoplie dogmatique , c'eſt à dire, *Armure complette de Doctrine.* Euthymius y rapporte l'Heréſie des Bogomiles , ſuivant ce que l'Empereur en avoit appris de la bouche de Baſile, & qu'il avoit fait écrire à meſure, comme il a été dit. En voici la ſubſtance.

Ils rejettoient les Livres de Moyſe & le reſte de l'ancien Teſtament, à la reſerve du Pſautier & des ſeize Prophetes : mais ils recevoient tout le nouveau Teſtament.. Ils confeſſoient la Trinité, mais de parole ſeulement, attribuant au Pere ſeul tous les trois noms ; & diſant que le Fils & le Saint Eſprit n'avoient été que depuis l'an du monde 5500. qui revient à peu-près à la Naiſſance de JESUS CHRIST , & s'étoient confondus avec le Pere trente trois ans après. Dieu avoit auparavant un autre Fils nommé Satanaël , qui s'étant révolté, & ayant attiré les Anges à ſon parti, fut chaſſé du Ciel avec eux : puis il fit un ſecond Ciel & tout le reſte des Créatures viſibles,

Mai 1710.

trompa Moyse & lui donna l'ancienne Loi. C'est lui dont JESUS-CHRIST est venu détruire la puissance, & l'ayant enfermé dans l'Enfer, il a retranché la derniere syllabe de son nom qui étoit angelique : en sorte qu'il ne se nomme plus que Satanas.

Ils disoient que l'Incarnation du Verbe, sa Vie sur la Terre, sa Mort, sa Résurrection, tout cela n'avoit été qu'une apparence & un jeu joüé pour confondre Satanaël : c'est pour quoi ils rejettoient la Croix avec horreur. Ils rejettoient nôtre Baptême, comme n'étant que celui de Jean, parce qu'il se fait avec l'eau ; & rebaptizoient ceux qu'ils pervertissoient d'un baptême qu'ils prétendoient être celui de l'Esprit. Ils disoient que les Démons s'enfuyoient d'eux ; mais que les autres hommes avoient chacun le leur, qui leur faisoit commettre toutes sortes de pechez, & ne les quittoit pas même à la mort. Ils rejettoien aussi l'Eucharistie l'appellant le sacrifice des Demons ; & ne reconnoissoient d'autre Communion ni d'a

tre Cene, que de demander le pain
quotidien en difant *le Pater.* Ils ne
recevoient point d'autre Priere, trai-
tant tout le refte de multitude de
paroles, qui ne convient qu'aux
Gentils. Ils difoient *le Pater* au
moins fept fois le jour, & cinq fois
la nuit. Ils condamnoient tous les
Temples materiels, difant que c'é-
toit l'habitation des Demons, à
commencer par le Temple de Jerufalem : ainfi ils ne prioient jamais
dans les Eglifes. Ils rejettoient les
Saintes Images, & les traitoient d'i-
doles ; & ne reconnoiffoient pour
Saints que les Prophetes, es Apôtres
& les Martyrs; & comptoient pour
réprouvez, les Evêques & les Peres
de l'Eglife, comme Adorateurs des
Images. Ainfi ils traitoient de faux
Prophetes Saint Bafile, Saint Gregoire de Nazianze, & les autres. Entre
les Empereurs, ils ne tenoient pour
orthodoxes que les Iconoclaftes, par-
ticuliérement Copronyme.

Ils traitoient tous les Catholiques
de Pharifiens & de Sadducéens, &
les Gens de Lettres de Scribes, à
qui il ne falloit pas communiquer

leur doctrine. Les deux Den
ques qui habitoient dans des f
cres, signifioient, selon eux, les
Ordres du Clergé, & des Mo
logez dans les Eglises où on gar(
os des morts, c'est-à-dire les
ques. Les Moines étoient enco
renards qui ont leurs tanieres
les Stylites logez en l'air sur de
lomnes, étoient les oiseaux qu
leurs nids, & que Dieu nourrit
c'est ainsi que les Bogomiles
voient leur doctrine par des pa(
de l'Ecriture tournez en allég
arbitraires. Ils se croyoient perm
dissimuler leur doctrine, & c
de tous les moyens possibles
sauver leur vie : ce qui les re
très-difficiles à découvrir. Leu
bit semblable à celui des M
servoit encore à les cacher, 8
donnoit moyen de s'insinüer pl(
cilement pour communiquer
erreurs. Ils condamnoient le n
ge, & défendoient toute unio
Sexes, comme s'ils n'avoient
de corps. Ils défendoient de ma
de la chair ni des œufs, & or
noient de jeûner tous les mec

Mai 1710.

& les vendredis : mais fi on les prioit
à manger, ils mangeoient plus que
d'autres : ce qui faifoit juger qu'ils
n'étoient pas plus retenus dans le
refte. La Princeffe Anne Comncne
dit qu'elle eût voulu expofer leur
hérefie, mais que la pudeur & la
bien-féance de fon fexe l'en empêche, pour ne pas foüiller fa langue ;
& elle renvoye au Livre d'Euthymius.

Converfion de la Pomeranie.

L'an 1125. Saint Othon Evêque
de Bamberg appellé par le Duc de
Pologne, entreprit de porter la Foi
dans la Pomeranie. Pendant le féjour qu'il avoit fait en Pologne, il
s'étoit inftruit du genie des Barbares
dont il entreprenoit la Converfion.
Il fçavoit qu'il n'y avoit point de
pauvres dans la Pomeranie, qu'ils y
étoient méprifez ; enforte que des
Serviteurs de Dieu y étant entrez
dans cet état, n'avoient pas été écoutez. Cette confideration fit prendre
au St. Evêque la réfolution de paroître dans ce pays avec éclat, & d'y

porter de magnifiques préfens pour les Principaux de la Nation. Il convertit fans beaucoup de difficulté les Habitans des Villes de Piritz & de Camin. Le Duc de Pomeranie reçût le Baptême, & renonça à vingt-quatre concubines. Le Saint Apôtre n'eût pas le même fuccès à Vollin, Ville alors de grand commerce. Les Idolâtres l'attaquérent avec furie jufques dans la Maifon du Duc. Stetin capitale de tout le pays fit auffi paroître un grand éloignement de l'Evangile. Ils répondirent qu'il y avoit des voleurs parmi les Chrétiens, qu'ils nourriffoient l'un contre l'autre des haines irréconciliables, qu'une telle Religion ne leur convenoit pas : c'eft que le larcin étoit inconnu parmi ces Barbares. Ils demeurérent deux mois dans cette obftination. Deux jeunes hommes Fils des principaux de la Ville reçûrent les premiers la Foi , & ils gagnérent leur Famille, en racontant ce qu'ils fçavoient des vertus de l'Evêque : il rachette de fon argent les Captifs, difoient-ils, il les nourrit, il les habille, il les met en liberé, on le prendroit pour un Dieu visible; mais il dit qu'il n'est que serviteur du Dieu très-haut qui l'a envoyé pour nôtre salut. Quand il fallut abbattre les Idoles, la crainte retenoit les nouveaux Chrétiens. L'Evêque commença avec ses Prêtres, & le Peuple voyant qu'ils le faisoient impunément, n'eût plus que du mépris pour ses fausses divinitez. Le principal Temple contenoit d'immenses richesses. On voulut les donner à l'Evêque & à ses Prêtres. L'Evêque répondit : A Dieu ne plaise, que nous nous enrichissions chez vous, & ayant purifié ces trésors avec l'eau benite & le signe de la croix, il les partagea entre les nouveaux Fidelles. Il ne retint qu'une idole à trois têtes, dont il envoya le buste au Pape comme un trophée de sa Victoire. Il revint ensuite à Vollin. Les Habitans qui avoient envoyé secrettement des Hommes intelligens à Stetin, se convertirent sur le rapport de ces Témoins. Colberg & Bergart suivirent le même exemple.

L'an 1130. Saint Othon entreprit
Mai 1710.

un second voyage en Pomerai
suivit une autre route, & s'étar
barqué sur l'Elbe, il traversa la
& par la riviere de Havel il en
paysdes Lutitiens, forte de Sc
qui occupoient une partie du M
bourg & du Brandebourg. Il m
50 chariots chargez de provisic
de quantité de richesses, pour
des présens. Il passa dans que
Villes peu connuës, où il déliv
Captifs, reconcilia des Apo
convertit & baptiza des Pa
abattit des temples d'idoles, &
facra des Eglifes. Ensuite il r
d'aller à Stetin, sçachant que
Ville étoit retournée à l'ido
Mais les Ecclefiaftiques qu
voient l'y accompagner crai
la barbarie de ce Peuple, l'en d
noient de tout leur pouvoir.
gué de leurs remontrances il
dit : Je vois bien que nous ne
mes venus que pour goûter de
ces, & nous croyons devoir
toutes les difficultez qui se re
trent : foit. Je voudrois vous e
ter tous au Martyre, mais
contrains perfonne : fi vous ne

Mai 1710.

lez pas m'aider, je vous prie au moins
de ne me pas empêcher , & de me
laisser la liberté que je vous donne.

Ayant ainsi parlé , il s'enferma
seul dans sa chambre, & se mit en
priére jusques au soir : en suite il
commanda à un de ses gens de fer-
mer toutes les portes , & de ne laisser
entrer personne sans ordre. Il prit
ses habits de voyage , mit ses ornemens, son Calice, & les autres meu-
bles d'Autel dans un sac, qu'il chargea sur ses épaules, & sortit seul la
nuit prenant le chemin de Stetin.
Ravi de se trouver en liberté , il
commença à dire Matines, & marcha si bien le reste de la nuit , qu'il
fit tout le chemin. Cependant ses
Clercs s'étant levez pour dire Matines , allérent à la chambre de l'E-
vêque, & ne le trouvant nulle part,
ils furent étrangement consternez :
ils partirent les uns à pied , les autres
à cheval pour le chercher de tous
côtez , & le jour étant venu ils le
trouvérent prêt à entrer dans une
barque. Il en fut fort affligé, & pria
Dieu qu'au moins ils ne le détour-
nassent pas de son dessein. Eux étant

Stetin , il affemble les Habitans,
leur raconte fon avanture , & ajoute : Cette Ville eft menacée d'une
terrible vengeance de Dieu ; parce
que vous avez profané fon culté ,
foit en le quitant pour les idoles ,
foit en les joignant avec lui. Quand
l'Evêque fut arrivé , Viftac parloit
encore plus hardiment contre l'i-
dolatrie , & l'excitoit à prêcher le
Peuple.

Le Dimanche étant venu, l'Evêque
après avoir celebré la Meffe, encore
revêtu des ornemens , & la Croix
marchant devant lui, fe fit conduire
au milieu de la place publique , &
monta fur des degrez de bois d'où
l'on haranguoit le Peuple. Comme il
eût commencé à parler , & que la
plus-part l'écoutoient avec plaifir, un
Sacrificateur d'idoles fendit la pref-
fe , & de fa voix qui étoit très-forte,
étouffant celle de l'Evêque ; il le
chargea d'injures, & exhorta le Peuple à punir cet ennemi de leurs
Dieux. Ils avoient tous des dards
à la main, & plufieurs fe mirent en
devoir de les lancer : mais ils demeurérent immobiles en cette pof-

ture, sans pouvoir ni darder, ni abbaisser les mains, ni se remuer de leur place. C'étoit un spectacle agréable aux Fidelles ; & l'Evêque prenant occasion de ce miracle leur dit : Vous voyez, mes Freres, quelle est la Puissance du Seigneur : que ne jettez-vous vos dards ? combien demeurerez-vous en cet état ? Que vos Dieux vous secourent, s'ils le peuvent. Enfin après leur avoir donné sa benediction il se retira.

Cependant les Anciens & les Sages de la Ville tinrent conseil depuis le matin jusques à minuit, & conclurent qu'il falloit extirper entierement l'idolatrie, & embrasser de nouveau la Religion Chrétienne. Vistac vint aussi-tôt apporter à l'Evêque cette agréable nouvelle, & le lendemain le Prélat les trouva tous disposez & soumis. Il réconcilia les Apostats par l'imposition des mains, baptiza les autres, & confirma leur Foi par plusieurs miracles. De Stetin il passa à Vollin, dont il réduisit tous les Habitans sans aucun obstacle, tant ils étoient frappez de l'exemple de la Capitale.

Mai 1710. M m

N'omettons pas les grands exemples que donnérent dans ce siécle deux Princes véritablement Chrétiens. Charles le bon Comte de Flandres Fils de Canut Roi de Dannemark, si distingué par ses grandes qualitez, qu'on lui offrit le Royaume de Jerusalem & l'Empire d'Occident, se distingua encore plus par sa pieté, par sa tendresse pour les pauvres, & par sa justice, dont il fut la victime. Bertoul Prévôt de Bruges, qui né d'une famille obscure avoit amassé de grandes richesses sous les Comtes précedens, ne pût souffrir que Charles eût prononcé en faveur d'un Gentil-homme, qui avoit refusé de se battre contre un autre Gentil-homme, alleguant que celui-ci avoit perdu sa Noblesse en épousant une Niéce de Bertoul. Le Prévôt assassina le St. Comte dans l'Eglise de Saint Donatien de Bruges, dans le tems que prosterné devant l'Autel de la Vierge, il étendoit la main pour donner l'aumône.

Saint Eric Roi de Suede, dont les Loix sont encore observées, & qui ne faisoit servir sa puissance qu'à

ger & à étendre la Religion,
s l'an 1151. par un Prince Da-
lorſqu'il entendoit la Meſſe
'Egliſe d'Upſal, attendit tran-
ment qu'elle fût finie. Après
marqué qu'il n'ignoroit pas
: mort étoit proche, il marcha
e l'Ennemi ſans égard à l'ex-
inégalité du nombre, & fut
tôt percé de pluſieurs coups.
ouya ſur ſon Corps un cilice.
it pratiqué pendant ſa vie d'au-
uſteritez, des veilles, des jeû-
es bains d'eau froide. L'Egliſe
ore comme Martyr le dixhui-
Mai.

l'Abbé Fleury a fini le quin-
Tome, qui paroîtra dans peu.

Article LXII.

RQUES SUR L'ORDONNANCE
ur l'Inſtruction Paſtorale de Monſieur Paul des Marets Evêque de
rtres, touchant les Inſtitutions
ologiques du Pere Juenin. 1709.
2. pag. 365.

Eſt un fort préjugé contre le
Défenſeur du Pere Juenin, que
i 1710.　　　　Mm ij

tions , qui ne fût déja condamné dans le Concile de Trente.

Il est vrai que les Auteurs Catholiques citez par le Faiseur de remarques , ont crû & dit qu'il y avoit quelque conformité entre Calvin & Janfenius : mais le Pere Juenin après les Ecrivains du Parti , avance que l'Eglife n'a condamné dans les propofitions que le fens de Calvin ; & c'eft ce que Mr. de Chartres a juftement cenfuré comme un faux-fuyant , inventé pour éluder les Conftitutions Apoftoliques , & pour juftifier indirectement le Livre de Janfenius.

Le but du Parti , en fubftituant le fens de Calvin au fens de Janfenius, eft de faire tomber la condamnation fur le fens outré des propofitions , expofé dans la premiere colomne du fameux Libelle à trois colomnes , & de fauver ainfi les véritables erreurs de Janfenius , & le fens naturel des cinq propofitions , expofé dans la feconde colomne de ce même Libelle ; c'eft à dire de préfenter aux foudres de l'Eglife un fantôme à la place du coupable.

Mai 1710.

Qu'ils n'abusent plus de quelques expressions des Théologiens Catholiques , qui ont parlé de la conformité de Calvin & de Jansenius ; ou qu'ils en citent un seul , qui ne trouve nulle difference entre leurs erreurs ; qu'ils en citent un seul qui ait dit, que le sens exposé dans la premiere colomne est le sens naturel des cinq propositions : si quelque Théologien Catholique se trompoit assez grossiérement pour le dire ; on lui opposeroit un témoignage irreprochable , une autorité venerable pour l'anonyme : c'est celle des Docteurs qui défendirent à Paris & à Rome les cinq propositions, avant la condamnation des Docteurs , qui présentérent au Pape le Libelle à trois colomnes : ils soutenoient tous que le sens de la premiere colomne , étoit le sens Calviniste étranger aux propositions. Mais pourquoi disputer ? la Bulle même d'Innocent X. n'a-t'elle pas décidé ce point ? Si ce Pape n'avoit voulu condamner dans les cinq propositions que les erreurs de Calvin, n'auroit-il pas dit de cha-

cune ce qu'il a dit de la premiere,
qu'elle étoit deja condamnée?

L'Apologiste du P. Juenin passe
au reproche que Mr. de Chartres
fait à ce Pere, de s'être expliqué d'u-
ne maniere fort suspecte sur la suffi-
sance du silence respectueux. L'A-
pologiste avoüe que le Pere Juenin
ne l'a rejetté en aucun endroit; &
il prétend qu'il s'est assez expliqué en
rapportant le contenu de la Bulle
d'Alexandre V I I. qui décide le fait,
& la Bulle entiere de Clement X I.
Il ne répond rien à l'instance qu'on
avoit déja faite, que le Pere Juenin
avoit dans ces endroits agi & parlé
en Historien : & ne devoit-il pas
mettre dans une conclusion la doctrine de l'Eglise, sur l'obligation de
croire le fait? la matiére ne le me-
ritoit-elle pas, & la necessité d'instruire les jeunes Clercs sur les erreurs du tems, ne l'exigeoit-elle
pas?

Les cinq articles sont trop chers au
Parti, pour que le Faiseur de remarques n'en prît pas la défense avec
chaleur. Si on l'en veut croire, ils
sont exemts de toute erreur. Les Lec-

teurs qui ne feront pas tout à fait
crédules, ne fe repoferont pas fur fon
approbation : ils demanderont une
copie authentique du Decret qu'il
attribuë à la Congregation du Saint
Office, par lequel il eft permis d'en-
feigner *ces cinq articles*, que les Evêques de France rejettérent quand ils
parurent , comme une déclaration
captieufe.

Mr. de Chartres, qui a mieux démêlé qu'un autre, tout l'artifice de
cet Ecrit plein d'équivoques, a dit
qu'il fuffifoit pour les condamner,
qu'on y enfeigne, que *fans la Grace
efficace on ne peut pas faire le bien.* Cette
propofition qui renferme tout le
Janfenifme eft , felon l'Anonyme,
le langage de l'Ecriture & des Peres.
Comment le prouve-t'il ? par ces
paroles de JESUS-CHRIST, *Sine me nihil
poteftis facere*, par un Canon du Concile General d'Afrique , qui définit
que fans la Grace nous ne pouvens rien. Il
refte à montrer , que JESUS-CHRIST,
que les Evêques d'Afrique, ont parlé de la Grace efficace : on apporte
pour le montrer un paffage de Saint
Auguftin tiré du Livre de la Grace

de JESUS-CHRIST, chapitre, XLVII. où
le St. Docteur exige de Pelage, que
non-seulement il avoüe, *que Dieu nous*
a donné le pouvoir de faire le bien, en
nous donnant le libre-arbitre, la Loi,
en nous proposant l'exemple de
JESUS-CHRIST, ; *mais qu'il nous aide*
(par le secours de la Grace) *lorsque*
nous voulons & que nous faisons effecti-
vement le bien : Consentiat nobis non so-
lum possibilitatem in homine, etiamsi nec
velit nec agat homo, sed ipsam quoque
voluntatem & actionem, id est, ut bene
velimus & bene agamus, quæ non sunt
in homine nisi quando bene vult & bene
agit, divinitùs adjuvari. Avant que de
se servir de ce passage pour établir,
que sans la Grace efficace on ne peut pas
faire le bien, il faudroit être sûr qu'on
n'aura pour lecteurs que des personnes peu instruites des erreurs de Pelage, & à qui il ne prendra point envie
d'examiner par eux-mêmes le passage que l'on cite.

　Mr. de Chartres s'étoit plaint, que
le Pere Juenin citant ce fameux passage de S. Augustin, *causa finita est, uti-*
nam finiatur & error, l'eût changé pour
favoriser le Parti, en disant, *utinam*

finiantur contentiones. Son Défenfeur répond, que le Pere Juenin ne connoiſſoit apparemment perſonne, qui défendît la doctrine condamnée des cinq propoſitions, & qu'il ne regardoit le Janſeniſme que comme un fantôme : eſt-ce le bien juſtifier ?

Mr. de Chartres dans la ſeconde partie de ſon Ordonnance, prouvant en détail que le Pere Juenin enſeigne dans ſes Inſtitutions en termes équivalens, les erreurs contenuës dans les cinq propoſitions, entre autres preuves qu'il ne tient point de Grace ſuffiſante, apporte la définition qu'il a donnée de la Grace operante & excitante, qui ſelon lé Pere Juenin eſt la même que la Grace ſuffiſante ; ce Pere ne lui donne pour effet que le deſir imparfait du bien : *Patet effectum Gratiæ excitantis non alium eſſe, quam imperfectam voluntatem boni.*

L'Apologiſte du Pere Juenin ſe récrie, que l'on condamne dans le Pere Juenin, St. Auguſtin, Saint Bernard, Saint Thomas. Il devoit s'en tenir là, & ne pas rapporter les paſſages de ces Peres, qu'il prétend

conformes à la doctrine du Pere Juenin. Cette conformité ne paroît
point : Saint Augustin a dit dans le
Livre de la Grace & du libre-arbitre,
chap. VII. *Quoniam ipse Deus ut velimus operatur incipiens , qui volentibus
cooperatur perficiens.* St. Bernard parle
ainsi : *Conatus liberi arbitrii cassi sunt
si non adjuventur , nulli si non excitentur.*
Est-ce dire que le seul effet de la
Grace excitante , soit le desir foible
& imparfait du bien , *patet effectum
Gratiæ excitantis non alium esse , quam
imperfectam voluntatem boni ?* Le passage de Saint Thomas est encore plus
éloigné de ce qu'on reproche au Pere Juenin : *In illo ergo effectu* , dit ce
Saint Docteur , *in quo mens nostra est
mota & non movens , solus autem Deus
movens , operatio Deo attribuitur , & secundum hoc dicitur Gratia operans.*

Le Sçavant Prélat a rejetté avec
indignation l'explication que le Pere
Juenin donne à ces paroles du Concile de Trente, *adjuvat ut possis*, qu'
explique de la Grace efficace contre
l'évidence du texte & le consentement unanime de tous les Théologiens qui ont assisté au Concile ,
Mai 1710.

écrit vers le tems qu'il a été celebré.
Mr. de Chartres avoit demandé
qu'on lui citât quelque Auteur Catholique , à qui cette explication eût
paru probable. On lui cite le feu
Cardinal de Noris , & le gros Ouvrage , *De mente Concilii Tridentini cir-
ca Gratiam se ipsâ efficacem*, qui porte
le nom du Pere Antonin Reginald
Dominicain, & que les Janſeniſtes
ont revû & fait imprimer en Flandres. Ce Livre a fourni bien des re-
pónſes à l'Anonyme.

Nous ne ſçaurions le ſuivre dans
le détail de toutes les accuſations &
de toutes les repliques: nous remarquerons ſeulement qu'il fait un
grand uſage des contradictions dont
les Inſtitutions du Pere Juenin ſont
pleines , auſſi bien que le Livre de
Janſenius. Les Evêques qui ont preſque tous parlé de ces contradictions
dans leurs Cenſures, en attribuent
une partie au deſſein qu'a eu l'Auteur de cacher ſes ſentimens, & d'é-
viter la condamnation : on l'a forcé
aux autres , en l'obligeant de mettre
dans ſon cinquiéme tome une doctrine contraire à celle qu'il avoit en-

Mai 1710.

seignée ailleurs. En cela on lui a rendu malgré lui un bon office ; & son Apologiste se sert fort adroitement de ces contradictions : mais il n'éblouïra pas les Lecteurs intelligens qui sçavent que l'artifice ordinaire des Herétiques est de paroître se contredire , pour ne pas effaroucher les Fidelles , & qu'un Livre qui mêle le poison de l'erreur avec la saine doctrine , merite d'être proscrit, comme l'ont remarqué les Evêques en condamnant les Institutions ; Livre d'ailleurs qui destiné à l'instruction des jeunes Clecs, ne pouvoit enseigner avec trop de précision & de clarté la pure doctrine de la Foi.

En finissant ne refusons pas à l'Apologiste du Pere Juenin les loüanges qui lui sont dûës : il paroît exercé dans les disputes de l'Ecole : jamais il ne manque de distinctions subtiles , pour éluder les plus fortes objections : plus on le presse & plus il insulte ; & quand il paroît n'avoir rien à répondre , il échappe à la faveur de quelques termes de l'Art , ou de quelques passages citez avec une confiance merveilleuse , quoique lui feul y voye quelque chofe de favorable à fes fentimens. C'eſt ainſi qu'il tâche de réfuter les endroits où le ſçavant Prélat accuſe le Pere Juenin, de ne tenir point d'auſre Grace fuffifante que la Foi ; de ne lui donner que le pouvoir de diſpoſer materiellement à la juſtification ; d'avoir comparé le pouvoir qu'elle donne au pouvoir de bâtir qu'a un Architecte dépourvû d'inſtrumens & de materiaux ; d'avoir comparé l'operation de la Grace efficace à l'operation de la viſion béatifique &c.

Laiſſons ce détail, & avoüons que l'Anonyme feroit un Adverſaire rédoutable fur les bancs : il ne faudroit pas s'attendre à des maniéres honnêtes : comme il ne ménage point du tout un Adverſaire auſſi reſpectable pour ſon rang, ſa capacité, ſa vertu, que feu Mr. l'Evêque de Chartres ; il garderoit encore moins de meſures avec un Diſputant ordinaire.

Mai 1710.

Article LXIII.

H ΚΑΙΝΗ ΔΙΑΘΗΚΗ. *LE Nouveau Testament en Grec. Avec les diverses leçons tirées des Exemplaires manuscrits, des Versions, des Editions des Saints Peres, & des Auteurs Ecclesiastiques. On ajoûte des Réflexions sur ces diverses leçons; on rapproche les endroits de l'Ecriture qui ont du rapport entre eux; & on met plusieurs autres choses qui servent à éclaircir le Texte. Par Jean Mill Professeur de Théologie.* A Oxfort, au Théatre de Sheldon, 1707. *in folio*, pages 168. *pour les Prolégoménes*, 809 *pour le texte*, & 84 *pour une appendice aux Notes.*

Tout contribuë à rendre recommandable cette nouvelle édition du nouveau Testament. L'Editeur fait des efforts pour s'élever au dessus de tous ceux qui l'ont precedé, par une érudition recherchée. L'Imprimeur de sa part n'a rien épargné pour satisfaire les yeux par la beauté du papier, du caractere, des vignettes.

Pour rendre compte de tout l'Ouvrage, on parlera premierement des Prolegomenes, & puis du Texte.

Prolegomenes.

Mr. Mill s'est proposé trois choses dans ses Prolegomenes; de marquer le tems où chaque Livre du nouveau Testament a été écrit, & celui où le Canon en a été dressé; de rapporter l'Histoire du Texte sacré depuis ces premiers tems jusqu'au nôtre; d'exposer le plan de son dessein & de son travail en cette nouvelle Edition.

Pour établir la chronologie des Livres du nouveau Testament, il se conforme absolument à Péarson en ce qui regarde les voyages de Saint Paul. Il croit que l'Apôtre écrivit ses deux Epîtres aux Thessaloniciens avant toutes les autres, étant à Corinthe en 52. que la seconde suivit de près la premiere, pour calmer le trouble & affermir la Foi chancelante de ce Peuple, qui avoit compris que le jour du Seigneur devoit déja être arrivé.

Il fixe l'époque des deux Epîtres

Mai 1710.

aux Corinthiens en 57. la premiere écrite d'Ephéfe avant que Saint Paul allât en Macedoine, & la feconde de Philippes en Macedoine. Il penfe qu'elles avoient été précedées par une autre, qui eft citée en la premiere, ch. 5. v. 9. & 11. & qui eft perduë.

Il met l'Epître aux Romains & celle aux Galates en 58. celle-là écrite de Corinthe, & celle-ci de quelque endroit fur la route de Jerufalem.

Vers le même tems, felon Mr. Mill, parurent diverfes Hiftoires de la Vie de JESUS-CHRIST, auxquelles on donna le nom d'Evangiles. Elles furent compofées, dit-il, à bonne intention, & recüeillies de ce qu'on croyoit avoir entendu raconter aux Apôtres & à ceux qui avoient converfé avec JESUS-CHRIST, de fes paroles & de fes actions ; à quoi fe mêlérent beaucoup de narrations fabuleufes & fauffes. Les plus celebres d'entre ces Evangiles furent ceux felon les Hebreux & felon les Egyptiens. Saint Jerôme & Saint Epiphane, continuë-t'il, ont penfé que cet Evangile felon les Hebreux,

& qui demeura à l'usage des Nazaréens, étoit le veritable Evangile de
Saint Matthieu, quoi qu'il soit certain, à en juger par les fragmens qui
nous en restent, qu'il étoit tout different.

Il place l'Epître de Saint Jaques
en 60. & il laisse en doute, si elle est
de l'Apôtre nommé Jacques le Mi-
neur, ou d'un des septante Disciple.
La même année & selon le témoignage de Saint Irenée, pendant que
Saint Pierre & Saint Paul prêchoient
à Rome, Saint Matthieu publia son
Evangile en Hebreu ou en Syriaque,
qui aussi-tôt fut traduit en Grec, &
peut-être même par St. Jaques. De
sorte qu'à l'original près, & à deux
ou trois copies gardées par les Ebionites, le texte Hebreu disparut ; &
Saint Jerôme ne l'a jamais vû.

L'Epître aux Philippiens est de
62. peu avant l'élargissement de St.
Paul, qui avoit été retenu en prison
environ deux ans à Rome. Après en
être sorti, & s'être retiré en quelque
Ville ou Village d'Italie, il écrivit
celle qui porte le titre ordinaire aux
Epheliens : car Mr. Mill prétend .

...ayant que du mépris pour l...
trine des Apôtres, ne se met...
nullement en peine de corr...
leurs Ecrits, mais se faisoien...
Livres à part. De-là les Evangi...
Simoniens, des Ebionites, d...
lentiniens, & cent autres mauva...
vrages, où le fanatisme avec l...
phême étoit répandu. Marcio...
le Pontificat de Saint Hygin...
ron l'an 127. osa le premier...
propos déliberé attenter à l'in...
du Texte de Saint Luc & de...
tres de Saint Paul, qui étoi...
seuls Livres qu'il admît, & qi...
figura par les retranchemens...
additions, & les changemens...
fit à sa fantaisie.

Mr. Mill...

par la temerité d'un Copiste, qui se
sera imaginé qu'elle étoit tirée de
l'Evangile selon les Hebreux. Il assûre que les Nazaréens suivoient cet
Evangile selon les Hebreux, & que
les Ebionites en avoient fabriqué
pour eux un autre tout différent.

Comme Mr. Mill est persuadé,
qu'il nous reste peu d'Exemplaires
du nouveau Testament écrit avant
le 12e. siecle, il est, dit-il, contraint
de consulter les anciennes Versions
& les citations des Peres, pour découvrir s'il s'y est glissé quelque va-
riation. Il remarque que les Exemplaires destinez à l'usage commun
des Eglises, étoient purs ; & que
ceux que les particuliers se faisoient
à leur propre usage, étoient souvent
chargez d'interprétations & de Notes, soit entre les lignes, soit aux
marges, dont quelques unes par la
negligence & l'ignorance des Copis-
tes ont pû passer dans le Texte.

Il est desormais impossible de suivre Mr. Mill dans ses détails, & dans
toutes ses remarques & ses réflexions
sur les endroits où les Peres de siecle
en siecle ont cité l'Ecriture, & sur

les diverses Editions. On se réduit donc à quelques faits des plus importans ou des plus curieux.

Le nouveau Testament, à ce qu'il pense, ne fut traduit en Latin que sous le Pontificat de Saint Pie, & après l'an 166. & cette premiere Version est nommée l'Italique. La difference de style qu'y remarque Mr. Mill, lui fait juger que ce n'est pas l'Ouvrage d'un seul Traducteur; & il examine le génie & le caractére de chacun. Les copies qui en furent faites dégenererent peu à peu de ce qu'elle étoit au commencement : comme on le voit par les Exemplaires de Saint Germain des Prez, de Cambridge, de Clermont, de Bodlei. Cependant Mr. Mill ne desespere pas de pouvoir la rétablir, & il en donne un long essai, qu'il commence par corriger le Texte Grec, & qu'il continuë en comparant le Grec ainsi corrigé avec la Vulgate, & avec ce qui nous reste de l'Italique dans les Ouvrages des anciens Peres.

. Tatien n'avoit fait qu'une Histoire suivie & fort courte de la Vie de JESUS-CHRIST, qu'il avoit tirée

des quatre Evangeliftes. Ammonius
Philofophe d'Alexandrie fut le premier qui travailla à une Concorde
du Texte même, ayant inventé des
marques pour renvoyer d'un Evangelifte aux autres qui rapportent le
même fait. L'Ouvrage étoit utile;
mais il donna occafion aux Copiftes
de faire des tranfpofitions, & de
prendre les paroles d'un Evangelifte
pour celles d'un autre.

Saint Jerôme à la priere du Pape
Damafe, s'appliqua à corriger la
Verfion Italique, qu'on appelloit
auffi Vulgate; fans s'engager néanmoins à la remettre en fon prémier
état, mais feulement à la purger
des fautes les plus groffiéres & qui
changeoient le fens. Il publia fa
nouvelle Edition en 966. & depuis dans fes Commentaires fur les
Epîtres de Saint Paul aux Galates,
aux Ephéfiens, à Tite, & à Philémon,
il fit de nouvelles corrections, qu'il
n'avoit pas jugé à propos d'inférer
dans le Texte, comme étant moins
importantes. Mr. Mill n'approuve
pas, que dans l'Oraifon Dominicale
en Saint Matthieu chap. VI. v. 11.

il ait mis *pain superfubstantiel*, ou fur-
paffant toute fubftance, au lieu de
pain quotidien. Le Grec ne porte pas
ἐπιέσιος, ce qui reviendroit au *fuper-
fubftantiel* ; mais ἐπιέσιος qui fignifie
proprement *de chaque jour.*

Il dit que l'exemplaire dont Saint
Cyrille s'eft fervi, paroît avoir été
des plus corrects, & que tels étoient
communément ceux qui s'écrivoient
à Alexandrie ; & qu'au contraire
celui de Theodoret avoit beaucoup
de fautes.

Dès l'an 396. un Evêque d'Orient,
comme le rapporte Euthalius Prêtre
d'Alexandrie, divifa les Epîtres de
Saint Paul par chapitres, & y ajouta
des Sommaires. Il y a apparence
que ces chapitres étoient courts.
Euthalius en 458. s'avifa de deux
autres divifions par rapport aux lectures qui fe faifoient publiquement
à l'Eglife. Car 1°. il partagea les
Epîtres en leçons, celle aux Romains & la premiere aux Corinthiens en cinq leçons, la feconde
aux Corinthiens en 4, & ainfi des
autres. 2°. Il diftingua des verfets à
la fin defquels le Lecteur devoit

s'arrêter & faire une pauſe.

  · . Mr. Mill loüie les ſoins de Charle-Magne pour avoir des Exemplaires corrects du nouveau Teſtament. Il dit ſur le témoignage de Baronius, qu'un de ces Exemplaires ſe conſerve dans la Bibliotheque de Vailladolid : & un autre , préſenté à Loüis le Débonnaire par Théodulphe Evêque d'Orleans , dans la Bibliotheque de Mr. de Memme. Voilà donc des Manuſcrits de l'aveu de Mr. Mill, plus anciens que le douziéme ſiécle ; & il y en a un grand nombre d'autres , comme on le peut voir dans l'Ouvrage du P. le Long, dont on a donné l'Extrait au mois de Juin de l'année derniére.

  · Enfin Mr. Mill arrive à l'Edition de la Bible d'Alcala , & aux autres qui l'ont ſuivie. A l'occaſion des notes de Beze , il parle au long des deux fameux Manuſcrits de Cambridge & de Clermont , & puis de celui d'Alexandrie , · gardé dans la Bibliotheque du Roi d'Angleterre ; & il leur accorde toute l'ancienneté , que l'opinion commune leur donne.

Mr. Mill protefte dans la troifiéme partie de fes Prolegomenes , que
cette édition lui coûte 30 ans de travail qu'il ne regrette pas : mais elle
lui coûte auffi fon bien , & c'eft ce
qui le touche. Il l'avoit entreprife
par les confeils de Mr. Bernard fon
ami , animé par ceux de Mr. Fell
Evêque d'Oxford , & foutenu par
fes liberalitez. Et lors qu'il n'en
étoit encore pour l'impreffion qu'au
chapitre vingt-quatriéme de Saint
Matthieu , la mort de ce genereux Prélat le réduifit à la fâcheufe
neceffité de fe charger feul du refte
de la dépenfe. Cependant Mr. Mill
peut fe confoler, en difant, *Exegi mo-*
numentum are perennius. On ne compte pas qu'il s'eft acquis de la gloire
pour les fiécles à venir : une telle
confidération fondée fur la vanité ,
feroit un mauvais fecours contre
l'indigence : mais il a contribué à
l'intelligence des Ecritures ; & c'eft
un des plus beaux emplois qu'un
Chrétien puiffe faire de fon bien &
de fon tems. Enfin un Canonicat
de Cantorbery eft une récompenfe
de fes peines , & un dédommage-

ment des avances qu'il a été obligé
de faire.

Trente années d'étude & d'application fe font donc écoulées à ra-
maffer les Mémoires, & à faire les
reflexions qui forment cette Edition. On ne voit pas néanmoins
que l'Auteur ait eû entre les mains,
& qu'il ait examiné d'autres Manufcrits, que ceux qu'il a trouvez en
Angleterre, & dont il fait le dénom-
brement & la critique, marquant ce
que chacun d'eux a de particulier.

Texte.

Pour le Texte, Mr. Mill s'eft attaché à celui de Robert-Etienne,
imprimé l'an 1550. en grand volume. Au bas des pages il marque
par verfets les endroits qui ont rapport, non feulement à d'autres endroits de l'Ecriture, mais auffi aux
Ecrits des Peres & de quelques Auteurs profanes, comme de Jofeph
& de Philon. Plus bas il place toutes les diverfes leçons, ou, comme
on parle, les Variantes qu'il avoit
recüeillies. A la marge interieure il

met les Canons d'Euſebe pour la
Concorde des Evangeliſtes ; quoi
qu'ils ſoient de peu, ou plûtôt de
nul uſage, après l'exactitude de cet
Editeur dans les renvois d'un endroit aux autres.

Chacun conçoit aſſez, que c'eſt
dans le Livre même qu'il faut aller
chercher cette multitude preſque
infinie de diverſes leçons. Mais il eſt
bon d'avertir qu'elles ſont pour la
plus-part peu importantes, ne con-
ſiſtant qu'en quelques changemens
de lettres, en de legeres omiſſions
ou additions, en des tranſpoſitions :
varietez inévitables dans la quantité des copies qui ont été tirées du
nouveau Teſtament. D'ailleurs juger de l'état où étoit autrefois le
Texte , par les citations des Peres,
c'eſt prendre une regle bien fautive : c'eſt comme ſi l'on vouloit aujourd'hui juger du Texte que nous
avons entre les mains, par les citations de nos Prédicateurs, & même
de nos Théologiens, qui non ſeulement abandonnez de leur mémoire ne rapportent pas fidellement les
mêmes mots, mais qui à deſſein &

ſelon que leur ſujet ſemble le demander, ajoutent & retranchent.

On mettra ici quelques exemples
des Variantes. En St. Matth. ch. 1.
v. 11. il y a dans neuf manuſcrits qui
ſont citez, *Joſias fut pere de Joakim
& Joakim le fut de Jechonias.* Sur
quoi Mr. Mill obſerve, que le nom
de Joakim a été inſeré là, pour remplir le nombre des quatorze genera-
tions, & pour faire entendre que
Joſias ne fut pas en effet pere de Jechonias, dont il fut le grand-pere.
Cette addition, pourſuit-il, a été
faite ſans bonne raiſon. Car premierement Jechonias eſt le même que
Joakim, comme l'ont remarqué St.
Epiphane, Saint Auguſtin, Saint Am-
broiſe. En ſecond lieu, diviſer ainſi
Joakim de Jechonias, c'eſt donner
quatre freres à celui-ci, qui, autant
qu'on le peut voir par l'Ecriture,
n'en eût aucun.

Encore en Saint Matthieu ch. vi.
v. 13. le Texte Grec termine l'O-
raiſon Dominicale par ces paroles,
*A vous eſt la royauté, la puiſſance, & la
gloire dans les ſiécles; Ainſi ſoit-il.* Cependant ni les exemplaires Latins,

ni les Peres Latins , ne font nulle
mention de cette conclusion , non
plus que Saint Cyrille de Jerusalem , & Saint Gregoire de Nysse.
Elle n'est point dans Saint Luc ; &
elle n'étoit point dans l'Evangile des
Nazaréens , comme on le présume
d'une citation de Saint Jerôme.
C'est dans Saint Jean Chrysostome
qu'elle paroît pour la premiere fois,
sur Saint Luc chap. 3. v. 36.

M. Mill assûre que tous les Manuscrits Grecs qu'il a vûs , excepté celui
de Cambridge, portent le nom du second Caïnan : & il fait observer que
ce Manuscrit se donne par tout ailleurs tant de liberté , que son témoignage est de nulle considération.

Touchant l'Histoire de la femme
adultere en Saint Jean chap. VIII. il
remarque qu'elle ne manque que
dans le Manuscrit d'Alexandrie &
dans sept autres. Il dit que Tatien
& Ammonius lui avoient donné place en leur Concorde , & qu'Eusebe
l'avoit renfermée dans ses Canons ;
& il pense que si elle se trouve re-
tranchée de quelques Exemplaires,
cela vient de ce qu'ils ont été co-

piez fur d'autres plus anciens, où elle
étoit marquée d'un obéle , c'eft à dire, d'une broche, pour fignifier qu'il
falloit paffer tout cet endroit dans
les lectures publiques qui fe faifoient
à l'Eglife. A la verité Eufebe raconte , que Papias avoit tiré de l'E-
vangile felon les Hebreux , & tâché
d'inferer dans celui de Saint Jean, je
ne fçai quelle hiftoire d'une femme
amenée & accufée devant JESUS-
CHRIST d'adultere & de plufieurs autres crimes : mais il paroît
par les paroles mêmes d'Eufebe ,
que c'étoit une hiftoire differente.

Ce qui fe lit en Saint Jean ch. x.
v. 8. *Tous ceux qui font venus avant*
moi , font des larrons & des voleurs :
s'exprime ainfi en vingt-deux Manufcrits, *Tous les voleurs qui font venus*
avant moi. Mr. Mill conjecture qu'u-
ne partie de la phrafe a été retran-
chée de ces Exemplaires , à d'effein
d'obvier à l'abus qu'en faifoient les
Manichéens , & pour leur ôter le
prétexte de traiter les Prophetes de
voleurs & de larrons.

Dans l'Epître de Saint Paul aux
Romains chap. XII. v. 11. les Exem-

plaires fe trouvent partagez fur deux
mots τῇ κυρίῳ ou τῷ καιρῷ δελεύοντες,
fervant le Seigneur, ou *fe foumettant &*
s'accommodant au tems. Mr. Mill fe
déclare pour cette feconde leçon.
Une Traduction Françoife ne la rejette pas , & fe contente d'avertir
qu'il faut l'entendre comme une
autre femblable en l'Epître aux
Ephefiens ch. v. v.16. *Rachetant le*
tems.

Rien n'eft traité par Mr. Mill
avec plus de foin & plus d'étude que
le paffage de Saint Jean, Epître 1.
chap. v. v. 7. *Il y en a trois qui rendent*
témoignage dans le Ciel ; le Pere , le Ver-
be , & le Saint Efprit ; & ces trois font
une même chofe. Il compte les Manufcrits où il fe trouve, & ceux où
il eft omis : il examine les endroits
des Peres, où naturellement il devoit être cité , & où il ne l'eft pas ,
& ceux où l'on le voit cité. Voici
en fubftance ce qu'il dit fur un point
fi important. 1°. On ne peut pas rai-
fonnablement attribuer aux Hérétiques d'avoir rayé ces paroles : car
outre qu'une telle falfification n'auroit pas été admife par les Catho-

liques, le génie des premieres Hé-
reſies étoit un pur fanatiſme, qui
alloit à mépriſer les Ecrits des Apôtres, & à s'en fabriquer de nouveaux. Marcion, il eſt vrai, falſifia
l'Evangile de Saint Luc & les Epîtres de Saint Paul; mais c'eſt tout
ce qu'on lui reproche en ce genre.
Long-tems avant Arius & les Ariens,
le paſſage dont il s'agit avoit dis-
paru des Exemplaires les plus en
uſage. 2°. Quelque Copiſte l'avoit
paſſé, ſautant par mépriſe du verſet ſixiéme au huitiéme. Sur cette
copie défectueuſe pluſieurs autres
furent faites, & ſe répandirent
dans un tems où il étoit difficile aux
Chrétiens ſous de rudes perſécu-
tions, de vérifier. & de collation-
ner leurs Exemplaires. 3°. La Verſion, nommée Italique & Vulga-
re, ſuivit un de ces Exemplaires
ronquez. 4°. Cependant il en vint
le meilleurs & d'entiers entre les
ains de Tertullien & de Saint Cy-
ien, qui ſe ſont ſervis du paſſe de Saint Jean; celui-là dans ſon
rre contre Praxeus, ch. xxv. ce-
ci dans ſon Livre de l'unité de

1a 1710.

l'Eglife , & dans fa Lettre à Ju-
baian. Après eux les Exemplaires
corrompus prévalurent dans l'Afrique comme par tout ailleurs ; c'eft-
à-dire, que la Verfion Italique demeura dans l'ufage commun. 5°. Enfin & dans la Gréce & en Afrique
on découvrit des premiers Originaux & plus corrects que les copies
qui couroient : on y vit le paffage
entier que cita en fuite l'Auteur de
la Difpute dans le Concile de Ni-
cée fous le nom de Saint Athanafe.
Saint Eugene Evêque de Carthage , & les autres Evêques d'Afrique le citérent auffi dans la Profeffion de Foi, qu'ils préfentérent en
484. à Huneric Roi des Vandales.
6°. Mr. Mill prouve fort au long la
fuppofition du Prologue fur les Epîtres Canoniques, attribué à Saint Jerôme.

On finit en avertiffant que Mr.
Kufter travaille à une nouvelle édition du Texte Grec du nouveau
Teftament : & fans doute il fera encore plus pour l'Ecriture Sainte
qu'il n'a fait pour Suidas. Il y a donc
tout à efperer d'un Editeur , dont

òn connoît déja la grande érudition
& le bon goût. On a parlé de ſon
édition de Suidas dans ces Memoires au mois de Février dernier.

ARTICLE LXIV.

*LA THEORIE ET LA PRATIQUE
du Jardinage : où l'on traite à fond
des beaux Jardins appellez communément Jardins de propreté.* A Paris
chez Jean Mariette, ruë Saint Jaques, aux Colomnes d'Hercule,
1709. in 4°. pag. 208. planches 32.

S'Il étoit neceſſaire d'inſpirer du
goût pour le Jardinage ou de le
juſtifier, nous ne manquerions ni de
preuves, ni d'exemples ſans remon-
ter juſqu'au Paradis terreſtre. Ces
Jardins cultivez pàr les Rois des
Medes & des Perſes, par les Heros
de l'ancienne Rome , l'Academie
de Platon, les Jardins d'Epicure,
convaincroient les beaux Eſprits &
les Grands, que la culture des Jardins peut les amuſer ſans les avilir :
mais le goût pour le Jardinage n'a
pas beſoin qu'on l'excite, & ſi l'Ita-

Mai 1710.

lic dans le quinziéme fiécle a vû
renaître chez elle avec les beaux
Arts la décoration des Jardins, la
France a beaucoup encheri fur l'I-
talie. Il eft difficile d'égaler la ma-
gnificence des Jardins de nos Princes, & la propreté de nos Jardins
particuliers. Il manquoit un Livre
qui traitât methodiquement de cette propreté des Jardins, & qui réduifit à des regles certaines l'Art de
les embellir : c'eft l'Ouvrage qu'on
nous donne. L'Auteur fe plaint de
n'avoir trouvé aucun guide parmi
tant d'Ecrivains qui ont traité de
l'Agriculture, Nous n'avons que
deux ou trois Auteurs François,
Boiceau, Molet, qui ayent parlé
de ces beaux Jardins : mais ils n'ont
qu'effleuré la matiere. Elle eft traitée avec plus d'étenduë & avec tous
les ornemens de la Poëfie Latine,
dans les quatre Livres du Pere Rapin fur les Jardins : mais ce n'eft
pas un Ouvrage à la portée de tout
le monde. Pour la Quintinie, Mr.
Liger, & les autres qui ont écrit de
l'Agriculture, ils fe font propofez
d'autres objets que la décoration des

: : ils n'ont eû en vûë que l'u-
u'on en peut retirer, la taille
res fruitiers, la culture des
: potagers , les simples , les
L'Auteur a suivi une autre
c'est l'art d'embellir les Jar-
l'en bien ménager le terrain ,
ispofer les ornemens qu'il
seigner.

ppose un particulier riche &
du Jardinage, qui veut faire
enfe necessaire pour planter
u Jardin. Il le conduit pas à
uis le choix qu'il doit faire
on terrain jusqu'à la perfec-
fon Jardin , en l'instruisant
it ce qu'il doit sçavoir, pour
point trompé par les gens de
pagne qui lui vendront des
, & par les Ouvriers qu'il em-
a dans ses travaux. Il lui ap-
à connoître les plants , à
nter , à les élever en peu de
a maniere de faire des bassins,
itaines jaillissantes , d'en con-
es eaux dans son Jardin , de
ire des terrasses , des escal-
l l'instruit sur tout à se for-
goût à l'égard des disposi-
1710.

ons generales des Jardins & des
leſſeins de parterres, de boulin-
grins, de boſquets, de labyrinthes
ſalles, galleries, portiques, cabinets
de treillages, caſcades, & des autres
ornemens à la mode, dont il lu
donne divers deſſeins en vingt-cinc
planches d'une belle gravûre.

L'Auteur pouſſe encore l'inſtruc
tion plus loin. Il enſeigne à ce rich
Curieux l'art de tracer lui - mêm
ſon Jardin, de l'alligner, d'en dreſſe
le terrain : il le met en état de ſuivr
le conſeil de Columelle, d'étre l
maître & non le diſciple de ſes Jar
diniers : *infelix ager cujus Dominu*
villicum audit non docet!

L'Ouvrage eſt diviſé en deux p
ties : dans la premiere l'Auteur
poſe toute la théorie du Jardinag
il donne des regles generales
les meſures & ſur les proportion
Jardin : il appuye, il éclaircit c
gles par des exemples, par de
ſeins ingenieux & variez.

La ſeconde partie enſeign
la pratique du Jardinage. O
montre par les principes de
métrie accompagnées de fig

maniére de dreffer un terrain, foit
de niveau, foit en pente douce,
foit en terraffes ; d'y tracer, d'y
executer toutes fortes de deffeins:
c'eft ce qu'on n'avoit point encore
donné au Public : on y enfeigne encore la maniére de planter, d'élever
les plants, de rechercher, de conduire les eaux, de s'en fervir pour des
canaux, des baffins, des cafcades.

Donnons quelque idée des préceptes de l'Auteur. Il veut qu'on
fuive les fages confeils de Vitruve
& de Palladius fur la fituation des
Jardins. Vitruve avertit de choifir
pour les maifons de campagne un
terroir fertile, acceffible, voifin
des rivieres, qui ne foit ni dans un
fond marécageux, ni fur une hauteur trop élevée. L'air corrompu
des marêts, nuit à la fanté : les hauteurs font trop expofées à la violence
des vents, qui détruifent, qui ren-
verfent tout : il veut encore qu'on
évite d'ouvrir la maifon au midi
ou au couchant. Palladius autre
Auteur ancien qui a traité de l'A-
griculture s'accorde avec Vitruve;
condamne les fituations marécageu-

ses, il ne veut pas que le pla
voir des eaux en abondance
porte sur le soin de la santé
dum est autem quod plerique f
aqua causâ villas in infimis
mergere, & paucorum dieru
tatem præferre Habitatorum sal

Il reste deux situations heu
la demie-côte & la plaine :
partagé sur le choix. Les
ont l'avantage de la vûë, il
des eaux de la montagne,
présentent un écoulement
dans la vallée. Il faut que l
soit douce ; car une pente r
sujette à l'éboulement des te
à des ravines qui gâtent abso
un Jardin. Palladius décide
veur de cette situation : *Fel*
positio est, cui leniter inclinata p
minimos cursus aqua fluentis pe
discreta derivat.

La plaine a aussi ses agr
son terrain plat est moins la
de moindre entretien que
teau : on y jouït d'un air plu

L'Auteur blâme avec Pa
la vanité des grands parcs, d
est obligé de laisser un grand

inculte: *melior eft enim culta exigui-*
tas quam magnitudo neglecta. Il réduit
la vraye grandeur d'un beau Jardin à trente ou quarante arpens. Il
veut qu'on y defcende par un per-
ron au moins de trois marches : cette élevation qu'on donne à la maifon, la rend plus feche & plus faine; & l'afpect en eft plus agréable,
quand d'un coup d'œil on découvre toute l'étenduë d'un Jardin. Un
parterre eft la premiere chofe qui
doit fe préfenter aux yeux : mais
comme c'eft une vûë platte, il faut
lui donner du relief en plaçant aux
deux côtez des bofquets & des pa-
liffades.

Il faut de la varieté non feulement dans le deffein general d'un
Jardin, mais dans chaque piéce fé-
parée. On ne doit repeter les mêmes piéces des deux côtez que dans
les lieux découverts, où l'œil en les
comparant peut juger de leur conformité & s'en faire un plaifir. On
échancrera les encoignûres & les
angles de toutes les parties d'un
Jardin : ce qui formera des carre-
fours plus agréables à la vûë, & plus

Mai 1710.

riere ; toutes les colomnes posées en dehors.

Il seroit à souhaitter, dit ensuite l'Auteur, qu'on nous eût bien décrit quel a été le propre caractére de Saint Paul. Ce qu'on a d'Abdias & d'Euthalius, est leger : Massutius, Saulius, & Pearson dans ses Annales Paulines, en on dit davantage : mais cela ne suffit pas. Il faut le chercher, ce caractére de St. Paul, dans ses Discours & dans ses Ecrits, où l'on le voit s'accommoder au tour d'esprit de ceux avec qui il avoit à traiter ; prendre avantage de leurs préventions ; mettre en œuvre leurs idées particuliéres. Aux Athéniens curieux & amateurs de nouveautez, il promet la connoissance d'un Dieu qu'ils ignoroient ; aux Corinthiens il tire ses comparaisons des Jeux de la course qu'ils aimoient ; & aux Ephésiens, des armes & de la guerre : en un mot il se fait tout à tous.

L'Apôtre en suivant ici sa méthode ordinaire, propose aux Ephésiens l'Eglise à contempler & à admirer sous la figure d'un Temple plus auguste, que celui qu'ils avoient

vant les yeux, & qu'ils portoient continuellement dans leur penſée.

Sur la fin de ce chapitre ſecond
& au ſuivant, Mr. Hiſcher rapporte les diverſes interpretations qui
ont été données à ces paroles de St.
Paul, *Vous puiſſiez comprendre avec
tous les Saints, quelle eſt la largeur,
la longueur, la hauteur, & la profondeur.* Saint Jean Chryſoſtome a
crû que cette maniére de parler de
l'Apôtre eſt priſe de la Géometrie,
à laquelle les Epheſiens depuis le
tems de Thalés s'addonnoient par-
ticuliérement. Saint Gregoire de
Nyſſe, Rufin, Saint Auguſtin, les
rapportent aux dimenſions de la
Croix. Crellius les a entenduës de la
Religion Chrétiénne, & des biens
qu'elle apporte ; Saint Anſelme &
Denys le Chartreux, de Dieu même ; Saint Jerôme & Sedulius, des
Anges & des Démons, & de ce qui
eſt entre ces deux extrémitez ; Saint
Jean Chryſoſtome, Théodoret,
Theophylacte, & pluſieurs autres,
de l'infinie bonté de Dieu, & de la
Rédemption de JESUS-CHRIST;
Cocceius de la vocation ; Saint Au-

gustin , Bede , Haymon , des bonnes œuvres ; Cornelius à Lapide , de
l'Eglise.

C'est à ce dernier sentiment que
Monsieur Hischer s'attache au chap.
quatriéme , en ajoutant que l'Apôtre employe une telle expression
par rapport au Temple d'Ephese :
car l'Eglise est souvent comparée
dans l'Ecriture à un Temple , &
appellée le Temple de Dieu. Saint
Paul suivant donc cette pensée , déclare aux Ephésiens chap. 2. v.20.
*Qu'ils sont édifiez sur le fondement des
Apôtres & des Prophetes , dont* Jesus-
Christ *lui-même est la principale pierre de l'angle.* Et après une longue digression il les avertit de contempler
la longueur & la largeur , la hauteur & la profondeur de cet Edi-
fice , qui est l'Eglise.

Sa longueur est depuis l'Orient
jusqu'à l'Occident. , sa largeur depuis le Midi jusqu'au Septentrion ;
non seulement parce qu'en effet
l'Eglise s'étend par toute la Terre ;
mais parce que tous les hommes y
sont appellez par la Redemption generale de Jesus-Christ , qui s'est

livré à la mort pour tous. La profondeur de l'Eglise se prend par rapport au fondement sur lequel elle est établie. Il ne pouvoit être ni plus solide ni plus prétieux : puisque c'est Jesus Christ lui-même, comme l'avoit prédit Isaïe, ch. XXVIII. v. 16. & comme l'assûrent St. Pierre Epître premiere chap. 2. vers. 4. & S. Paul Epître premiere aux Corinthiens chap. 3. v. 11. Enfin l'Eglise par sa hauteur s'éleve jusqu'au Ciel.

Dans le chap. cinquiéme l'Auteur examine la force du verbe, *comprendre*, dont s'est servi l'Apôtre. Il signifie une application d'esprit, qui conduit à une connoissance souveraine par la Foi, à un consentement souverain, à une affection souveraine.

Au chap. sixiéme il cherche la signification de ces mots, *avec tous les Saints* ; & il dit qu'ils peuvent s'entendre de l'endroit le plus auguste & le plus respectable du Temple, & de ce qui se nomme *Sancta Sanctorum*. Mais il aime mieux les rapporter à ceux d'entre les Chrétiens, qui par la contemplation sont parvenus à une connoissance plus parfaite ; à un consentement plus parfait & à une affection plus parfaite.

ARTICLE LXVI.

ASSEMBLE'E PUBLIQUE DE LA Societé Royale des Sciences, tenuë dans la Salle de l'Hôtel de Ville de Montpellier, le cinquiéme Decembre 1709. A Montpellier chez Honoré Pech, Imprimeur du Roi & de la Societé Royale des Sciences 1710. in 4°. page 37.

Nous attendions avec impatience, & l'on nous demandoit de differens endroits la Relation de cette Assemblée. Celles que nous avions données des Assemblées publiques tenuës les années précedentes, justifient l'empresse ment qu'on marquoit pour celle-ci elle le justifiera encore mieux, & elle fera souhaiter ardemment le Memoires qu'on promet,

Monsieur de Basville qui a tou jours aimé les Sciences, & qui perd aucune occasion de donner marques de la protection qu'il

Mai 1710.

corde aux Sçavans , ayant été élû
l'an paſſé Préſident de l'Academie,
ſe trouva en cette qualité à la Tête
de la Compagnie avec Mr. l'Archevêque de Narbonne , Mr. l'Evêque de Montpellier , & Mr. Bon ,
Academiciens honoraires. Il ouvrit la Séance en addreſſant la parole aux Académiciens , qu'il exhorta à continuer leurs travaux &
leurs recherches utiles & curieuſes.
» Si la Societé Royale , dit-il , con-
» tinuë à travailler utilement dans
» un tems difficile , où les Sciences
» & les beaux Arts languiſſent , &
» ont beaucoup de peine à ſe ſou-
» tenir ; que n'en devons - nous pas
» attendre , lorſque des jours plus
» heureux rameneront l'abondance,
» donneront à cette Compagnie les
» ſecours effectifs qui lui ſont né-
» ceſſaires ? Mr. de Baſville déclara
enſuite , qu'il ne s'arrêteroit pas à
des Préliminaires , qui n'étoient pas
du reſſort d'une Academie des
Sciences. » Nous écoutons la Natu-
» re , dit-il , nous la ſuivons , nous
» parlons ſon langage ; en un mot,
» nous voulons des choſes , & nous

» laiſſons aux Academiciens de Lit-
» terature tous les ornemens du diſ-
» cours. Ce que dit ce grand Magiſtrat, dont la droiture & la penetration ſont ſi univerſellement re-
connuës, rendit la Compagnie très-
attentive; & cette attention fut ſou-
tenuë par la lecture que Mr. Bon
Academicien honoraire, fit de la découverte d'une nouvelle eſpece de
ſoye, laquelle peut auſſi fournir un
excellent remede à la Medecine. Ce
Diſcours & celui de **Mr.** Clapiés,
ont eû une Approbation ſi generale, que l'Academie a jugé à propos de les publier dans toute leur
étenduë, en attendant que des con-
jonctures plus favorables, puiſſent
faciliter l'impreſſion des Mémoires qu'elle conſerve dans ſes Ré-
gîtres.

A R T I C L E LXVII.

EXTRAIT DE LA DISSERTATION
de Monſieur Bon Aſſocié honoraire de
la Societé Royale des Sciences, &
premier Préſident en ſurvivance de la
Cour des Comptes, Aides, & Finan-
Mai 1710.

ces de Montpellier ; sur l'utilité des soyes des araignées.

L'Illuſtre Auteur après une apo-logie ingenieuſe & ſçavante de ſes utiles amuſemens , & de l'em-ploi qu'il fait de ſes momens de loi-ſir, pour étudier la Nature & en dé-velopper les ſecrets, propoſe la dé-couverte qui a été un des fruits de cette étude ; découverte qui aſſû-rement a toute la grace de la nou-veauté. Il a raiſon de croire qu'on fera ſurpris d'apprendre , que les araignées font une ſoye auſſi belle, auſſi forte , & auſſi luſtrée que la ſoye ordinaire. La prévention où l'on eſt contre un inſecte auſſi com-mun que mépriſé , eſt cauſe que le Public a ignoré juſqu'ici toute l'u-tilité qu'on pouvoit en tirer : & comment l'auroit-il ſeulement ſoup-çonnée? Celle de la ſoye toute con-ſidérable qu'elle eſt , a demeuré in-connuë & négligée long-tems après ſa découverte. Ce fut dans l'Iſle de Cos , que Pamphila fille de Platis trouva la premiere l'invention de la mettre en œuvre. Cette découverte

vers à foye & les abeilles, qui font
de tous les infectes les plus neceffaires, & les plus admirables dans leurs
ouvrages.

Quoique l'hiftoire des araignées
foit fort étenduë, par le nombre infini de particularitez qu'on remarque
dans chaque efpece differente, Mr.
Bon crut cependant qu'il étoit abfolument neceffaire, de donner en peu
de mots une idée generale & fuper-
ficielle de cet infecte, avant que
d'entrer dans la defcription de fa
foye. Il réduit donc toutes ces efpeces differentes à deux principales,
fçavoir aux Araignées à longues
jambes, & à celles qui les ont courtes : ce font les dernieres qui four-
niffent la nouvelle foye dont il parle.
A l'égard de leurs differences particulieres, on les diftingue par la couleur : car il y en a de noires, de bru-
nes, de jaunes, de vertes, de blan-
ches, & de toutes ces couleurs mêlées enfemble.

On les diftingue encore par le
nombre & par l'arrangement de
leurs yeux ; les unes en ayant fix, les
autres huit, & les autres dix, rangez

differemment fur le fommet de la tête : on les voit affez fans aucun fecours, mais beaucoup mieux avec celui de la loupe. Ce font à peu-près toutes les differences effentielles des Araignées, les ayant trouvées femblables dans les autres parties du corps, que la Nature a divifé en deux. La premiere partie eft couverte d'un têt ou écaille dure remplie de poils : elle contient la tête & la poitrine, à laquelle huit jambes font attachées toutes bien articulées en fix endroits : elles ont auffi deux autres jambes qu'on peut appeller leurs bras ; & deux pinces armées de deux ongles crochus, attachez par des articulations à l'extremité de la tête : c'eft avec ces pinces qu'elles tuent les infectes qu'elles veulent manger, leur bouche étant immediatement au-deffous. Elles ont encore deux petits ongles au bout de chaque jambe, & quelque chofe de fpongieux entre deux : ce qui leur fert fans doute, pour marcher avec plus de facilité fur les corps polis.

La feconde partie du corps de cet infecte n'eft attachée à la premiere

que par un petit fil, & n'est couverte que d'une peau assez mince, sur
laquelle il y a des poils de plusieurs
couleurs : elle contient le dos, le
ventre, les parties de la generation,
& l'anus. Mr. le Premier Président
de Montpellier s'arrêta à la description de l'anus ; puique c'est l'endroit
d'où les Araignées tirent leur soye :
son dessein n'ayant jamais été d'entrer dans un grand détail, mais de
parler de cette soye & de son utilité.

Il est certain que toutes les Araignées filent par l'anus, autour du-
quel il y a cinq mammelons, qu'on
prend d'abord pour autant de filiéres
par où le fil doit se mouler. Mr. Bon
a trouvé que ces mammelons étoient
musculeux & garnis d'un sphincter :
il en a remarqué deux autres un peu
en dedans, du milieu desquels sortent veritablement plusieurs fils en
assez grande quantité, tantôt plus,
tantôt moins ; & c'est par une méca-
nique fort singuliere que les Araignées s'en servent, lorsqu'elles veulent passer d'un lieu à un autre. Elles
se pendent perpendiculairement à
un fil : tournant ensuite la tête du cô-

té du vent, elles en lancent plufieurs de leurs anus, qui partent comme des traits;& fi par hazard le vent qui les allonge, les colle contre quelque corps folide, ce qu'elles fentent par la refiftance qu'elle trouvent en les tirant de tems en tems avec leurs pattes, elles fe fervent de cette efpece de pont, pour aller à l'endroit où les fils fe trouvent attachez : mais fi ces fils ne rencontrent rien à quoi ils puiffent fe prendre, elles continuent toûjours à les lâcher, jufqu'à ce que leur grande longueur, & la force avec laquelle le vent les pouffe & les agite,furmontant l'équilibre de leurs corps, elles fe fentent fortement tirer : alors rompant le fil qui les tenoit fufpenduës, elles fe laiffent emporter au gré du vent, & voltigent fur le dos, les pattes étenduës : c'eft de ces deux maniéres qu'elles traverfent les chemins, les ruës, & les plus grandes rivieres.

On peut dévider foi même ces fils, qui par leur réünion femblent n'en former qu'un, lors qu'ils font environ de la longueur d'un pied. Mr. Bon, en a diftingué jufqu'à quinze

ou vingt au ſortir de leur anus. Ce
qu'il y a encore de particulier, eſt la
facilité avec laquelle cet inſecte le
remuë en tout ſens, à cauſe de pluſieurs anneaux qui y vont aboutir :
cela leur .eſt abſolument neceſſaire
pour dévider leurs fils ou ſoyes, qui
ſont de deux eſpeces dans l'Araignée femelle : cependant l'illuſtre
Auteur croit cet inſecte androgy-
ne, ayant toûjours trouvé les marques du mâle dans les Araignées qui
ſont des œufs : mais trouvant inutile
d'entrer dans cette diſcuſſion, il revient à ſon ſujet.

Le premier fil qu'elles dévident
eſt foible, & ne leur ſert qu'à faire
cette eſpece de toile, dans laquelle
les mouches vont s'embarraſſer. Le
ſecond eſt beaucoup plus fort que le
premier : elles en envelopent leurs
œufs, qui par ce moyen ſont à couvert du froid & des inſectes qui
pourroient les ronger. Ces derniers
fils ſont entortillez d'une maniere
fort lâche au tour de leurs œufs, &
d'une figure ſemblable aux coques
des vers à ſoye qu'on a préparées &
ramollies entre les doigts, pour les

nettre sur une quenoüille. Les coques d'Araignées, (Mr. Bon les appelle ainsi) sont d'une couleur grise
orsqu'elles sont récentes, mais elles
leviennent noirâtres , lorsqu'elles
nt été exposées long-tems à l'air. Il
st bien vrai qu'on trouveroit plu-
ieurs autres coques d'Araignées de
lifferentes couleurs , & d'une meil-
eure soye , sur tout celle de la ta-
entule ; mais la rareté en rendroit
es expériences, trop difficiles : ainsi
lnfaux se borner aux coques des
Araignées les plus communes , qui
ont celles à jambes courtes. Elles
herchent toûjours un endroit à
abri du vent & de la pluye pour les
aire , comme par exemple les trous
es arbres, les angles des fenêtres, ou
les voutes, ou bien le dessous des
ntablemens des édifices. C'est en
amassant plusieurs de ces coques
u'on fait cette nouvelle soye , qui
e céde en rien à la beauté de la soye
rdinaire : elle prend aisément tou-
es sortes de couleurs, & l'on en peut
aire des étoffes ; puisque l'illustre
uteur en a fait faire les *Bas & les
Gants qu'il présenta à l'Assemblée.
Mai 1710.

Voici maintenant de quelle maniere il a fait préparer ces coques pour en tirer la soye.

Après avoir fait ramasser douze à treize onces de ces coques d'Araignées , il les fit bien battre pendant quelque. tems avec la main & avec un petit bâton , pour en faire sortir toute la poussiere : on les lava ensuite dans de l'eau tiéde , jusqu'à ce que l'eau qui en sortoit fût bien nette : après quoi il fit mettre tremper ces coques dans un grand pot avec du savon & du salpêtre & quelques pincées de gomme arabique : on laissa boüillir le tout à petit feu pendant deux ou trois heures : il fit ensuite relaver avec de l'eau tiéde toutes ces coques d'Araignées , pour en bien ôter tout le savon : il les laissa secher pendant quelques jours , & les fit ramollir un peu entre les doigts, pour le faire carder plus facilement par les Cardeurs ordinaires de la soye , excepté qu'il fit faire des cardes beaucoup plus fines. Mr. Bon a eu par ce moyen une soye d'un gris très-particulier : on peut la filer aisément, & le fil qu'on en tire est plus fort & plus fin que celui de la foye ordinaire : ce qui prouve qu'on peut s'en fervir pour faire toutes fortes d'ouvrage. L'on ne doit pas craindre qu'il ne foutienne toutes les fecouffes des métiers, ayant réfifté à celles des Faifeurs de bas.

.La difficulté fe réduit donc maintenant, à avoir un affez grand nombre de coques d'Araignées pour en faire des ouvrages confiderables. L'utilité & la poffibilité étant bien prouvées, la chofe ne feroit pas difficile, fi l'on avoit le moyen d'élever les Araignées comme les vers à foye : elles multiplient beaucoup plus ; & chaque Araignée pond fix ou fept cens œufs, au lieu que les papillons des vers à foye n'en font qu'une centaine ou environ : encore faut-il en rabattre plus de la moitié ; parce que ces vers font fujets à quatre maladies, & font fi délicats qu'un rien les empêche de faire leurs coques: tout au contraire les œufs des Araignées éclofent fans aucun foin dans les mois d'Août & de Septembre, quinze ou feize jours après avoir été pondus, & celles qui les ont faits

meurent dans quelque tem
les petites Araignées qui fo
ces œufs, elles vivent dix
mois fans manger, & fans d
ni groffir, fe tenant toûjou
leurs coques jufques à ce
grandes chaleurs les obligent
tir, & de chercher leur nou
La raifon phyfique qu'on pe
ner de cela, eft naturelle :
infectes & plufieurs autres an
comme les ours, les ferpens,
motes &c. qui fe cachent
l'hiver, abondent en matié
neufe très-difficile à mettre
vement ; de forte qu'il n'eft
traordinaire que les petites A
puiffent vivre pendant le f
leur propre fubftance, ne fai
cune diffipation d'efprits :
chaleur venuë, elle met en
ment cette matiere & force l
tes Araignées à filer ; & à cou
côté & d'autre, pour chei
quoi vivre ; & à peine mangei
qu'on les voit groffir de jour
L'on peut donc tirer une con
ce fûre, que fi l'on trouvoit le
de nourrir dans les chambre

ites Araignées, on auroit beaucoup
plus de coques de cet insecte, que
les vers à soye ; l'Auteur ayant experimenté que de sept ou huit cens
petites Araignées, il n'en mouroit
presque point dans une année, &
qu'au contraire de cent petits vers à
soye, il n'y en avoit pas quarante qui
fissent leurs coques.

Une difference aussi grande & aussi
considerable, excitera sans doute assez la curiosité des Amateurs des
Arts & des Sciences, pour les faire
empresser de trouver la maniére d'é-
lever ces insectes. Voici, en attendant qu'un heureux hazard ou l'application nous favorisent d'un secret
si utile, les moyens dont Mr. Bon
s'est servi pour avoir beaucoup de
ces coques, qu'il propose aux Curieux qui voudront faire la même
experience que lui.

Il donna ordre qu'on lui apportât
toutes les grosses Araignées à jambes
courtes, qu'on trouveroit dans les
mois d'Août & de Septembre. Il les
enferma dans des cornets de papier
& dans des pots : il couvrit ces pots
d'un papier qu'il perça de plusieurs

coups d'épingles aussi bien que les
cornets, afin qu'elles eussent de l'air:
il leur fit donner des mouches, & il
trouva quelque tems après, que la
plûpart y avoient faits leurs coques.

Monsieur le Premier Président de
Montpellier en eût encore plus aisément, en promettant de payer la livre des coques d'Araignées sur le
même pied qu'on vend la soye ordinaire. L'attrait du gain fit qu'on lui
en apporta beaucoup en peu de tems:
on l'assûra même qu'on n'avoit pas
eû grand' peine d'en trouver, & que
s'il étoit permis d'entrer dans toutes
les maisons : où l'on voyoit de ces coques d'Araignées aux fenêtres, on lui
en fourniroit autant qu'il voudroit.
Il est facile de conclurre qu'on en
trouveroit assez dans le Royaume
pour en faire de grands ouvrages, &
que la nouvelle soye que l'illustr
Auteur propose, est moins rare
moins chere que n'étoit la soye
dinaire dans son commencemer
d'autant mieux que les coques d'
raignées rendent à proportion
leur legereté plus de soye, que
autres : en voici la preuve. Tı

Mai 1710.

es en donnent près de quatre de
nette : il n'en faut que trois pour
une paire de bas au plus grand
me. Ceux que Mr. Bon a préfen-
pefent que deux onces & un
rt, & les mitaines environ trois
rts donce : au lieu que les bas
foye ordinaire pefent fept à huit
es.

oilà certainement une grande
ité qu'on peut tirer d'un infecte,
le Public a toûjours regardé
me très-incommode & très-
gereux par fon venin. Mr. Bon
re néanmoins que les Araignées
ont pas venimeufes : il en a été
du fort fouvent fans qu'il lui en
arrivé aucun mal. Pour leur
, bien loin d'avoir du venin,
le monde s'en fert pour arrêter
ng, & fouder les coupures : en
leur *gluten* naturel eft une efpe-
e beaume qui guérit les petites
es, en empéchant l'air d'y en-

le fi bonnes raifons devroient
re, pour faire ceffer la crainte &
fion qu'on pourroit avoir, de
tre en ufage la foye des Arai-
Lai 1710.

gnées: mais l'Auteur en ajoute d'autres si fortes & si solides, que les plus opiniâtres conviendront facilement, que les Araignées sont de tous les insectes, ceux qui méritent le moins la haine publique.

Leur soye est utile non-seulement par rapport aux ouvrages qu'on en peut faire; son utilité est encore plus grande & plus essentielle par rapport aux remedes specifiques qu'on en peut tirer. Elle fournit en la distillant une grande quantité d'esprit & de sel volatile: Mr. Bon a vû par la comparaison qu'il en a faite, qu'elle en donnoit pour le moins autant que la soye ordinaire, qui est de tous les mixtes celui qui en donne le plus. Ce sel & cet esprit volatile qu'on tire des coques d'Araignées est très-actif: on en jugera par les experiences suivantes. Il change en un beau verd d'émeraude la teinture des fleurs de mauve: il congele & réduit en une espece de neige la dissolution du sublimé corrosif: au lieu que les Alkalis volatiles qu'on tire du crâne humain, de la corne de cerf, & de plusieurs autres mixtes, ne

font que la blanchir ou la rendre lai-
teufe. Ainfi le nouvel Alkali que
Mr. Bon propofe, employé de la même maniere que celui qu'on extrait
des coques des vers à foye, pour faire les Gouttes d'Angleterre fi re-
nommées dans l'Europe, peut fervir
à compofer de nouvelles Gouttes,
qu'on peut appeller avec raifon,
Gouttes de Montpellier. On ne doit pas
douter qu'on ne s'en ferve avec un
plus heureux fucès que des anciennes, dans l'apoplexie, dans la léthar-
gie, & dans toutes les affections fo-
poreufes ; à caufe de leur grande ac-
tivité. On les prendra même avec
moins de rebut, parce que leur
odeur eft moins fetide & moins def-
agreable.

L'Illuftre Auteur ne s'étendit pas
davantage fur cette matiere laiffant
à Mrs. les Medecins & à Mrs. les
Chymiftes de fa Societé, le foin de
chercher les autres ufages, que les
coques d'Araignées, & les principes
qu'● en tire par l'analyfe chymi-
que, peuvent avoir dans la Medecine.

Mr. de Bafville en récapitulant le

Difcours de Mr. Bon, fit voi
bien on étoit redevable à cet i
Académicien honoraire, qu
jours occupé des devoirs d'u
premieres Charges de la Ma
rure, fe délaffe fi utilement da
tude de l'hiftoire naturelle, &
ve le fecret de mettre à profit
fecte, qui fembloit n'avoir ét
que pour incommoder les ho
La Nature, dit-il, a des riche
finies : mais nôtre ignorance, (
tre pareffe, font la caufe que
n'en joüiffons que fort impa
ment.

· Le Pere Vaniere Jefuite a f.
trer la nouvelle découverte d
Eglogue addreffée à Mr. Bon
nous fçaura gré d'avoir infe
ces beaux Vers. ·

> *Rugis ne contrahe f*
> *Phœbe tuam, rerum qui diceris*
> *pertor*
> *Si cupidâ Daphnis paftores aure bi*
> *Plura docet, · quam te quondam d*
> *Magiftro* ·
> *Scis, ne plura loquar, famâ vulg*
> *centi*

Mai 1710.　　　　Ha

Humanos inventa sagax quæ Daphnis in
    usus
Extulit, & magnâ nuper spectante coronâ
Protulit in medium spreta novus ultor
    Arachnes.
Hæc utero damnata putres evolvere te-
    las,
Hactenus invisum clam per laquearia fi-
    lum
Neverat, implicitis retinacula tristia
    muscis.
Daphnis ad antiquas laudes revocavit
    Arachnen;
Jussit & artifici jam nobile vellus ab
    alvo
Fundere, divitibus niteant queis atria telis
Illius, & spreto Serumjam munere, reges
Stamine membra tegent: oculis quod rur-
    sus iniquis
Invida plaudenti spectabit ab æthere Pal-
    las.

ARTICLE LXVIII.

EXTRAIT DE LA DISSERTATION
de Mr. de Clapiés Directeur de la Socie-
té Royale de Montpellier, sur les di-
verses apparences de la Lune éclipsée.

LEs Aftronomes de la Societé
Royale de Montpellier obfer-
   Mai 1710.   P p

vérent dans cette Ville le 23. Decembre 1703. une Eclipfe totale de Lune : ils en obfervérent une autre partiale le 17. Juin 1704. & ces Obfervations qu'on trouva telles que le calcul aftronomique les avoit annoncées, furent communiquées à l'Academie Royale des Sciences établie à Paris.

La premiere de ces Eclipfes fut remarquable par diverfes circonftances particulieres. Une forte obfcurité parut au commencement & même avant le commencencement, irregulierement repanduë fur le difque de la Lune, & fi ambiguë, qu'on pouvoit à peine diftinguer les phafes de l'Eclipfe. Les termes qui féparoient la partie éclipfée de la Lune de fa partie éclairée, devinrent mieux tranchez vers le troifiéme ou quatriéme doigt, mais toûjours irréguliers, & ils parurent très-diftincts vers la fin de l'immerfion. Après l'immerfion totale vers les fix heures du matin, on vit la Lune fi fombre & fi obfcure, qu'on pouvoit à peine diftinguer fes grandes taches. On y apperçût enfuite differens degrez

Mai 1710.

d'obſcurité & de lumiere. Enfin a ſix heures & demie du matin elle diſparut entierement, quoique le Ciel fût très-ſerein, & que le crepuſcule ne fût pas aſſez fort pour faire diſparoître pluſieurs petites étoiles qui étoient près de la Lune, pas même celles qui étoient à l'Orient.

La ſeconde Eclipſe qui arriva vers l'horizon fut pareillement remarquable par une forte obſcurité.

Ces obſervations ont donné lieu à la diſſertation de Mr. de Clapiés, où après avoir rendu raiſon de la cauſe de certains phenomenes qui ont paru long-tems inexplicables, il donne des regles pour les prédire. Il commence par expliquer en peu de mots la cauſe des Eclipſes de la Lune.

Comme le globe de la Terre & celui de la Lune ſont deux corps opaques, qui terminant les rayons que le Soleil leur envoye, jettent une ombre dans le Ciel, & que la lumiere apparente de la Lune n'eſt qu'une lumiere dérivée du Soleil qui nous eſt reflechie enſuite; il eſt évident que ſi la Lune paſſe dans l'ombre de la Terre, elle y ſera pri-

vée des rayons du Soleil qui la feroient paroître éclairée.

Si l'on conçoit donc que de tous
les points de la circonference du diſ-
que du Soleil, il parte des rayons qui
raſent les points correſpondans du
globe de la Terre ; comme le globe
du Soleil eſt plus grand que celui de
la Terre, ces rayons prolongez formeront dans le Ciel un cone d'ombre, dans lequel la Lune paſſant ou
en tout ou en partie, par ſon mouvement propre, il y aura une Eclipſe
de Lune ou totale ou partiale.

Suivant ce que nous venons de
dire, ce cone étant entierement privé des rayons du Soleil, on devroit
perdre la Lune de vûë toutes les fois
qu'elle s'y trouveroit plongée : on la
voit cependant preſque toûjours
dans les Eclipſes totales. D'où peut
donc venir cette lumiere ? La Lune
a-t'elle une lumiere propre ? S'éleve-
t'il au tour de cette Planete des vapeurs, qui faſſent tomber ſur ſon diſ-
que éclipſé des rayons rompus du
Soleil ? ſi elle avoit une lumiere propre, cette lumiere nous ſeroit appa-
rante dans les Eclipſes totales du So-

leil ; & fi elle avoit ut Atmofphere, les Etoiles fixes vûës au travers de cette Atmofphere, nous paroîtroient par la réfraction de leurs rayons changer la grandeur apparente du chemin qu'elles fuivoient auparavant : ce qui répugne aux Obfervations aftronomiques.

Il ne faut pas aller chercher plus loin la caufe phyfique de ce Phénomene : le globe de la Terre eft environné de vapeurs : les rayons du Soleil qui paffent dans ces vapeurs fouffrent deux refractions, l'une en entrant, l'autre en fortant de l'Atmofphere ; & ces deux refractions rompant les rayons du Soleil, les rabattent vers l'axe du cone de l'ombre de la Terre, & les portent fur la Lune éclipfée ; d'où nous étant enfuite reflechis, cette Planete doit nous paroître éclairée, mais d'une couleur differente.

D'ailleurs fi l'on fait attention, qu'il doit fe former au tour du cone de l'ombre de la Terre, un efpace qui ne reçoit de rayons que d'une partie du difque du Soleil ; & que cet efpace, qu'on appelle la pénombre, n'en doit recevoir qu'une très-petite partie vers le cone de l'ombre qui le termine d'un côté ; & qu'enfin ces rayons passent encore par l'Atmosphere, on comprendra facilement la cause des differens degrez d'obscurité, qu'on voit sur la Lune avant le commencement & après la fin de l'Eclipse.

Ce n'est donc plus l'ombre pure de la Terre qui éclipse la Lune : c'est un mélange de cette même ombre & des rayons rompus du Soleil ; & c'est à ce mélange d'obscurité & de lumiere, & à la pénombre telle que nous venons de la décrire, ou pour mieux dire, aux vapeurs qui environnent la Terre, & aux differentes refractions qu'elles causent aux rayons du Soleil, qu'il faut rapporter la diversité des couleurs, & les différens degrez d'obscurité & de lumiere, qu'on voit dans la Lune éclipsée.

C'est ainsi que Messieurs de la Société Royale rendîrent raison de tous les divers changemens qui arrivérent dans les Eclipses du 23. Decembre 1703. & du 17. Juin 1704.

Mai 1710.

Meſſieurs de l'Academie des Sciences de Paris jugérent, que pour pouſ-
ſer cette recherche à la derniere préciſion, il faut voir de plus quelle eſt
la partie de la Terre qui couvre de
ſon ombre la partie éclipſée de la
Lune, & comparer cet endroit de la
Terre à ceux d'où il y peut venir des
rayons rompus , ou plûtôt les differentes denſitez d'air. Si l'on peut s'af-
ſûrer qu'il y ait dans ces denſitez
quelque choſe d'égal & d'uniforme ,
& que l'air d'une grande mer ſoit
toûjours plus épais que celui d'un
continent, ce qui paroît aſſez vrai-
ſemblable ; on pourra faire par avance quelques conjectures ſur le plus
ou le moins d'obſcurité de la pénombre, ou de l'ombre des Eclipſes
de Lune , & joindre ces prédictions
phyſiques à celles qui ſont purement
aſtronomiques. Ce ſeroit un nouveau
degré de connoiſſance qu'on auroit
acquis , quoique l'on n'eût guere dû
l'eſperer.

Mr. de Clapiés excité par le jugement de ces ſçavans Hommes , à ſuivre plus attentivement ſes vûës, a
crû que ce qu'il y avoit de plus eſ-

ſentiel, & dont on pouvoit tirer de plus grands avantages pour la perfection de la Geographie, de l'Aſtronomie, & de la Phyſique mêmeſ étoit de déterminer géométriquement tous les lieux, qui par la révolution journaliere de la Terre d'Occident en Orient, & pendant l'Eclipſe, paſſant de l'hemiſphere éclairé dans l'hemiſphere obſcur & au contraire, terminent ſur la Terre l'illumination du Soleil, & ſeparent par leur ombre la partie éclipſée de la Lune de ſa partie éclairée.

Car ſi la poſition de ces lieux & des circonvoiſins, dont les vapeurs peuvent rompre les rayons du Soleil & les faire tomber dans le cone de l'ombre, eſt ſur les mers, comme les vapeurs y ſeront vrai - ſemblablement plus denſes, les rayons du Soleil qui s'y rompront rendront les termes communs de l'ombre & de la pénombre plus ambigus & plus confus : ſi c'éſt ſur de hautes montagnes, l'ombre ſera bien tranchée mais irréguliere. Et comme les rayons du Soleil s'y refléchiront en divers ſens, on pourra voir ſur la Lune éclipſée une diverſité de couleurs : ſi c'eſt enfin ſur de grandes plaines , l'ombre ſera mieux tranchée. Et peut-être même qu'après une ſuite d'obſervations ſur les divers changemens, qui arrriveront aux termes communs de l'ombre & de la pénombre, dans les Eclipſes partiales qui ſe feront près des équinoxes, on pourra porter quelques jugemens certains, tant ſur la nature des parties Auſtrales & Septentrionales inconnuës de la Terre, que ſur la poſition de certains lieux, que le peu de fidelité des Cartes Géographiques peut rendre ſuſpecte. On doit ajouter à toutes ces conſiderations le paſſage des rayons du Soleil d'un air plus rare dans un plus denſe, ou au contraire: ce qui les doit faire plus ou moins rompre, & les approcher ou écarter de l'axe du cone de l'ombre.

Mr. de Clapiés avant d'expliquer la methode qu'il a ſuivie dans une recherche qui paroît ſi difficile & ſi importante , donne une ideée de celle dont ſe ſervent les Aſtronomes modernes pour prédire les Eclipſes de Lune.

Ils tracent sur un plan la section
du cone de l'ombre proportionnée à
celle dans laquelle la Lune doit paffer dans le tems de l'Eclipse. Cette
section est un cercle, dont le centre
represente le point de l'ecliptique
opposé au Soleil, & le diametre une
portion de cette écliptique. Ils tirent par le cercle de l'ombre une
perpendiculaire sur l'écliptique ; sur
laquelle ils portent depuis le centre
de l'ombre, les minutes de la latitude de la Lune dans le tems de l'opposition, & vers le Nord ou le Sud
qu'ils supposent dans le plan, suivant
que cette latitude est ou septentrio-
nale ou meridionale ; & ayant fait
à l'extremité de cette perpendiculaire qui represente un cercle de latitude, un angle égal à l'angle que
l'orbite de la Lune fait avec le cercle
de latitude vers le nœud le plus prochain, ils ont avec la ligne qui forme
cet angle, une portion de l'orbite de
la Lune, ou le chemin que le centre
de cette Planete doit décrire dans le
tems de l'Eclipse, qu'ils détermi-
nent en cette sorte : Ils tirent par le
centre de l'ombre une perpendicu-

laire fur l'orbite de la Lune, pour
avoir au point de fon interſection
avec cet orbite , le point où doit être
le centre de la Lune dans le tems du
milieu de l'Eclipſe ; & ayant décrit
du même centre une circonference
de cercle , dont le demi-diametre
doit être égal à la ſomme du demi-
diametre de l'ombre de la Terre &
du demi-diametre de la Lune, ils ont
aux points des deux interſections de
cette circonference avec l'orbite de
la Lune, la poſition de ſon centre au
commencement de l'Eclipſe à l'occident du plan , & la poſition à la fin
de l'Eclipſe à l'orient du même plan.
Ils décrivent ſemblablement des cir-
conférences de cercles concentriques,
d'un même intervalle diminué d'un
douziéme ou de deux douziémes, ou
de telle autre partie du diametre de
la Lune : les interſections de cette
circonférence avec l'orbite de la Lune, donnent la poſition de ſon centre,
lorſque cette Planette ſera éclipſée
d'un doigt ou de deux doigts ; &
ayant décrit des points de ces poſi-
tions , & d'un intervalle égal au
demi-diametre de la Lune , des cer-

cles, ils ont par l'arc de l'ombre de
la Terre compris entre les sections
de ces cercles qui représentent le
disque de la Lune, les termes communs de la partie éclipsée de la Lune
& de sa partie éclairée.

Enfin les distances du centre de
la Lune dans les diverses phases, au
point de ses positions au milieu de
l'Eclipse, étant connuës par la Tri-
gonométrie rectiligne, & ces distances étant réduites en tems par rapport
au mouvement horaire de la Lune
au Soleil, & comparées au tems du
milieu de l'Eclipse, donnent celui
des diverses phases de l'Eclipse.

C'est sur cette section de Cone,
ou ce qui est le même, sur le plan de
l'ombre, que l'Auteur applique la
projection des Eclipses de Soleil. Il
imagine que par les centres du Soleil & de la Terre soit tirée une ligne droite, & que cette ligne, qui
étant prolongée représentera l'axe
du Cone de l'ombre, soit perpendiculaire sur un plan qui passe par le
centre de la Terre, auquel le plan
de l'ombre est parallele : il est évident qu'à cause de la distance pres-

que infinie des globes du Soleil &
de la Terre ; ce plan pourra être regardé comme un grand cercle dont
la circonference terminera fur la
Terre l'illumination du Soleil ; &
comme l'horizon des Peuples qui
auront le Soleil à leur zenith. Par
confequent fi par les extremitez
du difque du Soleil , & par tous les
points correfpondans de cette circonférence, on imagine des rayons ;
ces rayons prolongez termineront
dans le Ciel la circonférence de
l'ombre & de la fection dans laquelle
la Lune doit paffer dans le tems de
l'Eclipfe.

Mais comme tous les lieux de la Terre dont l'élevation du pole excede
la déclinaifon du Soleil, doivent paffer de l'hemifphere obfcur dans l'hemifphere éclairé, ou au contraire ;
ou ce qui eft le même , doivent fe
lever & fe coucher fucceffivement ;
il fuit de-là que differens lieux de la
Terre, doivent auffi fucceffivement
terminer la circonférence de l'ombre de la Terre. Si la déclinaifon
du Soleil eft feptentrionale , le pole
boreal fera dans l'hemifphere éclai-

ré : ſi elle eſt meridionale , ce ſera
le pole méridional ; & l'élevation
du pole de la Terre ſur le plan qui
termine l'illumination , ſera toûjours égale à la déclinaiſon du Soleil.

Ces choſes ſuppoſées , ayant tiré
du centre de l'ombre une ligne droite , qui faſſe avec l'écliptique un angle égal à celui que ce cercle fait
avec le meridien vers les parties
orientales ou occidentales du plan,
ſuivant que le meridien ſera diſpoſé
dans le Ciel ; on trouvera par la Tri-
gonometrie rectiligne l'angle que
ce meridien fera avec la ligne droite , qui partant du centre de l'ombre paſſe auſſi par le centre de la
Lune : l'ouverture de cet angle donnera ſur la circonference de l'ombre , un arc qui ſera du même nombre de degrez , que l'arc correſpon-
dant de la Terre , pris ſur le grand
cercle qui termine l'illumination du
Soleil : cet arc ſera ſur le globe de
la Terre , un côté d'un triangle
ſphérique rectangle , dont l'autre
côté qui formera l'angle droit , ſera
ou l'élevation ou la dépreſſion du

pole, qui, comme nous l'avons déja dit, doit être toûjours égale à la déclinaison du Soleil ; & ce triangle sphérique étant résolu, le complement de l'hypotenuse donnera la latitude du lieu qui jettera son ombre au point où la Lune commencera ou finira de s'éclipser, ou au point du milieu de l'arc qui termine la partie éclipsée de la Lune dans les diverses phases, suivant les points de l'orbite où l'on supposera le centre de la Lune. Et en tirant par le centre de l'ombre & par les intersections de sa circonference avec la circonference du disque de la Lune, des lignes droites, on trouvera par les mêmes principes la latitude des lieux, qui jetteront leur ombre aux extremitez des cornes éclipsées de la Lune.

Pour trouver maintenant la longitude de ces mêmes lieux, on cherchera par les regles ordinaires, le tems du lever ou du coucher du Soleil, par rapport aux latitudes trouvées par les regles précedentes, ou ce qui est le même, le tems de leur lever ou de leur

coucher, fuivant que ces lieux feront à l'égard du meridien , ou
dans les parties orientales ou occidentales. Et ce tems comparé au
tems des phafes de l'Eclipfe, donnera la difference des meridiens,
par laquelle , & par la longitude
du lieu fur lequel l'Eclipfe a été
calculée, on aura leurs longitudes.
Ce que Mr. de Clapiés promit d'expliquer plus particulierement dans
un autre Memoire ; le détail de toutes ces regles étant trop abftrait pour
une Affemblée publique.

On peut auffi trouver méchani-
quement fur le globe la pofition de
ces mêmes lieux.

On regardera d'abord fi la déclinaifon du Soleil eft feptentrionale,
ou meridionale, & de quel nombre
de degrez : on élevera fur l'horizon
du globe le pole du même nom
de la même quantité de degrez:
& ayant difpofé fa partie Nord vers
le Nord & l'autre vers le Sud , on
reduira le tems des phafes de l'E-
clipfe à raifon de quinze degrez par
heure, qu'on portera depuis le meridien particulier du lieu pris fur

l'Equateur même ; en forte que le meridien du globe qui reprefente un meridien univerfel , & le meridien particulier du lieu fur lequel l'Eclipfe a été calculée , foient éloignez du même nombre de degrez vers les parties orientales ou occidentales, fuivant le tems des Phafes de l'Éclipfe.

Le globe étant arrêté dans cette fituation , on aura dans fa partie fuperieure l'hemifphere éclairé , & dans fa partie inferieure l'hemifphere obfcur; & l'horizon du globe reprefentera; la circonference du cercle qui termine l'illumination du Soleil, & dont l'ombre termine dans le Ciel l'ombre de la Terre. On portera en fuite fur l'horizon du globe & depuis fon interfection avec le meridien , au Nord ou au fud , & vers fes parties orientales ou occidentales, fuivant le tems des Phafes de l'Eclipfe , le même nombre de degrez qu'il y aura fur le plan de l'ombre , depuis le meridien du plan jufqu'aux extremitez cornes orientales & occidentale la Lune éclipfée : l'arc de au 1710.

l'horizon du globe compris entre
ces deux points, donnera la position
de tous les lieux de la Terre, dont
l'ombre féparera la partie éclipfée
de la Lune de fa partie éclairée.

On pourroit auffi fuivant les mêmes principes, & par la même projection, trouver quelle partie de
la Terre jette fon ombre fur la partie éclipfée de la Lune ; déterminer en quel tems l'ombre d'une
Ville, ou de tel autre lieu qu'on
voudra, commencera de tomber
fur la partie éclipfée de la Lune;
l'heure de la fortie, le tems qu'elle y doit refter, le chemin qu'elle
y doit décrire ; & réfoudre plufieurs autres problêmes de cette nature, qui pourront encore fervir
à prouver l'univerfalité de la methode. Il eft facile de la démontrer; puifque l'ingénieufe methode
de Mr. Caffini pour les Eclipfes de
Soleil étant connuë, on voit évidemment que c'eft ici une perfpec-
tive des lieux de la Terre, qui
terminent par leur ombre la partie
éclipfée de la Lune, dans laquelle
la figure de l'ombre étant tournée

ite à la gauche , & l'œil
posé à la pointe du cone
re de la Terre , le cercle
ine l'illumination du So-
: plan objectif ; & la sec-
ombre dans laquelle la Lu-
aller pendant l'Eclipse est
u tableau , qui étant pa-
l. plan objectif , tous les
utes les lignes qu'on y tra-
proportionnelles aux arcs
nes semblables du plan ob-
qui comprend tout l'esprit
la théorie des regles sui-
'Auteur.

oit d'en faire l'application
que Eclipse de Lune ; &
Clapiés prit pour cela cel-
evoit arriver le 13. Fé-
o.

cours de Monsieur de Cla-
récapitulé par Mr. de Baf-
il fit remarquer l'utilité
pouvoit tirer pour la Géo-
qui ne peut être perfec-
que par les Observations
iques. Il ne manqua pas
relever tout ce que le tra-
et Académicien contenoit
ix & de physique.

singuliere du Cabin.
Hay, par le Pere
suite.

A Monsieur l

LA Medaille qu
nontrée, Monsi
genieusement inven
rare. Madame le H.
de la hardiesse & d
du Monnoyeur : po
de l'Inventeur me c
mis , dont on voit su
le la tête couronné
son nom ΚΡΟΤΩΜΙΣ
un Vainqueur des
Il paroît jeune, & j

s plus beaux Ouvra-
ité. L'action d Her-
ᴣ avec une force, une
nt les Monnoyeurs
ɔoint approché. Sa
ſt pas fort myſte-
ɔit d'abord qu'on a
que le jeune Cro-
oit l'envie auſſi ai-
rculé enfant avoit
ꞏpens envoyez par
raiſons ont pû con-
hoiſir ce ſymbole
ɹueur. Peut - étre
comme Hercule,
ᴣurs pour avoir été ꞏ
s Vainqueurs des
l ne reſte plus qu'à
ms où la Medaille
ᴣ ſe peut faire ſans
ore des Jeux Py-

me fabuleuſe l'an-
de ces Jeux, dont
꞉bué la fondation
ɪeur du Serpent
ɔliſſement en dif-
, à Diomede. Je
n'ont été établis

:rs eſt un des plus beaux Ouvra-
de l'Antiquité. L'action d Her-
: eſt exprimée avec une force, une
cateſſe , dont les Monnoyeurs
nains n'ont point approché. Sa
ification n'eſt pas fort myſte-
ſe. On conçoit d'abord qu'on a
lu marquer que le jeune Cro-
is ſurmonteroit l'envie auſſi ai-
ent , qu'Hercule enfant avoit
nonté les ſerpens envoyez par
on. D'autres raiſons ont pû con-
rir à faire choiſir ce ſymbole
jeune Vainqueur. Peut - étre
t-il Thebain comme Hercule,
paſſoit d'ailleurs pour avoir été
des premiers Vainqueurs des
x Pythiens. Il ne reſte plus qu'à
:rminer le tems où la Medaille
ru : ce qui ne ſe peut faire ſans
·er dans l'Hiſtore des Jeux Py-
·ns.

e regarde comme fabuleuſe l'an-
1ité prétenduë de ces Jeux, dont
Poëtes ont attribué la fondation
Apollon Vainqueur du Serpent
hon , & le rétabliſſement en dif-
·ns tems à Jaſon , à Diomede. Je
perſuadé qu'ils n'ont été établis
1ai 1710.

remporta. J'ai beaucoup de penchant à croire , que Crotomis a
remporté ce prix dans quelque Py-
thiade fuivante : il en auroit plus de
rapport à Hercule , & le revers lui
conviendroit mieux.

ARTICLE LXX.

GENNADII PATRIARCHÆ

Conftantinopolitani Homiliæ de
Sacramento Euchariftiæ ; Mele-
tii Alexandrini , Nectarii Hiero-
folymitani , Meletii Syrigi , &
aliorum de eodem argumento
Opufcula Græcè & Latinè &c.
C'eft à-dire. *Homelies de Gennade*
Patriarche de Conftantinople fur le
Sacrement de l'Euchariftie ; avec de
petits Traitez fur le même fujet de
Mélece & de Nectaire Patriarches
d'Alexandrie & de Jerufalem, de Sy-
rigus & de quelques autres, en Grec
& en Latin : ce qui fait une fuite des
Actes produits dans l'Ouvrage de la
Perpetuité de la Foi , touchant le fen-
timent des Grecs fur la Tranfubftan-
tiation. Par Eufebe Renaudot de Pa-
ris , qui a tiré ces piéces des Manuf-
crits, les a mifes en Latin , & y a
Mai 1710.   *ajouté*

ajoûté *des Differtations & des Obfer-*
vations. A Paris chez Gabriel
Martin , ruë Saint Jaques, à l'E-
toile 1709. *in* 4°. *pag.* 31. *pour la*
Préface, 218. *pour le refte du Livre.*

LE foulevement general de l'E-
glife Grecque contre Cyrille
Lucar , avec l'indignation de fes
principaux Prélats contre le Minif-
tre Claude, qui prétendoit les faire
complices de fon erreur , font des
preuves fans replique de la conformité de la créance qu'elle garde
avec l'Eglife Romaine , touchant
le Sacrement de l'Euchariftie. Il
faut pourtant avoüer , que des témoignages donnez avant ces nouvelles conteftations feroient d'autant plus eftimables, qu'on y verroit
la caufe du zele que les Grecs ont
fait paroître , quand on eft venu les
troubler fur la Foi qu'ils avoient
reçûë de leurs Peres , & dont ils
étoient en une poffeffion paifible.
Dans cette vûë Mr. Simon fe forma
le projet utile dont il parle dans fa
Bibliotheque critique chap. onziéme , & qu'il eft encore tems d'exé-

cuter , de faire un Recüeil de ce que les Auteurs Grecs & séparez de la communion de l'Eglise Romaine , ont écrit sur cette matiére avant le tems qu'on vient de marquer. Il semble qu'il suffiroit de le commencer par Nicolas Cabasilas , & Simeon, Archevêques de Thessalonique ; ensuite y faire entrer Marc Métropolitain d'Ephese, Gennade Patriarche de Constantinople, Jeremie aussi Patriarche de Constantinople , Margunius Evêque de Cythere , Agapius Moine du Mont-Athos, Mélece Piga Patriarche d'Alexandrie : & on pourroit s'en rapporter à Mr. Simon pour plusieurs autres petits Ouvrages encore plus rares , quoique ceux - ci le soient assez : la difficulté qu'il y a à les trouver , peut encore être une raison de faire imprimer ce Recüeil.

Celui que Mr. l'Abbé Renaudot donne en ce volume, ayant été fait premierement sous la direction de Mr. Arnauld, qui desapprouva fort le dessein de Mr. Simon , est par consequent tout différent. Dans la chaleur de la querelle entre les

Mai 1710.

Ecrivains de Port-Royal & le Mi-
niftre Claude , fur le chapitre de
Cyrille Lucar , Mr. l'Abbé Renaudot fçavant dans les langues, fut
employé, dit-il en fa préface , à traduire diverfes Piéces qui concer-
noient cette affaire. Il y travailla
alors avec diligence , dont il prend
à témoin fes Amis : mais il n'a pas
eû la même diligence à faire part
au Public de fon travail: *Viderunt quo-*
que illud opus Amici plures : unde fi ad
publicandum illud pigerrimus , ad ela-
borandum fanè non piger fui. Les deux
Homelies de Gennadius qui font la
plus belle partie de fon Recüeil, &
les deux Lettres de Melece Piga
qu'il y a mifes, font d'un tems anterieur , & appartiendroient à celui que Mr. Simon avoit projetté.

Le deffein de la préface eft de
montrer, que c'eft contre toute raifon & toute juftice , qu'Aubertin
& aprés lui Mr. Claude fe font ef-
forcez d'impofer à la Gréce pour la
mettre dans leur parti, elle qui exprime fa créance en termes fi clairs
dans les Livres de fa Difcîpline &
dans fes Liturgies, qui font néan-

moins les Piéces les plus authentiques sur lesquelles il faut juger des véritables sentimens d'une Eglise. Il ne sert de rien de dire , que les Liturgies en usage parmi les Grecs, portent à faux le nom de Saint Jaques, de Saint Marc , de Saint Basile , de Saint Jean Chrysostome : il suffit qu'elles soient en usage, & dès-lors elles rendent un témoignage d'autant plus certain , que c'est celui de toute une Eglise , & par-là préferable à celui de quelque Auteur particulier que ce soît. Au reste la Liturgie appellée de Saint Jaques , est celle de l'Eglise de Jérusalem ; celle de Saint Marc, d'Alexandrie ; celle de Saint Basile , de l'Asie ; & celle de Saint Jean Chrysostome , de Constantinople ; sur lesquelles ont été formées celles des Coptes , des Ethiopiens , des Syriens , des Nestoriens. Des Sectes d'ailleurs si éloignées les unes des autres, conviennent néanmoins ensemble dans les mêmes Liturgies.

Ensuite pour réfuter ce que les Protestans objectent aux Grecs, de leur ignorance & de leur venalité ,

Mr. Renaudot dit, que leurs Ecrits les mettent à couvert du premier de ces reproches , & que leur fermeté ou leur opiniâtreté fur les points qui les divifent de nous, fait tomber le fecond : il eft au moins conftant que les Réponfes du Patriarche Jeremie aux Luthériens de Witemberg ne furent point achetées. Quant à ce que les Proteftans avancent avec auffi peu de fondement , des Croifades & des Miffionnaires , pour faire entendre que les Grecs par ces moyens ont appris & adopté nos fentimens ; M. R. nous reprefente nos Croifez , comme gens fans fouci pour l'inftruction & la converfion des Herétiques d'Orient ; & il dit que les Miffionnaires ne font point de fruit auprès des Schifmatiques, que les Ecoles établies pour eux à Rome & à Padoüe ne les gagnent point.

Enfin il fe plaint de la mauvaife foi des Proteftans , à diffimuler & à cacher tout ce qui les incommode ; & il en donne quelques exem-

ples , d'Aubertin , de Saumaise , du
Sieur le Moine Théologien de Lei-
de , & d'autres.

On a dit que deux Homelies de
Gennade font au premier rang dans
ce Recüeil. La premiere fut donnée
manuscrite à Mr. de Nointel par Panagioti , premier Drogman ou Interprete du Grand - Seigneur. La
seconde est tirée de l'Ouvrage de
Syrigus contre Cyrille Lucar : &
elle n'est proprement qu'un abregé
de celle-là. Elles furent prononcées
en des tems & en des lieux bien
différens, l'une dans le Palais devant
l'Empereur & le Senat , l'autre dans
l'Eglise après la prise de Constantinople. Le dessein de Gennade en
l'une & en l'autre, est de préparer
ses Auditeurs à la Communion Paf-
cale par une Foi vive du Sacrement
de l'Eucaristie.

Il commence par l'exposition du
Mystere : il dit que le plus grand
des miracles est le changement de
toute la substance du pain & du
vin , en la substance du Corps & du
Sang de JESUS-CHRIST; & il s'é-

crie ᵃ : *O merveille qui surpasse toutes
les merveilles ! O Transsubstantiation
infiniment admirable, & consolante pour
ceux qui sont éclairez par la Foi !* Rendre la vûë aux aveugles, la santé
aux malades, la vie aux morts, c'est
faire seulement d'une maniere mi-
raculeuse, ce que fait tous les jours
la Nature, qui nous donne la vûë,
la santé, & la vie : arrêter le Soleil
dans sa course, ce n'est rien lui ôter
ni lui ajouter : l'Incarnation même
s'est operée sans aucun changement
ou mélange des deux Natures. Il
n'en est pas ici de même ᵇ : *Une substance se change je ne sçai comment, en
une autre substance.*

Ensuite Gennade répond aux difficultez qui s'opposent à la Foi, &
dans lesquelles l'incredulité se retranche, & qui consistent en ce
que les especes du pain & du vin
restent sans leur propre sujet, que
le Corps de JESUS-CHRIST se réduit

ᵃ Ω θαύματος θαῦμα πᾶν ὑπερβάλλον-
τος. ὃ μιτισιώσως πλὰ τὸ προδίζω
ἔχοντς, καὶ χρεῖν τοῖς τῦ πίσν πεφωτισ-
μένοις. ᵇ Μυστήριον μεταβολὴν προ πι-
σύσχον οσίας οἰς οσίαν.

en un fi petit efpace , & que fans quiter le Ciel il fe trouve en mille endroits fur la Terre.

Gabriel de Philadelphie n'a pas donc été le premier des Grecs en 1600. à employer le terme de *Tranf-fubftantiation* : long - tems avant lui ce terme étoit connu & ufité parmi les Grecs ; & il entroit dans l'expo-fition de leur Foi.

Après ces deux Homélies Mr. l'Abbé R. ajoute une fçavante Dif-fertation , dont voici la fubftance. On trouve un George Scholarius & depuis nommé Gennade , abfolu-ment porté à conclurre l'Union des deux Eglifes au Concile de Flo-rence , où il accompagna l'Empe-reur Jean Paléologue : fes bonnes intentions font marquées évidem-ment dans les Actes mêmes du Concile , dans quelques-unes de fes Lettres à Ambroife Camaldule , & à Luc Notara Grand-Duc ; & il y a quelques Oraifons fous fon nom , & inferées dans la Bibliotheque des Peres.D'ailleurs on trouve un Geor-ge Scholarius & depuis aufli nom-mé Gennade ouvertement déclaré contre l'Union, dans l'amitié & les sentimens de Marc d'Ephese, & que Marc d'Ephese en mourant conjura d'entretenir & de soutenir le Schisme. Commission dont il s'acquita avec cette ardeur & cette animosité contre les Latins, qui paroît dans plusieurs de ses Ouvrages ; s'opposant de toutes ses forces à l'Evêque de Cortonne envoyé à Constantinople par le Pape Nicolas V. & au Cardinal Isidore de Russie, haranguant devant l'Empereur Constantin, écrivant des Lettres au Clergé & au Peuple de Constantinople, & aux Moines du Mont-Athos, proposant en public des affiches, & répandant divers Traitez.

Une telle contradiction dans la conduite, ne paroît pas pouvoir tomber en une même personne. C'est pourquoi Matthieu Caryophyle Archevêque d'Iconium ou de Cogne, & Allatius, ont crû & ont fait croire communément, qu'il y en avoit eu deux du même nom, un Catholique & l'autre Schismatique, & que c'étoit celui-là qui avoit été élû Patriarche de Constantinople après

Mahomet II. s'en fut rendu le
ître. Mr. Simon dans sa Répon-
à Mr. Smith touchant la créance
l'Eglise d'Orient sur la Tranf-
bftantiation, a foutenu que c'eft
n feul Gennade. L'Abbé R. le fou-
ient de même, & le montre par
de nouvelles preuves, qui confiftent principalement en ce que le
Gennadius ennemi de l'Union dit
de luì, qu'il a exercé la charge de
premier Juge dans le Palais, qu'il
a affifté avec l'Empereur au Concile de Florence qu'il appelle faux
Concile, qu'enfin il a été le premier
Patriarche de Conftantinople après
la prife de cette Ville par les Turcs.
De forte que les Proteftans ne fçau-
roient accufer l'Auteur de ces Homelies, d'avoir été d'intelligence
avec les Latins. Ce qui fe confirm
encore par deux Piéces tirées d'u
Manufcrit de la Bibliothéque d
Roi, & qui font ici rapportées. Da
l'une Marc d'Ephefe peu de te
avant fa mort remet à Scholariu
foin de combattre l'Union, & d
l'autre Scholarius promet de s'y
ployer tout entier.

Mai 1710.

M. R. finit ce qui concerne Gennade par le Catalogue de ses Ouvrages qui sont en grand nombre.

Deux Lettres de Melece Piga font la seconde partie de ce Recüeil. La premiere datée de Constantinople le 30. Juin 1593. répond à plusieurs questions touchant l'Eucharistie , & proposées par Cyriac Photin Medecin d'Ingolstad. Melece est un Catholique Romain quand il s'explique sur la réalité du Corps & du Sang de JESUS - CHRIST dans le Sacrement & sur les suites de la réalité, comme sont la Transsubstantiation , l'adoration , la concomitance , la demeure permanente de JESUS - CHRIST sous les espéces , la manducation orale , le Sacrifice de la Messe ; & c'est un Grec Schifmatique , où il s'agit des Azymes & de la Communion sous les deux especes. La seconde est datée d'Alexandrie de 1594. & addressée à Gabriel Severe Metropolitain de Philadelphie , qui paroissoit embarrassé de ce qu'assurent les Catholiques , que le Corps & le Sang du Sauveur étant ensemble par concomitance fous chacune des deux efpeces, il fuffit d'en donner une feule à la Communion. Melece tâche d'y répondre ; & s'emporte enfuite contre l'Eglife Romaine, qu'il accufe d'avoir abandonné la Tradition des Peres, & qu'il prétend être coupable du Schifme qui la fépare de l'Eglife Grecque.

Quant à la Perfonne de Melece, il étoit de Candie, & avoit fait fes études à Padoüe, où il avoit appris la Théologie Scholaftique qu'il employe dans fes Ecrits. On a de lui un Recüeil d'Homélies, un Traité contre les Juifs, & divers autres fur les points conteftez entre les Latins & les Grecs, avec quelques Lettres : les deux, dont on vient de parler font un préfent que fit Panagioti à Mr. de Nointel, & elles ont été tranfcrites fur les Originaux de la main de Melece. En 1582. il étoit Protofyncelle d'Alexandrie, & il fucceda à Sylveftre alors Patriarche. Avec cette nouvelle dignité il exerça encore la charge d'Exarque de Conftantinople, c'eft à dire, de Vicaire general ou d'Official ; &

en 1599. ou environ, il eût l'admi-
niſtration de cette Egliſe pendant
un an, le Patriarche étant exilé.

Mr. l'Abbé Renaudot met en troiſiéme lieu un Extrait de l'Ouvrage
de Melece Syrigus contre la Confeſſion de Foi de Cyrille Lucar. Ouvrage compoſé par l'ordre du Concile de Conſtantinople, où préſida
le Patriarche Cyrille de Berrhée
en 1638. & depuis approuvé & loüé
par toute l'Egliſe Grecque. Quoique Syrigus y ſoutienne la Tranſ-
ſubſtantiation, il n'eſt rien moins
que favorable à l'Egliſe Romaine,
qu'il contrarie ouvertement ſur le
Dogme de la Proceſſion du Saint
Eſprit.

Nectaire premierement Moine du
Mont-Sina, & puis Patriarche de
Jeruſalem, garda toute ſa vie une
violente averſion des Latins & de
l'Egliſe Romaine. Il la fit éclatter
par un Traité contre la Primauté du
Pape, imprimé à Jaſſr en 1682. par
ſa Lettre à Païſius Patriarche d'A-
lexandrie, rapportée dans la Dé-
fenſe de la perpetuité de la Foi, tome troiſiéme Liv. 8. chap. 10. par ſa

conduite envers Mr. de Nointel
à son voyage de Jerusalem. Comme les esprits violens le sont en tout,
Nectaire s'échauffa lorsqu'il apprit
que Mr. Claude imposoit aux Grecs,
qu'ils pensoient comme lui de l'Eucharistie , & à ce sujet il écrivit une
Lettre aux Moines du Mont-Sina.
Mr. Renaudot la met ici avec un
Extrait du Traité contre la Primauté du Pape. Il faut encore remarquer que Nectaire approuve la condamnation de la Confession de Foi
de Cyrille Lucar , qu'il donne de
grands éloges à Mélece Syrigus,
à Coressius , à Gregoire Protosyn-
celle , à Gabriel de Philadelphie ;
& qu'après s'être démis du Patriarchat , il souscrivit aux Décisions du Synode de Jerusalem tenu en 1672. sous Dosithée son Successeur.

La cinquiéme piéce de ce Recüeil
est un Decret Synodal , signé par
Callinique Patriarche de Constantinople , Dosithée de Jerusalem,
plusieurs Metropolitains & Evêques
présens , & par le Clergé en 1691.
contre les Héresies de Caryophy-

le, qui renouvelloit celle de Cyrille Lucar.

La derniere est un Extrait de la Confession de Foi orthodoxe.

Mr. Renaudot finit par des observations sur les remarques que le Sieur Allix, autrefois Ministre de Charenton, a ajoutées à l'édition qu'il a faite en Angleterre, du Traité de Nectaire contre la Primauté du Pape.

Puis donc, dit Mr. l'Abbé Renaudot, que Mr. Allix y reconnoît sans détour, que la Confession de Foi de Cyrille Lucar a été réprouvée par tant de Synodes & de Théologiens de l'Eglise Grecque ; qui maintenant des Protestans, après l'aveu d'un Homme si estimé parmi eux pour son érudition, osera douter que cette Eglise convienne avec la Romaine dans le Dogme de l'Eucharistie ?

Quant à ce que le Sieur Allix avance, que l'ancienne Liturgie des Chrétiens de Saint Thomas portoit le sentiment de Berenger ; Mr. Renaudot dit, qu'il n'est pas sûr de s'en rapporter à ce qu'en ont pû écri-

in dans les Liturgies manu
des Neftoriens. Les Portug
méritent pas plus de créance
chapitre d'un Timothée C
que ou Patriarche Univerf
Neftoriens, qu'ils accufent de
reconnu qu'une fimple figur
l'Euchariftie : puifque la lift
nufcrite de ces Patriarches n
me qu'un feul Timothée e
l'an 760. qui à la verité fut
çonné d'Héréfie long-tems a
mort : mais elle confiftoit à
que JESUS-CHRIST vo
Verbe de fes yeux : ce qui
rapport à l'Euchariftie. Mr.
dot promet des Differtati
l'Hiftoire, la créance & la d

par Nectaire : en confirmation de la préfence réelle de nôtre Seigneur en l'Euchariftie. Mais, reprend Mr. l'Abbé Renaudot , que Nectaire ait été trop credule, & que le miracle , fi l'on veut , foit faux : c'eft néanmoins une preuve certaine du fentiment de celui qui l'a crû vrai.

ARTICLE LXXI.

LITOTOMIA , OVERO

del cavar la pietra , Trattato di Tommafo Alghifi. *Litbotomie , ou Traité de l'extraction de la pierre , dedié au Pape Clement XI. par Thomas Alghifi Academicien de Florence, premier Chirurgien & Profeffeur de Chirurgie dans l'Hôpital de Sainte Marie la neuve.* A Florence de l'Imprimerie de Jofeph Marini, 1707. *in folio pages* 110.

ON a été jufqu'au feiziéme fiécle prefque fans remede , contre la cruelle maladie que caufe la pierre. Celui qu'on pratiquoit & qu'on nomme le petit appareil décrit par Celfe , n'étant ni fûr , ni univerfel.

Mai 1710.

Jean de Romani Medecin de Cremone, inventa vers l'an 1520. celui qu'on pratique aujourd'hui, & qu'on nomme le grand appareil. Un passage mal entendu de la Chronique de Loüis XI. à persuadé à quelques Sçavans, qu'on avoit fait plusieurs années auparavant l'operation sur un Franc-Archer de Meudon condamné à mort: mais on découvre en lisant attentivement ce passage, que l'operation qu'on fit au Franc-Archer, est celle qu'on pratique lorsque les intestins sont repliez & embarrassez l'un dans l'autre.

La gloire de l'invention du grand appareil pour tailler, est donc entiérement dûë à l'Italie, où Marino Santi Disciple de Jean de Romani le pratiqua avec succès : mais la gloire d'avoir perfectionné cette invention est dûë à la France, où le fameux Laurent Collot devint si celebre par son habileté dans la Lithotomie sous Henri second. Ce Prince créa pour lui en 1556. une charge de seul Operateur du Roi pour l'extraction de la pierre, que ses Descendans ont possedée avec la

même réputation , jusqu'à la mort
de Jerôme Collot arrivée en 1684.
C'est Mr. Tolet qui la possede aujourd'hui. Messieurs Pierre Franco,
Bonnet, Jonnot, Alay , se sont aussi
distinguez dans cette partie de la
Chirurgie , par des maniéres d'operer & par des cures singulieres.
Pierre Franco est le premier qui ait
hazardé l'operation , qu'on appelle
le haut appareil , où l'incision se fait
à l'hypogastre : il la décrit à la fin
du trente troisiéme chapitre de son
excellent *Traité des hernies* , *imprimé*
à Lyon en 1561. Cette operation quoique perilleuse , est necessaire dans
quelques cas rares, où la pierre située
trop haut ne peut descendre.

On a vû aussi de tems en tems de
certains Avanturiers , qui ont trompé le Public , & mis en vogue des
maniéres d'operer moins sûres que
l'ordinaire. Tel étoit un certain
Raoux qui parut à Paris en 1663.
dont Mr. Drelincourt fameux Medecin décrivit si bien toutes les im-
postures dans sa *Legende du Gascon* ,
imprimée à Paris en 1665. & depuis
fort augmentée dans l'édition faite

à Leyde en 1674. Mr. Mery
ses *Observations sur la maniere d*
ler, imprimées à Paris en 1700
couvert les inconveniens de
niére d'operer que suivoit u
tain Frere Jaques.

Mr. Alghisi dans l'Ouvrag
nous parlons , montre une g
connoissance de l'Art qu'il pr
& les cures qu'il y rapporte n
sent pas douter qu'il ne tien
rang considérable parmi les
habiles Operateurs. Il a taill
succès des personnes d'un âg
avancé , des femmes enceint

Cet habile Homme est coi
cu , que la pierre ne se forme
que jamais dans la vessie ; mais
le y tombe des reins ou de qu
partie voisine ; & qu'elle s'y
mente par diverses incrusta
ce qu'il prouve par deux e
d'observations , les unes sur l
niere dont les pierres s'augme
les autres sur les lieux où e
forment. Il a tiré heureusemer
pierre qui s'étoit formée au
d'une petite bougie , entré
hazard dans le corps. Il a t

des pierres dans presque toutes les differentes parties du corps de divers sujets, sous la langue, dans le foye, dans la rate, dans le mesentere, dans les poumons, dans le nombril, dans les tuniques des intestins, dans le cerveau. On voit dans les planches qui ornent son Livre, quelques-unes de ces pierres dont la figure est surprenante.

Le sçavant Auteur n'oseroit prononcer absolument, qu'il n'y a point de pierres adherantes à la vessie ; mais il croit cet accident fort rare.

A R T I C L E   LXXII.

TRAITE' DE LA LITHOTOMIE *ou extraction de la pierre hors de la vessie avec les figures. Par François Tolet de Paris Chirurgien & Opérateur du Roi pour la pierre. Cinquiéme édition revûë, corrigée & augmentée par l'Auteur.* Chez François Muguet ruë Nôtre Dame, 1708. *in* 12. *pages* 351.

CE Livre est trop connu, pour que nous nous arrêtions à en

Mai 1710.

donner un Extrait : n
lons que pour avertir,
qui a fuccedé à la répu
emplois de Mr. Collo
gligé pour rendre c
édition auffi parfaite c
être. C'eft fur fes prop
ces qu'il raifonne par
regles qu'il donne fe
fruit d'une longue &
tique. Il foutient contr
fentiment, qu'il n'y a p
adherante dans la veffi

Mr. Tolet ne s'eft pa
fujet : on lit dans le
fiéme de fon Livre ,
plufieurs petrifications
& ce qu'il rapporte dai
de la maniere dont le
tirent la pierre fans in
gne de la curiofité des

Article LX

JONAS VATES, Æ
& Latinè. *Le Propl*
Ethiopien & en Latin ;
re Ethiopien par rappo
aux quatre premiers
Mai 1710.

Genese. Par Benoît-André Staudacher.
A Francfort, chez Jean Philippe
André, 1706. *in* 4°. *pages* 30.

LEs Sçavans curieux d'apprendre
l'Ethiopien , nous fçauront gré
de leur annoncer ce petit Ouvrage,
où ils pourront trouver quelque fecours. Mais ce n'eſt pas une ſimple
curioſité : c'eſt une vraye neceſſité
de s'appliquer à l'étude de la langue
Ethiopique. Car voici comme raiſonne le Sieur Staudacher dans ſa
préface. Sçavoir peu ou point d'Hebreu, c'eſt une même choſe : or tandis qu'on ignore l'Ethiopien, on ne
fçait que peu d'Hebreu : donc ſi l'on
ignore l'Ethiopien, quelque avancé
qu'on ſe croye d'ailleurs dans l'Hebreu, c'eſt comme ſi l'on n'avoit
rien fait. La mineure de ce ſyllogiſ-
me ſe prouve ainſi. On ne ſçait pas
bien une langue , ſi l'on ignore quelqu'une de celles qui y ont du rapport : or l'Ethiopique a un grand
rapport avec l'Hebraïque, dont elle
tire pluſieurs de ſes mots , comme
Ludolphe l'a remarqué : donc ſans
l'Ethiopien on ne ſçait pas bien l'He-

breu, & c'eſt comme ſi l'on ne le
ſçavoit pas. Voilà les Saints Jerômes,
les Jarchis, les Kimhis, tous les Hé-
braïzans dégradez , & réduits à reconnoître l'inutilité de leur travail ,
pour n'avoir pas penſé à apprendre
l'Ethiopien. Et ſelon le même raiſonnement , il faut ſçavoir l'Italien ,
le François , l'Eſpagnol , le Portugais, le Valaque, & toutes les différentes dialectes anciennes & nouvelles de ces langues, avant que de
ſe flatter d'entendre bien le Latin.

ARTICLE LXXIV.

*LES AVANTURES D'APPOLLONIVS
de Tyr, par Mr. le Br.* A Paris chez
Pierre Ribou 1710. *in* 12. *pp.* 351.

DEs Fragmens Latins, dont Cœ-
lius Sympoſius , qui vivoit ſur
la fin du cinquiéme ſiecle , & de qui
nous avons des Enigmes en Vers Latins, eſt l'Auteur ou plûtôt l'Interprete , ont fourni les materiaux du
Livre dont nous parlons. Velſer les
tira d'un Manuſcrit de la Bibliotheque d'Auſbourg. Un Homme du

, qui n'eſt Auteur que par
)our les belles lettres , leur
: une forme très-agréable.
:froi de Viterbe & un Grec
e nommé Gabriel Contia-
t travaillé ſur le même ſujet.
ier a mis en Vers Léonins
itures d'Apollonius de Tyr,
iſerées dans l'onziéme partie
:hronique univerſelle. Le
:ette Hiſtoire eſt d'être écri-
iauvais Vers. Gabriel Con-
n a fait un Poëme en Vers
arbares. Le Manuſcrit de cet
, que Meurſius & Voſſius ont
imé Conſtantin , eſt dans la
ieque Imperiale.
e doute pas que les Avantu-
)ollonius de Tyr ne ſoient
ès : mais ces fragmens mon-
mbien les Anciens avoient
aux mœurs juſques dans
:ions. M. Le Br. ne s'eſt point
er au mauvais goût de nôtre
: l'Ouvrage qu'il donne eſt
: des Romans & de ces nou-
lus frivoles & plus dange-
icore que les Romans. On a
710.   R r

voit en retrancher un plus
nombre.

A R T I C L E LXX

DIARIUM PATR
Fratrum, & Sororum , (
Minimorum Provinciæ Fr
five Parifienfis , qui re
obierunt ab anno 1506. ad
1700. *Calendrier des Peres ,*
& Sœurs de l'Ordre des Minim
Province de France ou de Pa
font morts religieufement dep
mil cinq cens fix , jufqu'à l'an
cens. Ouvrage du R. P. Réné 1
Religieux du même Ordre ,

*Deux Tomes in 4º. Premier Tome pa-
ges 284. Tome second pp. 314.*

Onferver la memoire de ceux
qui ont été de la même Societé
que nous, eft un fentiment commun
à toutes les Nations polies, & à tous
les fiecles où la barbarie n'a pas regné. Nous devons à ceux qui nous
fuivent la connoiffance de ceux à
qui nous avons fuccedé : la gloire de
nos Prédeceffeurs eft un bien qui
appartient à nos Defcendans comme
à nous, & dont nous leur fommes
refponfables. Ce bien ordinairement
n'eft pas negligé; & il s'eft trouvé
dans tous les Corps des Ecrivains
foigneux de fatisfaire fur ce point la
curiofité loüable de la Pofterité. Les
Ordres Religieux & les Commu-
nautez dévoüées à la vertu, ont plus
d'obligation que les autres de conferver préticufement le fouvenir des
fujets que Dieu a choifis pour en
être l'ornement. Ce qui feroit vanité dans des Societez profanes, eft
zele dans ces faintes Affemblées. Les
portraits des Saints Religieux, des
vertueux Ecclefiaftiques, que l'on

Mai 1710. Rr iij.

conserve dans des Ecrits semblables
à celui ci , sont autant de modelles
des vertus propres de ces Etats , que
Dieu a pris plaisir de former, & qu'il
veut que les personnes de la même
profession imitent soigneusement.
Personne n'a rempli ce devoir avec
plus d'étenduë & plus d'exactitude
que le R. P. Thuillier. Les Historiens des autres Ordres Religieux,
n'ont éternisé la memoire que des
Hommes distinguez par une vertu,
ou par un sçavoir extraordinaire. Le
P. Thuillier n'a omis aucun des Religieux décedez dans sa Province.

L'Auteur commence par une Histoire abregée de tous les Convens
de la Province.

Saint François de Paule l'établit
en 1506. le Convent de Nigeon fondé en 1493. par la Reine Anne de
Bretagne, est la principale Maison de
cette Province.

Les Eloges des Religieux suivent
l'Histoire abregée de la Province.
Le P. Thuillier les a disposez en forme de Calendrier selon les jours où
ils ont reçû la récompense de leurs
travaux. Nous nous arrêterons prin-

cipalement à ceux qui se sont distinguez par leur Science & par leurs
Ouvrages.

Le P. Jean Cannart mort le se-
cond jour de Janvier l'an 1589. étoit
Docteur de Paris , Grand-Maître du
College du Cardinal le Moine ,
Chanoine & Archidiacre de Sois-
sons, quand il prit la resolution de
se consacrer à Dieu dans l'Ordre des
Minimes. Il a le premier enseigné
la Théologie dans leur Province de
France.

Le P. Antoine Masson mort le neuviéme Janvier l'an 1700. est Auteur
des *Questions curieuses sur la Genese im-*
primées à Paris chez Pierre de Batz l'an
1685. *de l'Histoire de Noé qui parut en*
1684. *& de l'Histoire d'Abraham impri-*
mée chez Thiboust en 1688. *d'un Traité*
des marques de la Prédestination, & de
quelques autres Ouvrages. Il ne
commença d'être Auteur qu'à l'âge
de soixante cinq ans.

La mort du P. Jean Baptiste des
Bois arrivée l'onziéme de Janvier en
1612. à l'âge de quarante huit ans, a
privé le Public de plusieurs Ouvrages sur la Théologie & sur l'Ecritu-

re Sainte. On n'a de lui que l'*Abregé des Controverses du Cardinal Bellarmin,* qu'il vouloit retoucher dans une feconde édition.

On doit les trois Volumes *des Lettres de Mr. du Frêne Canaye,* aux foins du P. Robert Regnault mort le 18. Janvier l'an 1642. Il avoit quitté la charge de Confeiller de la Cour des Aides de Paris, pour embraffer la vie Religieufe. La Bibliotheque & le Cabinet de Medailles du Convent de Paris font dûs à fon bon goût & à fes foins.

Le P. Jean Thierry mort le 25. Février l'an 1536. a donné au Public *les Oeuvres de Platine, une Edition du Decret de Gratien, plufieurs Juris-Confultes enrichis de fes notes. Le Recüeil d'Homelies des Saints Peres imprimé à Lyon en 1516.* eft un de fes Ouvrages.

Le fecond jour de Juillet eft marqué par la mort de deux des plus grands Hommes que l'Ordre des Minimes ait donné à l'Eglife. Loüis Doni d'Attichy d'abord Évêque de Riez & depuis Evêque d'Autun ; & le P. François de la Nouë Hiftorien de fon Ordre. On a du premier une

Hiſtoire des Cardinaux. Le ſecond a donné au Public *la Chronique des Minimes...* & d'autres Ouvrages qui ne ſont qu'une très-petite partie de ceux qu'il avoit commencez : car il avoit formé des deſſeins proportionnez à l'étenduë de ſon Eſprit capable de tout, & à la vaſte érudition qu'un travail infatiguable lui avoit acquiſe : il fit imprimer un Catalogue des Ouvrages qu'il eſperoit mettre au jour : le P. Thuillier l'a inſeré dans ſon Eloge ; & il avertit que les Papiers du P. de la Nouë ſont dans la Bibliotheque du Convent de Paris. Nous allons donner un Extrait de ce Catalogue de Livres promis par le ſçavant Minime. Les deſſeins en ſont beaux, utiles ; & il feroit à ſouhaiter que ce que nous en dirons excitât quelque habile Homme à les executer.

Sur l'Ecriture Sainte.

Concordances Hebraïques, Grecques, & Latines de l'ancien Teſtament, où l'on ramene tous les mots à leur origine, & où en cherchant les raiſons de la difference du

Texte Hebreu & des Versions Grecque & Latine, en examine & on justifie en tout la Vulgate. Le P. de la Nouë fit imprimer en 1629. un Essai de ce grand Ouvrage.

Concordances Grecques & Latines du nouveau Testament, plus amples & plus exactes que celles qui ont paru, avec des remarques critiques.

Dictionnaire de l'Ecriture Sainte, Lexicon sacrum, qu'il croyoit pouvoir appeller la Clef de l'Ecriture Sainte.

Lieux communs de l'Ecriture Sainte.

La Bible des Peres, où il avoit recüeilli toutes les differentes manieres dont les Peres citent l'Ecriture Sainte, & tous les fragmens des Versions anciennes qui se rencontrent dans leurs Ecrits.

Critique sacrée, où il traite des divisions de la Bible qui ont été anciennement en usage.

Il promettoit encore une *Paraphrase de toute l'Ecriture Sainte accompagnée de Notes,* & *des Commentaires sur les Guerres du Peuple de Dieu,* & *sur l'Ecclesiastique. Un Traité des miracles* & *des dons extraordinaires.*

Mai 1710.

Sur la Théologie.

L'Instruction des Théologiens, où il enseigne la maniere d'étudier la Théologie & la maniere de s'en servir.

L'Histoire de la Théologie, qui explique l'origine des Sectes qui partagent l'Ecole, & des Questions qu'on y traite.

L'Apologie des Saints Peres sur les erreurs dont on les accuse; *& un Traité de leur Autorité*, *& de l'usage qu'on doit faire de leurs Ecrits.*

La Critique des Théologiens Scholastiques, *Aristarchus Scholasticus*; où il examine la force des preuves dont les Scholastiques se servent ordinairement.

Un Recüeil des Ouvrages des Saints Peres Gaulois, *ou qui ont vécu dans les Gaules*, sous le titre de Bibliotheca Gallicana Sanctorum Patrum.

Les Livres de Tertullien que nous avons perdus, composez dans le style de cet Auteur.

Il meditoit aulli *un Dictionna-*
rique , *un Gloſſaire Ecclefiaſtiq*
un Dictionnaire univerſel.

Les *Paralelles de l'Hiſtoire ſ*
de *l'Hiſtoire profane.*

Un Catalogue des Ecrivains E
ziques.

Un Catalogue des Ecrivains P
La Cenſure des Auteurs Claſſi
L'origine de l'Etat Monaſtiqu
Ordres Religieux : Origines Mona

Deux Traitez ſur les Cerémoni-
tiennes anciennes & modernes :
mulis Chriſtianis , *ſingularia*
Chriſtianorum.

D'autres Traitez ſur l'An
Eccleſiaſtique.

Des noms donnez aux Chrétien

Des Ceremonies avec lesquelles on annonçoit autrefois la Parole de Dieu : De ritibus sacrarum Concionum.

Des Ornemens d'Eglise, De supellectile sacrâ.

Des Ministres de l'Eglise : De Officiis Domûs Dei.

De l'Usage de la cire dans les Eglises.

Du Baiser sacré usité dans les Cérémonies.

De l'usage & de l'abus de l'huile & des Onctions sacrées & profanes.

Un Traité pour montrer que la corruption de mœurs a toûjours regné parmi les Chrétiens : De corruptis ab omni ævo Christianorum moribus.

Admiranda Religiosa. C'est un Traité des services que les Religieux ont rendus à l'Eglise.

Les Apophtegmes des Chrétiens ; ou les actions & les sentences remarquables de ceux qui ont conformé leur vie à l'Evangile.

Il promettoit encore des Réponses feintes de Lucilius à Seneque, & un Traité des significations mysterieuses des lettres.

Nous omettons plusieurs autres Livres qu'il promettoit aussi, dont le dessein ne nous a paru ni aussi particulier, ni auffi, utile que de ceux ci.

Le Pere Pierre Blanchot mort le treiziéme d'Août 1637. âgé de trente neuf ans, eft le prémier Auteur de la Bibliotheque des Sermons des Saints Peres ; augmentée d'abord par le Pere Pifart Minime & depuis par le Pere Combefis Dominicain : *Bibliotheca Patrum Concionatoria.*

Le Pere Hilarion de Cofte mort le vingt-deuxiéme d'Août , s'eft fait connoître par plufieurs Ouvrages hiftoriques.

Le Pere Gilles Camart General de l'Ordre mort à Paule le trente-uniéme d'Août l'an 1624. a paffé pour un des plus fçavans Hommes de fon fiecle. On a de lui un *Commentaire fur les endroits de l'Ecriture où il eft parlé d'Elie.*

Le P. Marin Merfenne mort le premier Septembre 1648. merite une attention particuliere. Tous les Doctes de fon tems l'ont eftimé , l'ont confulté ; & l'on peut dire que fa réputation , ni fon érudition , n'ont point eu de bornes ; Théologien, Philofophe, Mathématicien, Interprete de l'Ecriture. On a de lui un vaste *Commentaire fur quelques Chapitres de la Genefe*, trop chargé de digreſſions ; un grand Ouvrage ſur la Muſique, ſous le tître *d'Harmonie univerſelle*; *l'impieté des Deïſtes renverſée : La verité des Sciences, Synopſis Geometria & Mathematica*. C'eſt une élite des meilleurs Traitez anciens & modernes ſur les diverſes parties des Mathematiques ; parmi leſquels le Pere Merſenne Auteur de la Collection, a mis une *Coſmographie, une Mecanique, une Optique* de ſa façon : *Nova obſervationes Phyſico-Mathematica; Analyſe de la Vie ſpirituelle;* & d'autres Ouvrages. Il étoit d'Oyſé Bourg dans le Maine. Il y nâquit le huitiéme de Septembre de l'an 1588. Il fut un des premiers Penſionaires du College Royal de la Fleche, où il fit toutes ſes études : il y commença même la Théologie, qu'il acheva en Sorbonne : il a paſſé à Paris preſque toute ſa vie, occupé de la compoſition de ſes Livres, & du grand commerce qu'il entretenoit avec tous les Gens de Lettres. Deſcartes & Grotius ont été ſes Amis particuliers. Le Pere Thuillier qui ne diſſimule pas ſes legers défauts donne une grande idée de sa vertu. Rien n'est plus solide & plus sensé que les douze Maximes sur lesquelles le Pere Mersenne regloit sa conduite. Le passage de Mr. Descartes par Paris à son retour en Hollande, avança la mort du Pere Mersenne : c'étoit pendant le plus grand chaud de l'année. Le sçavant Minime dans l'empressement de voir un Ami si illustre ne se ménagea point du tout : une pleuresie qui survint à un apostume déja formé l'emporta en peu de jours à l'âge de soixante ans.

Le Pere Jean Niceron mort le vingt-deuxiéme de Septembre l'an 1646. à l'âge de trente trois ans, a laissé un Ouvrage estimé sur l'Optique, *Taumaturgus Opticus*. On le regardoit comme un excellent Mathématicien : il s'étoit déclaré pour la nouvelle Philosophie.

Le Pere Claude Rangüeil mort le troisiéme d'Octobre l'an 1627. a publié *les deux premiers Volumes d'un Commentaire sur les Livres des Rois*. Les loüanges qu'il donnoit à Pierre-Martyr, dont il réfutoit pourtant les erreurs, les on fait censurer par l'Inquisition de Rome.

On garde dans la Bibliothéque du
nvent de Paris des Commentai-
du Pere Pierre Pijart fur St. Mat-
eu & fur St. Marc. Ce Pere mort
2ᵉ. jour d'Octobre l'an 1656. âgé
foixante fept ans, s'eſt fait connoî-
par beaucoup d'autres Livres. Il
un des Tenans dans la fameufe
pute fur la beauté de JESUS-
ꞀRꞮST. Mr. Rigaut dans fes No-
fur Tertullien avoit avancé, que
ꞀꞮ-CHRIST étoit très-laid : le P.
rt foutint dans un Livre impri-
en 1651. l'opinion directement
traire : *De fingulari Chrifti Domini*
britudine affertio. Parifiis apud Lu-
cum Boulanger. Le Pere Vavaſſeur
lite avoit pris un milieu entre ces
x opinions dans fon Livre *De for-*
Chriſti, imprimé en 1649. où il tâ-
de prouver que le Sauveur n'é-
diſtingué ni par fa beauté, ni par
ideur. Le Pere Février Jefuite
vit fur la même matiére un *Traité*
t *beauté de* JESUS-CHRIST, qui pa-
l'an 1657. où il fe déclara pour
entiment du Pere Pijart, en ré-
nt Mr. Rigaut & le Pere Vavaſ-

tei 1710.

Comme nous ne pou
étendre davantage , nous
qu'indiquer les Peres, Fra
ton mort le vingt-quatriér
bre, François Giry mort
me de Novembre , Gafp
Evêque de Mâcon mort l
de Decembre , Nicolas
Dormeffon mort le fixién
cembre, Jean de Hem m
ziéme du même mois , Si
tin mort le dix-neuviéme
Etienne mort le vingt-fr

Le Pere Thuillier nousap
les Janfeniftes n'omirent
gagner le Pere Simon Ma
qu'ils ne pûrent furprend
Ce qu'il nous apprend d
dont l'Abbé de Saint Cyra
tandis qu'il étoit prifonn
cennes, pour infecter de f
le Pere Martin de Boyen
neroit , fi l'on ne fçavoit q
vateur a employé d'autres
indigne ufage le Sacrem
Confeffion , & la fauffe
qu'il affectoit de marque
qu'il vouloit féduire en fe
à eux. Le P. Martin de Boye

Mai 1710.

le piége par les sages conseils de son Frere le Pere Antoine de Boyenval Homme sçavant , dont nous avons quelques Ouvrages , & d'un ancien Professeur sous lequel il avoit étudié. Le Pere Martin de Boyenval mourut le vingt-neuviéme d'Août.

On doit remarquer que la seule Province de France a produit ce grand nombre de Scavans & d'Auteurs. On joindra sans doute quelque jour à leur Eloge celui de leur Panegyriste le R. P. Thuillier. Le Livre dont nous parlons n'est pas le seul ouvrage qu'ait produit l'amour qu'il a pour son Ordre , dont il a rempli les premieres Charges : outre une Traduction nouvelle de la Regle de St. François de Paule, il a écrit sur un point important de la Discipline de son Ordre. *Dissertatio de potestate Correctorum localium Ordinis Minimorum Sancti Francisci de Paula in foro contentioso. in 12.* & la dispute qui s'étoit élevée sur ce point fut décidée selon son avis. Il prépare par l'ordre de son General un grand Ouvrage sur l'Histoire de son Ordre, *Orbis Minimitanus*, & un Traité de Politique.

de Republicâ regendâ , qui paroîtra
dans peu de tems.

ARTICLE LXXVI.

DICTIONNAIRE OECONOMIQUE,
contenant divers moyens d'augmenter
& conserver son bien , & même sa
santé. Avec plusieurs remedes assurez
& éprouvez pour un très grand nom-
bre de maladies , & beaucoup de
beaux secrets pour parvenir à une lon-
gue & heureuse vieillesse. Quantité
de moyens pour élever , nourrir , gué-
rir & faire profiter toutes sortes d'ani-
maux domestiques , comme brebis,
moutons, bœufs , chevaux , mulets,
poules , abeilles , & vers à soye. Dif-
ferens filets pour la pêche & la chasse
de toute sorte de poissons , oiseaux ,
& animaux &c. Une infinité de se-
crets découverts dans le Jardinage,
la Botanique , l'Agriculture , les ter-
res , les vignes , les arbres ; comme
aussi la connoissance des plantes des
Pays étrangers , & leurs qualitez spé-
cifiques &c. Les Moyens de tirer tout
l'avantage des fabriques de savon,
d'amidon ; filer le cotton, & faire à

Mai 1710.

peu de frais des pierreries artificielles
fort reſſemblantes aux naturelles ;
peindre en mignature ſans ſçavoir le
deſſein , & travailler les bayettes ou
étoffes établies nouvellement en ce
Royaume pour l'uſage de ce Pays &
pour l'Eſpagne &c. Les moyens dont ſe
ſervent les Marchands , pour faire de
gros établiſſemens ; ceux par leſquels
les Anglois & les Hollandois ſe ſont enrichis , en trafiquant des chevaux, des
chevres & des brebis &c. Tout ce que
doivent faire les Artiſans , Jardiniers ,
Vignerons , Marchands , Negocians ,
Banquiers , Commiſſionaires , Magiſtrats , Officiers de Juſtice , Gentils-
hommes , & autres d'une qualité &
d'un emploi plus relevé , pour s'enrichir &c. Chacun ſe pourra convaincre de toutes ces veritez, en cherchant
ce qui lui peut convenir; chaque choſe étant rangée par ordre alphabetique
comme dans les autres Dictionnaires.
Par Mr. Noel Chomel , Prêtre, Curé de
la Paroiſſe de Saint Vincent de la Ville
de Lyon. Imprimé aux dépens de l' Auteur; & ſe vend , à Lyon chez Pierre Thened Imprimeur, Libraire ,
à la Grand'-ruë de l'Hôpital, à
Mai 1710.

l'enfeigne de Saint Roch. M. DCC.IX. *Deux Volumes in folio. Le premier pages* 466. *Le fecond* 518.

Notre fiecle fi fertile en Dictionnaires n'en a point encore vû de pareil à celui-ci : c'eft une invention toute nouvelle dont il peut fe glorifier. On le doit au zele & à l'application de Mr. Chomel Curé de Saint Vincent de Lyon. Né dans une Famille où la Medecine eft prefque héréditaire. Petit-neveu du Célebre Mr. De Lorme premier Medecin de nos Rois , Frere de Mr. Chomel Doyen des Medecins ordinaires du Roi, Oncle de deux Medecins, l'un Docteur de la Faculté de Paris & Membre de l'Academie Royale des Sciences , l'autre Docteur de Montpellier, il a trouvé de grandes facilitez à s'inftruire des remedes dont il donne le Recüeil dans ce Dictionnaire. Le foin qu'il a eu du grand Hôpital de Lyon lui a fourni mille occafions d'en éprouver plufieurs.

Il a eu pour l'Agriculture des fecours auffi avantageux. L'adminiftration des biens dépendans du Château d'Avron appartenant à Mrs. de Saint Sulpice, & l'Amitié de Mr. de la Quintinie l'ont perfectionné dans cet Art ; & de plus il a puisé dans de bonnes sources. *Les Ruses innocentes du Solitaire inconnu. Le moyen de devenir riche, par Palissy. Le Jardinage d'Antoine Mizaud Medecin de Paris.*

Enfin Mr. le Prieur de la Perriére lui a confié le secret de la multiplication des bleds.

Mr. Chomel avoit trop de charité pour ne pas communiquer ces précieuses découvertes : il a choisi l'ordre alphabétique & la forme de Dictionnaire, comme la plus commode pour réünir les matiéres differentes, sur lesquelles il vouloit instruire le Public. Le titre fait connoître combien le dessein de Mr. Chomel est vaste & interessant : il peut aussi donner quelque idée du style de l'Auteur.

Il semble qu'il n'ait pas voulu s'en fier aux Journalistes du détail de tout ce que son Dictionnaire renferme de curieux, & qu'il en ait

voulu donner l'extrait par avance.
Diſpenſez par ce ſoin qu'il a pris, de
nous étendre davantage, nous nous
bornerons à indiquer certains articles qui nous ont paru dignes d'une
plus grande attention. Le premier
article eſt de ce nombre : il s'agit
des moyens de prolonger la vie.
Mr. Chomel en découvre pluſieurs.
I. Les pilules d'Angleterre. I I. Le
Sirop de vie. I I I. Le boüillon rou-
ge , & tout le regime de Mr. de
Lorme. I V. La Tiſane du Sieur de
Sainte Catherine. V. L'or potable.
V I. L'application à prévenir les maladies, & à en connoître les prognoſ-
tiques, dont il traite à fond.

La longue vie ſans l'abondance
ſeroit plûtôt une peine qu'un bonheur. Cette abondance ſi neceſſaire
eſt un des grands objets du charita-
ble Curé. Il rapporte au long douze
moyens de multiplier le bled ; dépo-
ſitaire du ſecret de Mr. de la Perrie-
re , il ſe l'eſt réſervé ſelon l'intention
de l'Inventeur : mais il fait diſtribuer
à Lyon par les Filles de la Communauté de Saint Vincent & par d'au-

Mai 1710.

personnes qu'il indique ici, la
tiere propre pour exécuter ce se-
t toute préparée.

Ce n'est pas des bleds seuls que
genereux Auteur voudroit procu-
l'abondance : il enseigne sous ce
t les moyens de faire un lucre per-
uel, d'augmenter de plusieurs
lions les revenus du Royaume,
multiplier la crême, les fruits,
in. Sous le mot de secret, il ap-
nd la maniére de trouver de l'eau
is les lieux qui en manquent,
nment on peut apprendre de soi-
me l'Arithmetique, & diverses
entions pour rendre medecinaux
alimens les plus ordinaires & les
s agréables. Sur ces mots d'hiver
d'indices, on trouvera tout ce
. regarde les présages du tems.
ensiblement nous nous engageons
is un détail qui passe les bornes
n Extrait : nous ne ferons plus
une remarque.

Un Livre si curieux trouvera beau-
p de Lecteurs incredules, & qui
idroient que Mr. Chomel eût
ouvé tous les secrets qu'il rap-

porte : mais quoiqu'il ne l'ait pas
fait, il a néanmoins rendu service
au Public en les lui communiquant :
c'est à ceux qui en doutent à les
éprouver. L'importance de ces secrets merite bien qu'on hazarde
quelque peine & quelque dépense
pour y réüssir. Des Princes genereux ne pourroient mieux employer
leur autorité & leurs richesses, qu'à
des experiences qui peuvent être infiniment utiles à leurs Peuples. Ils
acquerroient une gloire immortelle,
soit qu'ils détrompassent les hommes, soit qu'ils leurs procurassent
de si grands biens.

ARTICLE LXXVII.

NOUVELLES LITERAIRES.

DE SUEDE.

Monsieur Reenstiern a traduit
en Suedois *les Metamorphoses
d'Ovide.*

Eric Benzelius Archevêque d'Upsal, Primat de Suede mourut ici le
14. de Février

14. Fevrier 1709. Son seul merite l'avoit élevé. Sorti d'une Famille obscure dans un petit village de la Westrogothie, il fit ses études avec tant de succès par le secours d'un Oncle Marchand, que le Comte de la Gardie premier Ministre de Suede, lui confia l'éducation de ses Enfans. Dégagé de cet emploi il satisfit le goût qu'ont tous les Peuples du Nord pour les voyages. Il occupa à son retour successivement les places de Professeur d'Histoire & de Professeur de Théologie. Le Roi Charles XI. le nomma à l'Evêché de Stregnes, d'où il passa en 1700. à l'Archevêché d'Upsal. Il a traduit *la Bible en langue Suedoise*, par l'ordre du Roi Charles XI. L'aîne de treize Enfans qu'il a eu de sa premiere femme s'est déja fait connoître par quelques Ouvrages. Il promet *des Homelies de Saint Chrysostome qui n'ont point encore été imprimées.*

D'ALEMAGNE, DE HELMSTAD.

Mr. Franzenius (Jean Ernest)
Mai 1710.   S f

vient de donner au Public, un Livre plein de recherches curieuses sur les funerailles des premiers Chrétiens.

Joannis Ernesti Franzenii Commentatio de funeribus veterum Christianorum. Helmstadii apud Salomonem Schnorrium, 1709. in 8°.

L'Auteur ne s'est pas borné précisément à ce que son titre promet : des six Livres que renferme son Ouvrage, le premier traite de la maniere dont les premiers Chrétiens se préparoient à la mort, de leur pénitence, du Viatique, de l'extrême-Onction, de leurs Testámens, des Priéres pour les moribons, de la benediction de l'Evêque. Dans le second il parle de la maniére dont on lavoit, on embaumoit, on enseveliſſoit, on expoſoit les corps, des veilles au tour du corps expoſé. Le troiſiéme traite du convoi & de la ceremonie des funerailles. Le quatriéme parle des cimetiéres & des tombeaux ; le cinquiéme des anniverſaires, du deüil, des Priéres pour les morts. Le ſixiéme du culte religieux, des Reliques

des autres moyens employez
r conferver la memoire des
rts.

D' I E N A.

l paroît ici une *Traduction Aleman-*
lu Dictionnaire historique de Morery,
fur la derniere édition de Paris:
des additions confidérables qui re-
lent l'Alemagne, & principale-
nt les Familles illuftres du Pays.
Ir. Muller (Jean Joachim) a
des Archives de Weimar dont
foin, des *Memoires authentiques*
e qui fe paffa dans les Diétes de l'Em-
, *auxquelles Frideric troifiéme Elec-*
de Saxe préfida, depuis 1500. juf-
n 1508. *au nom de l'Empereur Maxi-*
en occupé des guerres d'Italie. Cet
vrage écrit en Aleman n'eft que
ai d'un plus grand fur les Dietes
Empire, dont Mr. Muller pro-
de découvrir l'origine, les diffe-
tes formes, & l'Hiftoire entiere,
uls le Coüronnement de Fre-
ic IV. jufqu'à la mort de Rodol-
fécond, où Lundorp a commen-
on Recüeil d'Actes publics.
tai 1710.   Sf ij

DE HALL.

Monſieur Ludwig (Jean
te) Garde des Archives de
lecteur de Brandebourg , ch
dé voir la plus - part des Cu
de l'Alemagne n'avoir de goû
pour les Médailles Grecques 8
maines , a publié en Alema:
Introduction à la connoiſſance des a
nes monnoyes Alemandes , qui ont
uſage depuis que l'Empire a paß
Alemans. Il a rempli ce Traité
ne érudition exacte & choiſie.
roit à ſouhaitter que l'Auteur
écrit en Latin. On le conjure
ſervir de cette langue commu
tous les Sçavans, dans *l'Hiſtoir*
tallique d'Alemagne qu'il fait eſp
& dans *l'Hiſtoire métallique des*
teurs de Brandebourg , qu'il pr
plus poſitivement.

D'ITALIE , DE FERRAR

Mr. Barufaldi a donné une ſe
de édition des Obſervations de
Mai 1710.

Mantelli , fur la langue Italienne.
L'Auteur mourut en 1644. L'Editeur a joint de nouvelles Obſervations à celles de Mr. Mantelli : il s'agit principalement des particules Italiennes & dans l'Ouvrage & dans les Additions.

Oſſervazioni della lingua Italiana raccolte dal Cinonio Academico, le quali contengono il Trattato delle particelle, in queſta nova editione accreſciute di molte annotazioni ſpettanti alle dette particelle, da un Academico intrepido. in 4°.

DE FLORENCE.

L'Abbé Salvini prépare *une Hiſtoire de l'Academie de la Cruſca.*

DE VENISE.

Jerôme Albrizi a achevé *la nouvelle édition des Commentaires de Cornelius à Lapide ſur l'Ecriture en ſeize tomes in folio,* & celle *des Commentaires de Pineda autre ſçavant Jeſuice Eſpagnol, ſur Job en deux tomes.* Il travaille à une édition *du Commentaire du Pere*

Lorin Jesuite François, sur les Pseaumes en trois Tomes. Cette nouvelle Édition de trois Interpretes de l'Ecriture sainte generalement estimez, forme un Commentaire complet sur l'Ecriture : car il n'a rien paru de Cornelius à Lapide sur Job, ni sur les Pseaumes. On auroit vû avec plaisir dans cette nouvelle édition, ce qu'il a laissé sur ces deux Livres de l'Ecriture, tout imparfait qu'il est.

D'ANGLETERRE.

Les disputes des Partisans rigides de l'Eglise Anglicane, avec les Presbyteriens & les Episcopaux tolerans, s'aigrissent de jour en jour : elles roulent au reste sur des matieres importantes ; sur l'obéïssance dûë au Rois ; sur la necessité de croire les principaux Mysteres de la Religion. On écrit pour & contre; on s'échauffe ; & on en vient aux reproches les plus injurieux : mais l'autorité est entre les mains des Presbyteriens & des Tolerans. L'Evê-

que d'Excefter a prêché devant la
Reine Anne, qu'il n'eft pas permis
de fe révolter contre fon Souverain,
lors même qu'il abufe de fon pouvoir. On a réfuté violemment ce
Sermon , qui dit-on, donne atteinte
à la révolution fur laquelle eft fondé le Gouvernement préfent.

Mr. Lhigden a quitté le parti des
Non-jureurs ; & pour juftifier fon
changement , il a publié un Traité
pour foutenir contre le Parti qu'il
abandonne , *qu'on doit prêter ferment
de fidelité même aux Ufurpateurs.*

Mr. Tyndall Auteur du Livre *des
Droits de l'Eglife Chrétienne* , contre
qui l'on écrit tous les jours, a fait
imprimer enfemble quatre de fes
Differtations qui avoient été féparé-
ment imprimées. I. Sur le Devoir
des Sujets. II. Sur le Droit des Souverains. III. Sur le pouvoir des Ma-
giftrats en matiere de Religion , &
fur la liberté d'imprimer. Il a grand
interêt qu'on ne donne point atteinte à cette dangereufe liberté : pour
peu qu'on l'a reftreignît, fes Ouvrages impies & feditieux , demeure-

rcroient dans l'obscurité qui leur convient.

Il paroît une nouvelle édition fort augmentée *de l'Anatomie des muscles du corps humain, par M. Couper.*

DE HOLLANDE.

Mr. Basnage Ministre de Rotterdam, a entrepris une nouvelle édition de quelques Collections d'anciens Monumens fort recherchez, & qui devenoient rares ; *les anciennes Leçons de Henri Canisius & de Stewart; Les Glanures, Spicilegium, du Pere d'Acherry* ; & un choix des Ouvrages des Peres, qui ont paru dans les *Analectes du Pere Mabillon* ; *les Mélanges de Mr. Baluze, Miscellanea, & les autres collections qu'ont publiées l'Abbé Zacagni, Mr. Muratori &c.* Mr. Basnage qui meditoit d'autres Ouvrages n'a pû refuser à des personnes d'une grande autorité dans la Republique des Lettres, le sacrifice qu'ils lui ont demandé de ses autres desseins. Ils ont voulu qu'il s'appliquât serieusement à rendre aussi parfaite qu'elle

Mai 1710.

le peut être l'édition d'un Recüeil qui leur a paru neceſſaire.

Quoique Mr. Baſnage ſouſcrive avec plaiſir aux loüanges qu'on a données à Camiſius, il ne croit pas devoir diſſimuler les défauts de ſa Collection. L'ordre des tems n'y eſt point gardé; Mr. Baſnage le rétabliraˊ dans cette nouvelle édition: il demêlera les Ouvrages ſuppoſez des Ouvrages legitimes. Caniſius n'étoit pas un grand Critique, & dans ces commencemens du rétabliſſement des Sciences, on n'étoit pas auſſi délicat qu'on l'eſt aujourdhui, ſur les fourbes literaires: on ſe fioit bonnement aux tîtres. Le ſçavant Editeur n'abandonne dans ces occaſions Caniſius que pour ſuivre les Critiques les plus approuvez: *Veſtigia*, dit-il, *invenire quam facere malumus*; ſans cependant s'ôter la liberté de propoſer ſes conjectures quand elles lui paroîtront ſolides. Caniſius promettoit des Notes: il n'a pas tenu parole. Mr. Baſnage n'en promet pas d'auſſi étenduës que la matiere le comporteroit: elles groſſiroient trop le Re-

cüeil. Il se borne à faire imprimer
des Notes manuscrites de Scrive-
rius , & d'expliquer lui même par
des Notes tres-courtes, les locutions
barbares & peu connuës. Il remplira
les lacunes par le secours des éditions plus correctes ou des Manuscrits : il marquera soigneusement
les Lecons diverses que les Scavans
lui voudront bien communiquer. Il
donnera le Grec des Ouvrages dont
Canisius n'a imprimé que des Versions Latines. De petits Sommaires
placez à la marge insttruiront le
Lecteur de ce que chaque page contient. Mr. Basnage non content de
cette exactitude si commode pour
les Lecteurs, veut bien prendre encore le soin de marquer dans la préface de chaque tome tout ce qu'il
renferme de singulier. Il promet de
ne point mêler de controverse à sa
Critique : *Nulla de Religione lis movebi-*
tur. Ce sont les titres qu'il imprime : il laisse aux parties le soin de
s'en servir & d'en tirer des preuves.

Enfin il joindra la collection de
Pierre Stewart à celle de Canisius. Le
Mai 1710.

tout fera trois Volumes in folio d'un
beau caractere. Il espere donner ensuite en quatre tomes in folio les treize Volumes in quarto du Pere d'A-
cherry, où sa Critique aura moins
à suppléer. Il ne s'arrêtera pas là : il
tirera de la Bibliotheque des Manuscrits publiée par le P. Labbe, &
des Collections du P. Mabillon, des
Messieurs Baluze, Zacagni, Muratori, dequoi remplir d'autres tomes
qui formeront un *Supplément complet
de la grande Bibliotheque des Peres imprimée à Lyon.* Il invite tous les Sçavans à lui communiquer leurs lumieres & les Manuscrits propres à
entrer dans sa Collection. Il avertit
qu'on doit les addresser à Messieurs
Fritsch & Bohm Libraires à Rotterdam.

: *Prospectus nova Editionis accuratissi-
ma monumentorum Ecclesiasticorum.
I. Henrici Canisii Lectiones antiquae, qua-
rum sex tomi, cum volumine singulari
insignium Auctorum, tam Graecorum
quam Latinorum ; quod ex variis Mss.
& Bibliothecis accersitum in lucem pro-
dire jussit Petrus Stewartius, secundum*

Mai 1710.   Sf vj

sexiem seculorum digesti, & in unum corpus redacti, nitidissimis caracteribus editi, conficient tria Volumina in folio. II. Domni Lucæ d'Acherii spicilegium veterum Scriptorum, quod in Gallia Bibliothecis, maximè Benedictinorum, latuerat, & deinde tredecim Voluminibus seorsim editum, eodem ordine temporum dispositum, conficiet quatuor volumina in folio. III. Nova Collectio Patrum, quorum scripta tum ex Codicibus Mss. tum ex impressis, velut Mabillonii Analectis, Baluzii Miscellaneis, Zacagnii Monumentis Vaticanis, cæterisque Virorum eruditorum Collectionibus, quæ rarissima evaserunt, seligentur.

Præfationes, notas, & animadversiones Criticas adjiciet Jacobus Basnage. Rotterodami typis Casparis Fritsch & Michaelis Bohm. 1709.

Vous jugerez de la disposition des Jansenistes de ce Pays, par le titre d'un Livre qu'ils repandent avec soin, & qu'on attribuë à Mr. Vitte Doyen de Malines.

Denuntiatio solemnis Bullæ Clementinæ (quæ incipit : Vineam Domini Sabaoth &c.) facta universa Ecclesia Ca-
Mai 1710.

tholica , ac præfertim omnibus Hierar-
chis ejus , tanquam evertentis Doctrinam
Gratiæ , quâ Christiani sumus , tanquam
resuscitantis Pelagium cum suis Asseclis;
tanquam objicientis Ecclesiam Extraneo-
rum scandalo ; dissidia jam nimium diù
durantia acerbiùs exulcerantis , atque
sub sensus Janseniani involucro prima &
certissima Christianæ pietatis , humilita-
tis , gratitudinis , spei, & charitatis prin-
cipia ac fundamenta (hoc est Gratiam
Dei per se efficientem) & Prædestinatio-
nem Electorum gratuitam , hæretico car-
bone notantis.

D'UTRECHT.

L'Histoire de la vie & de la mort
des deux illustres Freres Corneille
& Jean de Wit, n'est ni exacte , ni
passablement écrite. Celui qui l'a tirée d'un Livre Flamand, sçait à peine le François.

Un certain Monsieur Dumont Auteur des Lettres historiques qui paroissent tous les mois , se vante, qu'il
va faire imprimer un Traité où il
montrera , que la France a toûjours

même, ne pénient pas comme
seur de Libelles. Une medioc
noissance de l'Histoire fait a
voir d'abord tout le ridicule
dessein.

D'ANVERS.

On a imprimé ici des Ca
moraux du Pere Spiridion l
Religieux pénitent du tiers
de Saint François, dediez à N
la grande Duchesse. L'Auteu
génie & du feu : il n'en pouv
re un meilleur usage. Il app
Cantiques moraux, parce

fier les divertiſſemens neceſſaires à la jeuneſſe. Il a imaginé un jeu, qui en l'occupant agréablement, l'oblige inſenſiblement d'apprendre l'Hiſtoire Sainte. Soixante Medailles chargées de differentes Inſcriptions, & rangées dans un bel ordre ſur une table ovale, repreſentent les évenemens les plus ſinguliers de l'ancien Teſtament. Le ſort des dez conduit chaque Joüeur ſur quelque Medaille, & lui impoſe la Loi d'expliquer l'Inſcription, ou de payer la ſomme dont on eſt convenu. Celui qui en obſervant les regles parvient le premier à la derniere Medaille gagne la partie. Un petit Livre imprimé chez Jaques Guerrier, contient les regles de ce nouveau Jeu & l'explication des Medailles. Les Proteſtans diront-ils encore qu'on neglige parmi les Catholiques l'étude de l'Hiſtoire Sainte ? On la fait entrer juſques dans les Jeux de l'enfance.

La Grammaire Latine d'Emmanuel Alvarez Jeſuite Portugais à toûjours paſſé pour une des plus complettes & des plus claires que nous ayons. L'Italie

Mai 1710.

pre pour les Colleges de l'A

Le même Libraire vend u
que pour la premiere Confession
la premiere Communion ; avec
tion de ce qu'on a fait dans le C
Jesuites d'Avignon, pour disposer
hers à recevoir la premiere Co
des mains de Mr. l'Archevêque d
Cette pratique est devote &

DE ROUEN.

Le Pere Lami de l'Oratoir
imprimer ici les quatre prem
mes d'un Ouvrage sur la
Chrétienne, dont il donna
y a plusieurs années, sous le
Demonstration de la verité & de

palement dans les Mathematiques &
dans l'Ecriture Sainte. Il raiſonne
par tout dans ce dernier Ouvrage,
ſur les principes de la nouvelle Philoſophie.

DE PARIS.

ʼ Monſieur Dionis, dont l'Anatomie, & le Cours des Operations de
Chirurgie, ont eu tant d'éditions,
vient de donner *une Diſſertation ſur
les morts ſubites & ſur les moyens de s'en
préſerver.* Il y a joint *l'Hiſtoire fort ſin-
guliére d'une fille cataleptique.* Cette
Diſſertation eſt imprimée *chez
d'Houry in* 12.

De l'Aulne, vend *de nouvelles Lettres de feu Monſieur de Buſſy Rabutin.*

Proſper Marchand, Libraire de
cette Ville, a fait *le Catalogue de la
riche Bibliotheque de feu Monſieur l'Abbé
Fautrier.* Il a ſuivi dans ce Catalogue
un ordre particulier : nous en parlerons le mois prochain.

Le Pere de Saligny Jeſuite traduit
en Latin les *Sermons du Pere Bourdaloüe.* Il en a déja traduit deux Tomes.

Mai 1710.

On nous a mis entre les mains une Lettre de Monsieur Simon à une Personne de grande considération, datée du dixhuitiéme de Février ; par laquelle il desavoüe une Piéce inserée dans le tome second de la Bibliothéque Critique chap. 3. & dont on a fait mention dans nos Memoires du mois, de Decembre dernier. Il n'y reconnoît ni son style ni ses sentimens sur les Ceremonies de la Chine.

F I N.

TABLE

Des Memoires pour l'Histoire des Sciences & des beaux Arts. Mois de Mai 1710.

TABLE.

TABLE.

TABLE

Fin de la Table.

ERRATA D'AVRIL 1710.

Age 748. lig. 24. *lisez* Arnaud de Bresse.

Page 763. lig. 27. *lis* Belgart.

age 802. lig. 10. pour la premiere fois, sur S. Luc ch. 3. v. 36. *lis.* pour la premiere fois. *Et commençant un nouveau sens, ajoutez* Sur S. Luc ch. 3. v. 36. M. Mill. assure &c.

age 811. dans les deux dernieres lignes, *lis.* s'accorde avec Vitruve à condamner.

age 814. lig. 5. *lis.* hydrauliquez.

age 841. lig. 2. *lis. extudit.*

age 900. lig. 7. *lis.* Pirart.

age 911. lig 7. *lis.* un ancre perpetuel.

——— lig. 18. & 19. *lis.* sur ces mots hyver indices.

age 919. lig. 9. *lis.* higden.

MEMOIRES
POUR
L'HISTOIRE
Des Sciences & des beaux Arts.

Recüeillis par l'Ordre de Son Altesse Sereniſſime Monſeigneur Prince Souverain de Dombes.

Juin 1710.

De l'Imprimerie de S. A. S.

A TREVOUX,

Et ſe vendent à Paris,

J A Q U E S E S T I E N N E Libraire, Saint Jaques, au coin de la ruë de archeminerie, à la Vertu.

Privilege & Approbation. 1710.

TREVOUX,

MEMOIRES

UR L'HISTOIRE

es Sciences & des beaux Arts.

Juin 1710.

ARTICLE LXXVIII.

HILOSTRATORUM

quæ fuperfunt omnia &c. *Tous les*
Ouvrages qui nous reftent fous le nom
des Philoftrates, en Grec & en Latin.
La Vie d'Apollonius de Tyane en huit
livres. La Vie des Sophiftes en deux
livres. Les Heroïques, les Images, en
deux livres. Lettres. A quoi font ajou-
ées les Lettres d'Apollonius de Tya-
ne, avec le Traité d'Eufebe contre
Hierocle, & la defcription des Statuës
par Calliftrate. Le Texte Grec revû fur
les Manufcrits, & éclairci par des no-
tes. La traduction Latine tellement re-

teurs qui ont port
de Philoſtrate : &
qu'il en dit.

« Philoſtrate Fils d'un a
» loſtrate de Lemnos, & Soj
« qui ſe nommoit auſſi Ve
» Sophiſte comme ſon Per
» gna la Rhétorique prem
» à Athenes, & puis à Rc
» l'Empire de Sévere, juſq
» de Philippe. Il a compoſé
» clamations, des Lettres a
» ſes, quatre Livres d'image
» criptions, divers Diſcours,
» autres un intitulé les Chev
» Flageolet, la Vie d'Appoll
» Tyane, le Barreau, les He
» quatre Livres de la Vie des

» étoit Sophiſte , & profeſſa la Rhé-
» torique à Athenes. Il. nâquit ou
» vécut (γεγονὼς) ſous l'Empire de
» Neron ; & à laiſſé pluſieurs Ou-
» vrages dignes de memoire « ; mais
dont il ne nous reſte que les titres
rapportez par Suidas.

.   » Philoſtrate III. Fils de Nervien,
» Neveu (ἀδιλφότὰις) & gendre de
» Philoſtrate I I. étoit auſſi de Lem-
» nos & Sophiſte , & après avoir en-
» ſeigné à Athenes mourut en ſa Pa-
» trie. Il a écrit des Diſcours ſur les
» Images , une Oraiſon à la gloire
» d'Athënes , une autre ſur Troïe,
» une Explication du Bouclier d'A-
» chille , cinq Déclamations : Et
» quelques-uns lui attribuent la Vie
» des Sophiſtes.

Les Critiques ne s'en rapportent
pas abſolument au témoignage de
Suidas, dans lequel en effet il ſe
trouve des difficultez. Car Neron —
perit l'an 68. L'Empereur Sévere
mourut en 211. & Philippe envahit
l'Empire en 244. De ſorte que ſi
Philoſtrate I. a déja été en réputation
ſous Neron, il s'enſuit que le Pere
& le Fils ont fait enſemble environ

deux siecles ; & qu'au moins en mettant la naissance de celui-là sous Neron, ils auront fait près de 180. ans.

De plus le Philostrate Auteur des derniéres Images, dit qu'en ce genre d'écrire il se rend imitateur de son Grand-pere maternel. Ce qui ne s'accorde nullement avec Suidas, qui fait Philostrate III. Petit-fils paternel du premier, par Nervien Frere de Philostrate II. au lieu qu'il aura été Arriere-petit-fils de l'un, & Petit-fils de l'autre par sa Mere.

M. Olearius prétend lever la premiere difficulté par une correction dans le texte de Suidas : ou il y a γιγονὸς ἐπὶ Νέρων⊙ ἔγεαψι λόγους, il veut lire ἐπὶ Νέρωνα ἔγραψι, λόγους πανηγυεικοὺς πλειοὺς. C'est à dire que Suidas n'aura pas dit que Philostrate I. vécut sous Neron, mais qu'il écrivit contre Neron, & outre cela plusieurs Panegyriques & d'autres Ouvrages : ainsi on est dispensé de prolonger la Vie des deux Philostrates à un si grand nombre d'années. Une telle correction paroît bien forcée. Et d'ailleurs Philostrate II. auroit eû honte de reprocher comm

Juin 1710.

une baſſeſſe au Sophiſte Elien , d'a-
voir écrit contre Eliogabale après la
mort de cet indigne Empereur, s'il
avoit eu devant les yeux ſon Pere,
qui en auroit fait autant à l'égard de
Neron.

Une autre correction dans le
Texte de Philoſtrate ſatisfait ſelon
M. Olearius à la ſeconde difficulté.
Il n'y a qu'à lire μητρῷα ou μητρὸς
pour μητρογνήτως ; & alors Philoſtrate III. ſera par ſa Mere Neveu du
ſecond. En lui paſſant cette correction toute forcée qu'elle paroiſſe encore , il faut reconnoître que Suidas
s'eſt trompé dans cette généalogie,
en prenant Nervien pour Frere de
Philoſtrate I I. dont il étoit Béau-
frere.

Voſſius , Meurſius, Jonſius, Fabricius, Mr. de Tillemont, ne dé-
ferent pas plus à l'autorité de Suidas
ſur un autre point ; car ils nient que
le Philoſtrate Auteur de la Vie d'A-
pollonius de Tyane ſoit le même
que celui de la Vie des Sophiſtes.
Comme ils voyent en pluſieurs endroits de ce dernier Ouvrage un
Philoſtrate de Lemnos cité avec élo-

se perfuadent que c'eft le Ne
loüe ainfi fon Oncle ; & conf
ment ils attribuent l'Hifto
Sophiftes au Fils de Nervien,
d'Apollonius à Philoftrate I.

M. Olearius foutient au c
re , que ces traits de loüan
donnez au Neveu par l'Oncl
ce qu'il eft hors de toute app
que l'Auteur de la Vie d'.
nius, qui âgé feulement de
obtint de Caracalla la faveur
a été parlé , eût déja été d'u
grande reputation fous l'Em
Sévere Pere de Caracalla, poi
place dans le Cercle des Sçav
l'Imperatrice Julia · Domna
formé , & pour avoir été préf

mée Βασιλὶς *Reine* ; nom, dit-il, qu'elle ne porta que du vivant de Sévere
son Mari. Il ajoute que Caracalla
n'accorda l'exemption qu'en la cinquiéme année de son Empire, & la
deuxiéme de la 247e. Olympiade.
Quoiqu'il en soit de ces preuves de
M. Olearius, son sentiment doit
passer pour veritable : car le Philostrate Auteur de la Vie d'Apollonius,
avant que de se produire à Rome
sous l'Empire de Sévere, avoit enseigné la Rhétorique avec éclat à
Athénes, apparemment pendant plusieurs années ; puisqu'il passa même
pour être d'Athénes, & fut nommé
Philostrate Athénien : il est donc
impossible qu'il n'eût que 24 ans sous
Caracalla, & que ce fût le même qui
reçût la gratification de cet Empereur. Enfin M. Olearius fait observer, que l'Auteur de la Vie des So-
phistes ne parle d'Aucun Empereur
après Alexandre Sévere Fils de
Mammée : ce qui s'accorde avec ce
que dit Suidas du tems ou fleurit
Philostrate II.

La premiere partie de la préface
generale de Mr. Olearius est em-

p̃andu en digreſſions. qu'il
pouvoir être agréables.

En effet pourquoi faire
Prothée, ce Dieu dont le n
de faire illuſion, à la naiſſa
pollonius, ſinon pour ma
caraſtére de celui dont il éc
Vie ? Un ſeul exemple ſuffi
faire comprendre qu'il n'a
tendu en faire un Ouvrage
Dans le Livre troiſiéme il
Apollonius aux Sages des Ir
avant que de l'y faire arrive
gaye dans la deſcription du
des raretez qui s'y voyoie
Ces Sages habitoient ſur un
en toute ſûreté ; puiſqu'il
leur pouvoir de faire tomb

ouvroit ou qu'on les fermoit par le bondon, la pluye tomboit ou ceſſoit ; & de même le vent ſouffloit ou ſe calmoit. Les Brachmanes s'élevoient ſelon qu'il leur plaiſoit , de deux coudées de la terre , & marchoient ainſi en l'air, non pour ſe faire admirer , ce qui étoit éloigné de leur genie , mais pour s'éloigner des choſes d'ici bas , & pour s'approcher des Dieux. Ils avoient un feu ſacré non ſur un Autel ou en un foyer, mais en l'air : auſſi ne l'entretenoient-ils pas avec du bois, mais en ramaſſant les rayons du Soleil. Leurs repas étoient de legumes & de fruits , qui leur étoient apportez ſur des tables, qui marchoient d'elles-mêmes ; & au lieu de valets, des ſtatuës de cuivre ſe préſentoient pour leur ſervir à boire dans des coupes faites d'un ſeul diamant , & néanmoins aſſez grandes pour étancher la ſoif de quatre hommes alterez par les grandes chaleurs de l'Eté. Le vin Grec ne leur manquoit pas , & apparemment il étoit de leur façon : car des Gens à qui les miracles ne coûtoient rien, pouvoient bien faire du vin pour re-

galer leurs Hôtes. Philostrate fait tenir à Jarchas leur Superieur des discours ridicules sur la Metempsy-
cose, sur la formation du Monde,
& sur la divination. Entre autres
choses il dit à Appollonius qu'autrefois il avoit été le Roi Gange, dont le
fleuve du Gange a retenu le nom ;
qu'alors il avoit mis en terre sept
épées de diamant pour préserver le
Pays de toute crainte ; & qu'après
bien des révolutions étant devenu
Jarchas, dès l'âge de quatre ans il s'en
étoit souvenu, & avoit montré l'endroit où les épées étoient enfoüyes.
La Vie d'Apollonius n'est qu'un
tissu de pareilles fables mêlées de
préceptes d'une vaine Philosophie.

Cependant elle devint aux Poëtes
comme leur derniére ressource contre le rapide progrès de l'Evangile,
dont ils tâchoient d'obscurcir la vive
lumiere, en opposant les miracles
d'Apollonius à ceux de Jsus-Christ.
Un Hierocles après avoir employé
le fer & le feu pendant la persécution de Diocletien contre les Chrétiens, osa encore les attaquer par
cette indigne comparaison dans un

Ouvrage qu'il leur addreſſa ſous le
tître de Philalethe, ou d'*Amateur de
la verité.* Euſebe de Céſarée lui répondit ; & M. Olearius met cette
Réponſe, qui conſiſte à montrer le
ridicule de ce que Philoſtrate raconte d'Apollonius.

Selon une table chronologique
de M. Olearius, cet Impoſteur naquit en la premiere année de la 194ᵉ.
Olympiade, quatre ans avant nôtre
Ere commune ; & cent ans après,
c'eſt à dire, en la quatriéme année
de la 118ᵉ. Olympiade, l'an 96. on
ne ſçait ce qu'il devint.

Philoſtrate eſt plus croyable ſur
la Vie des Sophiſtes, qui ont fleuri
depuis l'Empire de Domitien juſqu'à celui d'Alexandre Sévere Fils
de Mammée : auxquels néanmoins il
mêle quelques uns des plus anciens,
comme Gorgias, Protagoras, Hip-
pias, Iſocrate, Eſchine, & d'autres.
Il donne la Vie de 59 Sophiſtes, &
parle de quelques autres en paſſant :
ce qu'il en dit ſe fait lire avec plaiſir.

M. Olearius ajoute encore une table chronologique pour marquer le
tems où ils ont vécu.

Juin 1710.

Les Heroïques & les Images de Philostrate sont des Ouvrages fabuleux, qui dans leur tems ont paru avoir des agrémens que le siécle où nous vivons n'y trouve plus. Dans les Heroïques Philostrate se divertit à feindre de fréquentes apparitions de ces celebres Héros qui ont attaqué ou défendu Troïe. Il leur donne au moins dix coudées ou quinze pieds de haut : pour être bien fait, il falloit alors avoir cette taille. Il leur fait raconter leurs actions dans ce fameux Siége, & leurs avantures d'une autre maniere qu'Homere ne les a chantées. Sur tout il reproche à ce Pere des Poëtes, que jaloux pour la gloire d'Ulysse, il n'a fait nulle mention de Palamede, qui étoit plus habile & qui valoit mieux que lui ; de Palamede, dis-je, qui a si bien merité de la Gréce, en reglant le cours de l'année, & en formant l'alphabet.

Les Images, sont des Descriptions de Tableaux pour representer l'Histoire fabuleuse.

Il resteroit à parler des notes & des remarques de Mr. Olearius,

a placées au bas des pages. El-
nt à peu près la moitié du vo-
:. mais elles en font le grand
nent & le prix , & mettent cet-
ition beaucoup au deſſus de
qui l'ont precedée. Elles ſont
rtie d'une Critique de Gram-
-, pour rectifier le Texte &
er les corrections que l'Edi-
y a faites , & pour rendre rai-
es changemens qu'il a appor-
la traduction Latine. Les au-
egardent l'Hiſtoire , la Fable ,
ronologie , la Géographie , &
ent de grands éclairciſſemens.
es ſont d'une main maîtreſſe ,
ée à manier les bons Livres,
ile à en recüeillir tout ce qui
it contribuer à rendre cette
n parfaite.

une connoiſſance exacte de
iquité Mr. Olearius a joint la
e des Critiques , des Scaligers,
aſaubons , & des autres : les
écens ne lui ont pas échappé ,
e Meſſieurs Kuhnius & Kuſ-
Editeurs de Pollux & de Sui-
dont on a parlé dans ces Me-
s aux mois de Septembre
n 1710.

Sur ce que Philoſtrate rac
pollonius étant arrivé à N
mis qui étoit de la mêm
donna à lui pour l'ac
dans ſes voyages, Mr. O
23. remarque la contra
Auteurs touchant l'état c
nive en ce tems-là. Selon
Lucien dans les Contem
n'en reſtoit aucun veſtig
Tacite & Ammien Mar
ſubſiſtoit. Le parti que
Olearius, c'eſt de dire qu
été détruite par les Mede
toit relevée de ſes ruines.

Quant à Babylone,
abandonne Philoſtrate, q
comme ſi elle avoit enc

ñe, de Tacite, d'Hérodien, de Pau-
fanias, que les Rois des Parthes tenoient leur Cour à Ctéfiphon, &
que Babylone entiérement deferte
étoit réduite au feul Temple de
Belus. Il n'oublie pas la conjecture
d'un fçavant Antiquaire, de la Par-
thie divifée en Babylonienne, Adia-
bénique & Arabique ; & il ne juge
pas qu'elle foit affez bien fondée.
Comme les Auteurs varient fur la
hauteur des murailles de Babylone,
qu'Herodote éleve jufqu'à 200 coudées royales, qui font 337 pieds &
un tiers, Pline à 200 pieds, Ctéfias
à 50 *orgyies* ou 300 pieds, Diodore
le Sicile, Strabon, & Quinte-Cur-
e, à 50 coudées ou 75 pieds, Phi-
ftrate à un arpent & demi ou 150
eds ; il obferve que cette diver-
é vient néanmoins de la même
irce & d'Hérodote, que Pline
eulement changé les coudées en
ds ; que Ctefias n'a pas pris garde
différence qu'il y a entre les cou-
royales & les communes, cel-
étant plus grandes de trois
es ; que Diodore a pris les *or-*
de Ctéfias pour des coudées
1 1710.

& qu'enfin Philostrate a diminué de la moitié la mesure de Ctésias.

Une autre faute qu'il ne pardonne pas à Philostrate pag. 136. c'est d'avoir distingué les embouchûres de l'Indus & de l'Yphase autre riviére des Indes ; puisque Pline & Arrien assûrent que l'Yphase tombe dans l'Indus avant que d'arriver à la Mer. Philostrate se trompe encore lorsqu'il dit , qu'Apollonius revenant des Indes avoit le Gange à la droite & l'Yphase à la gauche : car c'est tout le contraire.

Philostrate Liv. 4. chap. 40. marque, qu'Apollonius alla à Rome sous le Consulat de C. Lucius Telesinus l'an 66. Et chap. 43. il dit qu'une éclipse de Soleil étant arrivée pendant laquelle il tonna , Apollonius s'écria qu'un grand évenement suivroit & ne suivroit pas. Enigme, poursuit-il, qui se demêla trois jours après , lorsque Neron prêt à boire lui fit sauter son verre des mains : ce qui arriva , au rapport de Tacite sous le quatriéme Consulat de Neron l'an 60. Sur quoi Mr. de Tillemont accuse avec raison Philostrate d'erreur & de parachronifme. Scaliger en fes notes fur Eufebe lui objecte auffi, qu'il n'y eût vers ce tems-là d'eclipfe de Soleil vifible à Rome que le dernier jour d'Avril l'an 59. ce qui marque encore un parachronifme au moins d'une année dans la narration de Philoftrate. Cependant Mr. Olearius pag. 183. tâche de le fauver, en répondant à Mr. de Tillemont, que Philoftrate ne marque pas le Confulat de Telefinus comme préfent ; & à Scaliger que l'eclipfe de Soleil dont il s'agit, arriva l'an 64. Il remarque qu'Apollonius ne put être à Rome qu'en 62. puifqu'il étoit en 61. aux Jeux Olympiques, d'où il alla à Lacédémone & en Crete.

Outre qu'on ne voit pas que par fes réponfes il fatisfaffe aux objections , on voudroit qu'il ne fe fût point amufé à prouver par la conftitution du Ciel & par l'Aftrologie judiciaire , que cette eclipfe de 64. a dû être accompagnée de tonnerre.

A la page 77. où Philoftrate fait la defcription du Temple du Soleil

Juin 1710.

en la Ville de Taxile aux Indes, Mr.
Olearius remarque que la premiere
traduction y met une statuë suspen-
duë d'Ajax en yvoire, au lieu de
celle de l'Elephant sur lequel Porus
combattit contre Alexandre : & il
reprend Bochart & Saumaise d'a-
voir dit, que le pavé étoit de pierres prétieuses & à la Mosaïque ; au
lieu que c'étoit la statuë du Soleil,
qui étoit faite de pierres prétieuses
& le représentoit en symbole.

On finira par deux observations.
La premiere, un Philosophe nommé
Euphrates , entreprit Apollonius
sous l'Empire de Vespasien comme
un dangereux Magicien , & porta
en suite son accusation à Domitien.
Or cet Euphrates étoit le plus estimé des Philosophes de son tems.

La seconde , Enfin toute cette
Philosophie Pythagoricienne d'A-
pollonius , aboutit à l'Athéïsme &
& au Spinosisme , selon la remarque
de Mr. Olearius pag. 402. sur la cinquante huitiéme Lettre d'Apollonius ; où cet impie ne reconnoît
point d'autre Dieu que le Monde.
Qui s'imaginera donc qu'avec u

Juin 1710.

. 'fentiment , il ait prétendu faire
s miracles ? Et comment ne pas
connoître en lui un Fourbe & un
ipofteur?

Article LXXIX.

LUSTRISSIMI VIRI DD.
Antonii Deidier Regis Confilia-
rii & Medici , necnon in almâ
Monfpelienfium Medicorum Aca-
demiâ Profefforis Regii digniffi-
mi, Phyfiologia , tribus Differta-
tionibus comprehenfa ; decem
abhinc annis in Auguftiffimo
Monfpelienfis Apollinis Fano fe-
mel atque iterùm expofita. Non
ita pridem à Joanne Wyff Hel-
vetio , & à Jacobo Francifco
Chomel Parifino Artium Libera-
lium Magiftris jam dudùm Me-
dicinæ ftudiofis, & Univerfitatis
Confiliariis , ad Baccalaureatum
confequendum partim propugna-
ta, nunc tota & integra commu-
ni eorumdem fumptu ad publi-
cam utilitatem typis mandata.
C'eft à dire, *Phyfiologie comprife en
trois Differtations ; dictée il y a dix*
Juin 1710.

aus dans l'Ecole de Medecine de Montpellier, par Mr. Deidier Professeur Royal
de Medecine, soutenuë depuis en partie
par Mr. Wyß Suisse, & Mr. Chomel Pa-
risien, & maintenant imprimée toute
entiere, à leurs dépens, à Montpellier, chez Honoré Pech 1708. in
12. pag. 224.

L'Auteur distingué parmi ceux
de sa Profession, a divisé son
Ouvrage en trois parties. Dans la
premiere il traite des principes de
tous les corps. Dans la seconde il
examine les liquides ou les humeurs
qui remplissent le corps humain. Enfin dans la troisiéme il explique d'u-
ne maniere particuliere & fort curieuse, les usages des parties solides
du même corps.

La premiere partie renferme dix
chapit. où l'Auteur traite des principes en general & en particulier,
& des temperamens.

La plus-part des Philosophes
croyent avec des Cartes, que les
principes naissent ou de la conc[ret]-
tion de la matiere du premier él[e]-
ment, qui se fait dans l'interieur

la Terre , cette matiere compofée de parties capables de prendre toutes fortes de figures , paffant par des pores qu'elle rencontre , en fe portant du centre du tourbillon de la Terre à la circonference , y perd tout fon mouvement, les parties s'approchent , fe touchent par beaucoup de points , & compofent un corps folide qui eft fel, eau, terre, ou foufre , felon la differente figure du pore ou s'eft faite la concrétion.

Cette Hypothefe fouffre une grande difficulté ; parce qu'on ne voit pas, que les parties du premier élement puiffent communiquer leur mouvement à aucun autre corps qu'aux parois même du pore ; puifqu'il n'y a aucun autre corps voifin capable de le recevoir ; & que les parois puiffent recevoir ce mouvement fans crever , puis qu'on voit que le mouvement des parties du premier élement, renverfe & détruit des corps qui font infiniment plus de réfiftance. Mr. Deidier évite cette difficulté en fuppofant des troux collateraux dans les pores, par lefquels les parties les plus ténuës du premier élement peuvent s'échapper, après avoir reçû tout le mouvement des parties les plus grossiéres.

Selon Mr. Deidier la glace se forme de ce que les parties d'eau, qui étoient arrondies par la pression de la matiere étherée pendant la liquidité, se déplient, s'allongent, & font ressort, lorsque cette matiere n'a pas assez de mouvement pour les fléchir, comme il arrive pendant l'hiver : or les parties d'eau ne peuvent s'allonger sans acquerir plus de surface, & par consequent se toucher par plus de points & composer un corps solide tel qu'est la glace. Il prouve son hypothese par l'explication qu'il donne de tous les phenomenes, qui arrivent pendant & après la congelation.

Cet Auteur à un sentiment particulier sur la figure des parties de la terre principe. Tous ceux qui en ont écrit jusqu'ici, veulent que ce principe soit composé de parties qui ont une figure irreguliére : mais Mr. Deidier prétend que les parties terrestres ont une figure déterminée : il dit qu'elles sont mediocrement.

Juin 1710.

roides, & que leur figure est demi-
circulaire : avec cette figure il explique aisément toutes les proprietez
de ce principe : ce qui lui sert de
preuve pour son Hypothése.

Le sel est un corps solide, long,
& poli, selon Mr. Deidier. Ce
n'est pas parce qu'il est pointu, mais
parce qu'il est solide, qu'il secoüe
les fibrilles nerveuses pour produire les odeurs & les saveurs &c. La
matiere du premier élement qui con-
croit dans la terre, forme l'acide.
L'alkali ne vient pas de l'union de
plusieurs acides, qui s'unissant ensemble forment comme un hérisson,
mais plûtôt de l'union des parties
terrestres & des acides : car les premieres étant en demi-cercle, ne
sçauroient s'unir aux parties acides,
sans rendre la surface de ces dernieres, de polie qu'elle étoit, rabot-
teuse : ce qui fait la difference de
ces deux sels, & les rend capables
de proprietez differentes. Il est vrai
que cette union seroit fort foible,
si les parties branchuës du soufre ne
les embrassoient en suite étroite-
ment, en se pliant au tour d'elle-

du tartre.

Mr. Deidier n'exclut p
du nombre des principes
tous les caracteres ; quoiqu
part l'en retranchent à ca
composition. Il est vrai qu
loit avoir égard à la simp
corps pour les appeller p
on n'en trouveroit aucun
qu'il n'y en a aucun dans ;
qui soit simple & exem
lange.

La seconde partie à six c
dans lesquels l'Auteur exa
humeurs du corps humain.
vise ordinairement les hu
nourricieres, *excrementielles*
mentielles ; mais Mr. Deid

fang fournit au nerfs l'efprit animal,
& la lymphe aux vaiffeaux lympha-
tiques; les nerfs & les vaiffeaux lym-
phatiques lui rapportent auffi des
fucs propres à entretenir fa fermen-
tation. Les humeurs qui fervent à
la digeftion des alimens font toutes
alkalines : Mr. Deidier en compte
cinq, & les appelle fermens digef-
tifs ; non pas qu'ils aident la coction
des alimens en fermentant avec eux,
mais en ce que par leurs parties fa-
lines & aqueufes ils facilitent leur
divifion, & par leurs parties fulfu-
reufes ils en tirent un extrait : C'eft
pour cela qu'en Chymie on fait ma-
cerer les plantes quelque tems avant
que de les diftiller, dans leur fuc
ou dans l'eau, à laquelle on ajoute
du fel fixe de la plante qu'on veut
diftiller, pour en mieux retirer les
principes qui la compofent. C'eft
pour cela auffi qu'on employe l'efprit de vin pour retirer un extrait
des corps fulfureux. Les alimens
portent avec eux des fels de differente nature, capables de fermenter
lorfqu'ils font diffous dans une fuffifante quantité de phlegme ; de mê-

mach , & s'acheve dans les i
Mr. Deidier prétend que le
les plus ténuës des alimens
immédiatement de la bouck
l'eftomach dans les vaiſſea
guins, ſous le nom de chyle
ble , de la même maniere e
voyons le mercure dans la
de la verole , penetrer les v
ſanguins à travers leurs p
prouve cette Hypotheſè
ſieurs experiencesqu'il rapp
chyle ſenſible ſe mêle au ſa
la veine ſouclaviere , & ro
cette liqueur par les loix de
lation; & Mr. Deidier décr
nieuſement ſes mouvemens
liers & ſes uſages , par rapr

lides du corps humain, & en explique les ufages.

La maniére dont il explique la nutrition eſt tout à fait particuliere & fort curieuſe. Les Modernes veulent que toutes les parties ſe nourriſſent de la lymphe, qui ſe portant aux tendons, aux os, aux cartilages, eſt changée en la propre ſubſtance de ces parties par la matiere ſubtile, qui paſſant & repaſſant à travers les pores de cette humeur, plie, arrange, & modifie ſes parties, pour en former ici un os, là un cartilage, & ici un tendon. Mr. Deidier nous donne une Hypotheſe ſur la nutrition bien differente de celle-là. Il établit d'abord pour principe, que tout n'eſt que vaiſſeaux & humeurs dans le corps humain, qu'il ne ſe forme aucun nouveau vaiſſeau, & qu'ils ont tous été deſſinez dans l'œuf: la nutrition n'eſt donc que la dilatation en tout ſens de ces mêmes vaiſſeaux, par les humeurs qui coulent ſans ceſſe de leur cavité; & cette dilatation des vaiſſeaux dépend de la quantité & du mouvement de l'humeur qui remplit leur cavi-

té : or felon l'ordre de leur dilatation, ou leur arrangement, ils forment les os, les cartilages, les chairs
&c. les os, par exemple, dans les enfans font de véritables cartilages ;
parce que les humeurs coulent alors
dans les vaiſſeaux les plus directs ;
mais leur quantité étant augmentée avec l'âge, elles ſe font jour dans
les petits vaiſſeaux collateraux, qui
font comme autant de petits liens,
qui uniſſent fortement les gros vaiſſeaux pour les oſſifier, en rendant
leur tiſſu plus ferme & plus ſerré.
On n'aura pas beaucoup de peine
à ſe perſuader que toutes les parties ſolides du corps humain, font
contenuës dans l'œuf, quelque petit
qu'il paroiſſe en comparaiſon du
corps humain, ſi on comprend l
diviſibilité de la matiere à l'infini, &
ſi on prend garde d'ailleurs que l
parties mêmes du corps humain au
mentent conſidérablement leur v
lume, de cela ſeul que les hume
ſe trouvent en plus grande quan
dans les vaiſſeaux qui les com
ſent ; comme il arrive à la mat
pendant la groſſeſſe, & à toutes

parties dans lefquelles il arrive quelque tumeur. Il n'y a pas même à
craindre que la paroi des vaiffeaux
s'amoindriffe pendant leur dilatation ; parce que les humeurs ne
coulent pas feulement dans la grande cavité de l'aorte , par exemple ,
mais auffi dans la cavité des petits
vaiffeaux qui compofent la paroi
de cette artere : ce qui fait que les
vaiffeaux deviennent plus épais à
proportion qu'ils fe nourriffent.

Le mouvement mufculaire , que
plufieurs expliquent avec Willis ,
par l'expofition que l'efprit animal
& la copule explofive font dans les
locules des mufcles, dépend uniquement, felon Mr. Deidier , du reffort
des fibres nerveufes , qui fe trouvent en grand nombre dans tous les
mufcles , & qui les penetrent en
tout fens : ces fibres s'allongent lorfque l'efprit animal coule en plus
grande quantité dans le mufcle :
elles doivent fe raccourcir par leur
reffort ; mais elles ne peuvent fe
raccourcir fans contracter les autres
vaiffeaux qui compofent le mufcle ,
chaffer les humeurs qu'ils contien-

nent , & par conſequent faire paroître le muſcle plus petit & plus
dur , comme l'experience nous le
fait voir dans le cœur & les autres
muſcles.

Mr. Didier veut que la ſenſation
ſe faſſe par la ſecouſſe des fibrilles
nerveuſes , & que le nerf ſoit un
amas des fibrilles nerveuſes , qui à
la ſortie du crâne, ſe recouvrent de
la dure & pie mere pour leur ſervir d'enveloppe : le nerf n'eſt attaché au crane que par ſon enveloppe , & non pas par ſes fibrilles, qui
s'étendent du cerveau juſqu'à la
partie où le nerf va aboutir , toujours tenduës par l'eſprit animal
qu'elles contiennent dans leur cavité , & par conſequent en état de recevoir & de tranſmettre juſqu'au
cerveau qui eſt le ſiége de l'Ame,
les impreſſions que les objets exté-
rieurs peuvent faire ſur les organes. Par-là il réſout une grande difficulté qu'on faiſoit contre la ſecouſſe des fibres; parce qu'en effet ſi
la ſecouſſe ſe tranſmettoit de la partie juſqu'au cerveau par tout le
nerf : elle devroit la perdre au cra-

ne, où l'enveloppe du nerf eſt fortement attachée : mais puiſque l'impreſſion des objets exterieurs ſe
tranſmet au cerveau par les fibrilles
nerveuſes qui ne tiennent point au
crane, il n'y a pas à craindre que cette impreſſion ſe perde avant que d'y
arriver.

ARTICLE LXXX.

POESIE TOSCANE DI

Vincenzo da Filicaia Senatore
Fiorentino , e Academico della
Cruſca. *Poëſies Toſcanes de Vincent
de Filicaia Senateur de Florence, &
Academicien de la Cruſca.* A Florence chez Pierre Matini 1707. *in* 4°.
pp. 674.

V Incent de Filicaia Senateur de
Florence avoit commencé à
faire imprimer ſes Poëſies un peu
avant ſa mort. C'eſt à Scipion de Filicaia ſon Fils que nous ſommes re-
devables de l'Edition complette
que nous en avons. Il faut avoüer
que d'un côté il ne pouvoit donner de
preuve plus authentique de ſa ten-

dreſſe, qu'en rendant publics le
rieux monumens de l'Eſprit d
Pere ; & que d'un autre côté
pouvoit obliger plus ſenſibl
les Gens de Lettres qu'en leu
ſant un ſi beau préſent. Le Sen
Filicaïa va de pair avec les mei
Poëtes qu'ait jamais eûs l'Itali
tout le beau feu que demande
regles de l'Art : nous voulon
qu'il ſçait le moderer, & q
s'y laiſſe emporter qu'autant
eſt à propos. Son eſprit eſt élev
peut juger de ſon élevation
Vers ſuivans. La Poëſie s'y pla
ce qu'on l'a deshonorée par d
tieres trop libres & trop laſciv

E' quindi, o tempi ! qual novella
D' edera vile, e di vil mirto il cr
Cinſi, e mille cantai laſcivi amor
Ah ! foſſ' io ſtata (è forza pu
    dica)
Men bella, o più pudica.
Fiamma piova dal Ciel ch' arda e
Gl' empi volumi, el' cenere profa
Spargaſi al vento. Io, che ful
    Ebrea
L'opre grandi, el' mirabile gove
    Juin 1710.

Cantai del Ré superno :
Io di tal fallo , io di tal fallo rea !
Tutte l'acque dell' Indico Oceano.
Non laverian l'infano
Sozzo ardimento , avvegna che pur sia
Colpa questa de' tempi, e non già mia.

Il s'éleve dans une infinité d'autres endroits que celui sur lequel nous sommes tombez ; mais il ne s'éleve jamais à perte de vûë ; il ne se permet jamais une expression trop hardie ; il ne fait jamais de digression peu naturelle ; il ne confond jamais les idées pour se donner le relief d'un Homme inspiré. Il est riche en reflexions , mais reservé à étaler ses richesses. Il ne les met point en œuvre malgré elles ; mais elles se trouvent placées comme des pensées qui se sont presentées d'elles-mêmes. Il a son imagination, dont il exprime les saillies d'une maniere qui n'est point ordinaire. On le peut voir par la Chanson suivante : il y décharge je ne sçai quel chagrin ; & il s'y plaint de je ne sçai quoi : & pour cela il s'addresse ainsi au silence.

Juin 1710.

Padre del muto obblio
E della note oscura,
Figlio mai sempre taciturno e cheto,
Altissimo segreto,
A te fidar vogl' io,
Ma pria silenzio e fedeltà mi giura.
Giura che in un momento
Fia che disperga il vento
Queste mie voci, ne vestigio resti
Di lor, di me, nella tua mente impresse,
Che potria forse la pietà di questi
Miei carmi afflitti e mesti
Romper silenzio anche al silenzio istesso.

La maniere dont il met une pensée en œuvre n'est pas moins élegante & polie, que les choses que renferme la pensée sont grandes & élevées. La politesse de son style ne consiste point précisément dans la pureté du langage, dans le choix des mots, & dans la noble vivacité de ses expressions ; mais en ce qu'il est maître de renfermer un grand sens dans une seule periode, & cela sans préjudice du Vers, qui malgré le tour que donne le Poëte à la pensée, ne perd rien de sa cadence, & dont les rimes se trouvent à la place qui

leur est naturelle. La multiplicité
des choses dont il est rempli, n'alte-
re ni la beauté qui naît de l'ordre &
d'un arrangement exact. En voici
une preuve dans une Strophe de la
Chanson qu'il nous a laissée sur la
mort du grand Mathematicien Vincent Viviani. Il y veut faire valoir
l'honneur que cet Auteur a eû de
prendre des leçons du fameux Galilée, & l'ardeur qu'il a eûë d'é-
galer un si illustre Maître.

Quei che di nuove luci il Ciel fà bello,
D'Astri nuovi ammirabile immortale
Discopritor novello;
Quei che volò su gli altrui voli, e feo
Del ver Giudice il guardo, e coi Pianeti
Commerci ebbe segreti,
Non morì già quando morio, mà quale
Tutto sotterra si nasconde Alfeo,
E corre poi sott' altro nome, e l'acque
Porta coll' aeque altrui mista e confusa;
Tal' ei, che tutto infuse
In Vincenzo se stesso, in lui rinacque;
E se l'altrui gli piacque
Spirto al suo spirto unir, che a lui si
    strinse
Con doppia vita, e sol con lui si estinse.

Juin 1710.

dernes. Nous en raisons
d'autant plus volontiers,
paroît entre eux quelqu
Ces trois Auteurs ont ce
mun qu'ils ont confacré le
à des Compofitions fainte
ont réveillé par-là en Ita
goût auquel plufieurs Ecr
dernes s'attachent avec fu
cent de Filicaia a eû cer
fur les deux autres, que
merité, pour ainfi dire, l
Vierge, au lieu que celle
autres n'ont été que des N
tentes, qui dans un âge a
retracté les legeretez qu
toient permifes. Pour ce q
le caractere de leurs Ouv

te. On voit dans l'air dont il les expose un Homme qui fait profession
d'instruire : d'où il arrive que le
Lecteur n'est jamais surpris de lui
voir faire des reflexions , quoique
les reflexions qu'il fait le surpren-
nent souvent par leur nouveauté. On
lui reproche d'être plus Philosophe
que Poëte , de prodiguer tellement
les Sentences que les Ouvrages
en paroissent plûtôt chargez qu'em-
bellis , d'être trop uniforme , & de
manquer souvent de ces beautez &
de ces couleurs poëtiques, en un mot
de ce langage divin qui convient à
la Poësie.

Per esser curial e troppo da bene,
E per esser Poëta e troppo savio.

Il étoit secretaire du Senat de Milan. Ce que nous avons de meilleur
de cet Auteur , ce sont ses Comedies Milanoises : quoique cette dia-
lecte ait quelque chose d'assez grossier , il l'a cependant tellement an-
noblie , qu'il y a peu de choses en
Italien qui vaille ses Comedies.
Nous en faisons d'autant plus volontiers l'éloge , que l'Auteur semble

avoir trouvé le secret ?d'y être auſſi inſtructif qu'il y eſt agréable : en-ſorte qu'outre le plaiſir paſſager que les Comedies font aux Spectateurs, elles les rendent encore plus honnê-tes gens : & pour dire le vrai, on ne trouve réünis tant d'eſprit & de pro-bité que dans les Ouvrages det cet Auteur.

Le Lemene eſt tout Poëte : ce qu'il touche devient fleurs dans ſes mains ; & cela, ſi naturellement, qu'il ne ſemble point avoir de part à la production de ces beautez , que le choix de la matiere qu'il employe. Il fait tous les perſonnages qu'il veut, & il n'y en a pas un qu'il ne faſſe avec ſuccés. Tantôt il eſt grand & ſerieux ; tantôt il eſt populaire & en-joüé ; & ces differentes ſituations ne lui font rien perdre de ſa délicateſſe. Il excelle ſur tout en certaines graces inimitables , qui frappent autant par leur vivacité qu'elles plaiſent par ce qu'elles ont de naturel. Tout le Monde loüe la beauté de ces ſortes de graces : pluſieurs en vantent la fa-cilité : les ſeuls vrais Connoiſſeurs ſçavent ce qu'elles coûtent. On peut

e de ces trois illuſtres Auteurs,
e le Maggi eſt né pour inſtruire,
Lemene pour plaire, le Filicaïa
ır enlever : ou, ſi vous voulez,
peut les conſiderer comme trois
intres qui travaillent ſur un bon
ſſein : en ſorte cependant que le
:mier ne fait que l'ébaucher : le
ond tire un coloris délicat qui
nne aux choſes un air de verité :
troiſiéme employe des traits &
s couleurs qui relevent les choſes.
pour en donner encore une idée
ıs juſte, le Maggi a beaucoup plus
:ſprit & d'étude, qu'il n'eſt natu-
. Le Lemene au contraire eſt natu-
, & reſſemble aſſez à un Homme
qualité, qui dit les choſes avec
ıte la bonne grace que donne une
lle éducation. Le Filicaïa n'eſt pas
ɔins naturel, mais il eſt plus majeſ-
:ux : on peut aſſez le comparer à
Prince qui ſe diſtingue des Gens
qualité par la nobleſſe de ſes ex-
eſſions. Après cela on ne prétend
ınt ici décider de leur merite :
ut ce qu'on prétend, c'eſt de faire
nnoître leur caractere. D'ailleurs
ɔi qu'on ait remarqué quelques
Juin 1710.

uns des défauts que les Italiens mêmes reconnoissent dans le Maggi, il
faut lui rendre cette justice, qu'il
connoît mieux que qui que ce soit le
Cœur de l'Homme, & qu'on remarque toûjours en lui un grand
fonds d'érudition, & ce qui est encore plus estimable un grand fonds
de Pieté.

ARTICLE LXXXI.

MANICHÆISMUS ANTE
Manichæos, & in Christianismo
redivivus ; sive Tractatus histori-
co-philosophicus, in quo &c. *Le
Manichéisme plus ancien que les Manichéens, & renaissant parmi les Chrétiens. Traité Historique & Philosophique de Mr. Jean-Christophle Volfius
Asseseur de la Faculté de Philosophie
de Wittemberg. Dans lequel, après
avoir montré que le Systeme des deux
Principes l'un bon l'autre mauvais, a
été soutenu par plusieurs Sectes de
Philosophes Payens, & d'Hérétiques
anciens & modernus, il le réfute, &
combat feu Mr. Bayle, qui a tâché de
prouver la necessité de ce Systeme, pour*
Juin 1710.

juſtifier la *Bonté de Dieu incompatible,*
ſelon Mr. Bayle, avec la permiſſion du
mal. L'Auteur examine auſſi le ſenti-
ment de Mr. King ſur la Liberté. A
Hambourg aux dépens de Chrétien Liebereit 1707. *in 12. pp.*528.

ON ſçait aſſez que la principale
erreur des Manichéens étoit la
diſtinction de deux Dieux, l'un bon
cauſe de tout le bien, l'autre mauvais cauſe de tout le mal. C'eſt là le
Manichéïſme que Mr. Volfius prétend plus ancien que les Manichéens.

Son Livre eſt partagé en trois Sections. Dans la premiere il découvre
les veritables ſources d'une erreur ſi
monſtrueuſe ; d'un côté la difficulté
apparente d'accorder tant de maux,
qui infectent ou déſolent la Nature,
avec la ſouveraine Bonté de Dieu ;
de l'autre côté une idée confuſe de
la puiſſance & de la malice de Satan.

Pour la ſeconde Section qui s'é-
tend à plus de la moitié du Livre, il
l'employe à éclaircir l'antiquité du
Syſteme des deux principes. Ce Syſteme a paru ſous differentes formes,

en differens tems , & en differens
pays. Tantôt ses Défenseurs ont supposé deux Principes spirituels ; l'un
éternel , incréé , souverain , Dieu
par lui-même ; l'autre inferieur qui
avoit eû commencement, Fils ou Ministre du Dieu souverain. Tantôt ils
ont crû un seul Dieu souverain ; &
deux Divinitez subalternes , l'une
bonne , l'autre méchante. Ils ont attribué la Création du Monde tantôt
au Dieu souverain , tantôt au Dieu
subalterne & bienfaisant , tantôt au
méchant Dieu. En d'autres lieux, ou
en d'autres tems , on a supposé les
deux Principes spirituels , incréez ,
indépendans l'un de l'autre. D'autres
Défenseurs de ce Systême y ont fait
un changement considerable:ils n'ont
enseigné qu'un seul Principe spiri-
tuel, un Dieu suprême, cause de tout
le bien , auquel ils ont opposé la matiere éternelle incréée , dont ils ont
fait le Principe de tout le mal. D'erreur en erreur quelques-uns sont venus jusqu'à l'Athéïsme le plus grossier : ils parloient comme les autres
de deux Divinitez l'une bonne, l'autre méchante : mais dans le fond ils

ne reconnoiſſoient aucun Dieu , & donnoient le nom de Principes de l'Univers à une matiere ſubtile, agiſſante, cauſe du mouvement qu'ils nommoient feu , lumiere , eſprit , & à une matiere plus groſſiere que le feu agitoit , diviſoit , & qu'ils nom‑moient terre , tenebres.

Si l'Auteur a renfermé ſous le nom de Manichéïſme toutes ces di‑verſes formes qu'a priſes l'erreur des deux Principes , ſon titre eſt juſte : il ne l'eſt pas s'il a entendu par ce nom la doctrine de Manès , c'eſt à dire le Syſteme de deux Principes ſpirituels & incréez. En ce ſens il ne ſçauroit montrer le Manichéïſme répandu avant Manès chez tous les Peuples, dans toutes les Ecoles de Philoſo‑phie , dans toutes les Sectes hérétiques. Trop plein de ſon objet il a pris pour lui ſes moindres veſtiges, ſon ombre : il l'a vû même où il n'a jamais été : mais s'il ſe trompe il ne veut pas tromper : ſincere dans ſes mécomptes , il rapporte fidellement ce qui peut ſervir à les redreſſer. Son Ouvrage fruit d'une lecture prodi‑gieuſe, & mieux digeré que ne ſont

pour l'ordinaire les Ecrits des grands
Lecteurs, met fous les yeux tous les
endroits des Auteurs anciens & modernes, où il eft parlé des deux Principes. M. Volfius a épuifé la matiere:
fuivons-le, mais fans nous égarer avec
lui.

D'abord il cherche le Manichéïfme parmi les Juifs : il l'y trouve.
Les Rabbins ne font pas exemts de
cette erreur. L'Auteur du Livre de
la mort de Moyfe, imprimé par
Gaulmin, dit expreffément, que la
matiere eft la caufe du mal. Rabbi
Eliezer & Rabbi Moyfe de Giron-
ne, ont avancé que dans le Sacrifice
des deux boucs, celui qu'on chaffoit
avec imprécation vers le defert étoit
offert au Démon. Les Saints Peres
plus éclairez que ces Rabbins y ont
vû une belle figure du Meffie rejetté
par les Juifs, & paffant de ce Peuple ingrat aux Gentils.

Voici d'autres preuves plus fortes
du Manichéïfme des Juifs modernes : les Rabbins parlent du pouvoir de Satan ou de l'Ange de la
mort en des termes fi forts, que les
Manichéens ne s'exprimeroient pas

autrement

autrement en parlant du mauvais Principe.

Enfin ceux qui penetrent le secret de leur Philosophie cabalistique, n'y voyent que le Manichéïsme le plus grossier, qu'un véritable Athéïsme déguisé sous des noms barbares : c'est de-là que Spinosa a tiré son Système aussi extravagant qu'impie.

Pour les anciens Juifs, ils étoient fort éloignez de ces erreurs monstrueuses, qui ne se sont glissées dans le Judaïsme que par le commerce des Juifs réfugiez au tour de Babylone, avec les Philosophes Persans & Indiens.

Des Juifs Mr. Volfius passe aux Chaldéens, chez qui il est persuadé qu'est née l'erreur des deux Principes. Selon lui les Persans, & les Indiens, l'ont apprise des Chaldéens: cette origine ne seroit pas incontestable, si nôtre Auteur parloit du Manichéïsme tel que Manés l'a enseigné. Les Ecrivains Persans & Arabes, que Mr. Hyde a suivis dans son curieux Traité de la Religion des Perses, assurent qu'on fait injure aux Mages & à Zoroaſtre le grand Legiſlateur de cette Secte, quand on leur attribuë les erreurs de Manés, qui a pouſſé trop loin leurs Principes, & alteré leurs dogmes. Les Mages, diſent ces Auteurs, ne reconnoiſſent qu'un ſeul Etre ſuprême, ſource de tout le bien, à qui ils donnent le tître d'*Hormuz-choda*, c'eſt à dire, *le Dieu ſouverain*. Pour le Principe du mal, ils le croyent une creature. Si cela eſt ainſi, la doctrine des Mages aura plûtôt été l'occaſion que la ſource du Manichéïſme. Il faut au reſte que l'Imprimeur de Mr. Volfius ſe ſoit trompé dans une citation du chapitre ix. de Mr. Hyde : ce docte Anglois nomme avec tous les Auteurs Arabes & Perſans le bon principe *Yezdan*, c'eſt à dire celui qu'il faut prier; & le mauvais principe *Ahreiman*, c'eſt à dire l'infame ſéducteur : on lit dans la citation *Vezdar* & *Ahrena*.

Il eſt vrai que les anciens Auteurs Grecs, Plutarque entre autres, chargent les Mages de l'erreur des deux Principes; & Mr. Bayle qui s'eſt déclaré ſur cet article en faveur de

l'opinion des Grecs, répond au témoignage des Auteurs Arabes, que
es Perſans, depuis qu'il ſont ſoumis
ux Mahometans, ont addouci ou
diſſimulé leurs dogmes impies dans
a crainte de devenir trop odieux
leurs nouveaux Maîtres. C'eſt une
conjecture probable, mais ce n'eſt
qu'une conjecture. On peut pren-
re un parti plus raiſonnable dans
cette diſpute, convenir avec Mon-
ieur Hyde & ces Auteurs, que la
réance des deux Principes égaux
ndépendans, n'a jamais été un dog-
ne de la Religion des Perſans, &
ccorder à Mr. Bayle que cette er-
eur a été l'opinion de pluſieurs Phi-
oſophes Perſans. C'eſt tout ce qu'on
eut faire en faveur de Monſieur
Tolſius.

Cet Auteur cherche auſſi en
Egypte le Manichéïſme plus ancien
que les Manichéens. Il voit les deux
Principes dans Oſiris & Typhon.
Plutarque fortement prévenu en fa-
eur de ce dogme, avoit eû la mê-
ne penſée, qui n'en eſt pas plus ſoli-
de. Les Egyptiens n'ont jamais re-
ardé Oſiris & Typhon que com-

me des Hommes devenus Dieux;
ils reconnoiſſoient un Dieu éternel & ſouverain qu'ils appelloient
Cneph *le Dieu caché* & ſon fils, ou,
pour parler leur langage, ſon Verbe
phta, parce qu'il a créé toute choſe.

Nôtre Auteur ne paroit pas aſſez inſtruit ſur ce qui regarde les
Zabiens, dont le nom ne ſe rencontre
dans aucun Livre plus ancien que
l'Alcoran, & dont Maïemonide &
Spencer après lui, ont tant parlé.
Le P. Ange de Saint Joſeph dans ſa
Diſſertation ſur la Religion des Sa-
baïtes, a prouvé que c'eſt un reſte
des anciens Gnoſtiques. Mr. Volfius qui n'a lû ni cette Diſſertation,
ni ce que Mr. Thevenot, dans le
ſecond tome des Voyages du Le-
vant, a rapporté de cette Secte, ne
ſçait que prononcer ſur l'antiquité,
ſur l'exiſtence même de ce Peuple.
Il lui impute toûjours le Manichéïſme, parce que Maïemonide, dit
qu'ils honorent le Diable Sammaël,
auquel ils ont conſacré leur onziéme
mois. L'Ecrivain Juif qui n'en parloit que ſur la foi de quelques Arabes Mahometans leurs ennemis,

n'eft pas trop croyable ; & quand
même on recevroit fon témoignage,
il y a une grande difference entre
honorer le Demon, & croire deux
Principes de l'Univers : & l'on ne
peut compter avec nôtre Auteur
parmi les Prédeceffeurs des Manichéens, ceux qui comme les Habitans de Calecut & d'Amboin dans
l'Inde, comme les Habitans de l'Ifle
formofe, les Japonois, & les Tar-
tares Czeremiffes, comme les Habitans du Royaume de Benin &
divers Peuples d'Afrique, comme
les Japuyes dans le Brefil, les Mexi-
cafns, les Anciens Saxons, croyent
un Dieu fuprême Créateur du Monde, & ne rendent aucun honneur
à ce Dieu fuprême comme les Peuples de Calecut, ou lui en rendent
moins qu'au Démon ; parce que felon eux ce Dieu fuprême dédai-
gnant d'avoir foin du Monde, l'a-
bandonne au Démon.

C'eft encore avec moins de fondement que l'Auteur impute le Manichéïfme aux Siamois. Ils croyent le
Créateur du Monde incréé, éternel,
& n'honorent Sommonochodom que

comme un Homme parvenu à la
Divinité ; pour Thevatath son Frere & son Ennemi , ils ne le regar-
dent pas même comme une Divinité. Il ne reste donc que les Escla-
vons , qui semblent avoir autrefois
adoré deux Divinitez égales , l'une
bonne & l'autre méchante , sous les
noms de Belbok & de Zenebok :
car pour les Curdes Peuples d'A-
sie , s'ils sont aujourd'hui dans la
même erreur , c'est très-probable-
ment qu'ils sont infectez du Manichéïsme ; & ils ne pourront servir à
nôtre Auteur, pour établir son Manichéïsme plus ancien que les Manichéens.

Nôtre Auteur passe aux Grecs.
Il jette d'abord quelques soupçons
sur leurs Poëtes : mais c'est parmi les
Philosophes qu'il prétend trouver
certainement le Manichéïsme. S'il
l'entend du dogme des deux Principes spirituels, incréez, d'une égale
puissance ; il ne sçauroit nommer
qu'un seul Philosophe Grec , qui
ait avancé cette erreur : mais si donnant plus d'etenduë au Manichéïsme , il renferme sous ce nom les dif-

érentes maniéres dont les Philosophes Chaldéens, Persans, Indiens,
ont expliqué l'origine du mal; presque tous les Philosophes Grecs au-
ont été Manichéens avant Manés,
e dis presque tous, car Democri-
e, Epicure, & leurs Disciples, ont
philosophé d'une maniére plus im-
ie : ils ne croyent aucun Principe
lu Monde que le seul hazard, qui
'a formé par la rencontre fortuite
les atomes.

Pour les autres Sectes, elles
ont toutes suivi quelques - unes des
nanieres d'expliquer l'origine du
nal, qui reviennent à l'opinion
les deux Principes. Les Platoni-
iens plus anciens que le Christianis-
ne, (car les Platoniciens plus re-
ens ont réformé leur Systême sur
es veritez de nôtre Religion,) ont
rû que la matiére éternelle in-
réée, avoit par son imperfection es-
entielle résisté aux desseins de la
Bonté de Dieu, & que les maux
enoient de cette résistance. Les
lus fameux Stoïciens n'ont point
û d'autre pensée sur l'origine du
nal. Ils ne different des Platoniciens

qu'en un point. Les Platoniciens croyent que Dieu s'est déterminé librement à travailler sur la matiére pour en former le Monde : les Stoïciens croyent qu'il a été necessité à le faire. Quelques Stoïciens seulement en sont venus jusqu'à ne point reconnoître d'autre Dieu que le feu & la lumiere, Principe actif du Monde, qui divise, qui figure, qui anime la matiére. Aristote & ses Disciples ont crû le Monde éternel, & cependant l'ouvrage d'un premier Moteur. Je ne parle point des Pythagoriciens, ni des anciens Philosophes de la Secte Ionique. Les Pythagoriciens ont affecté un langage si mystérieux & si obscur, qu'on ne peut sans temerité parler affirmativement de leur doctrine, quoi qu'on leur attribuë communément l'erreur des deux Principes. La plus part des Chefs de la Secte Ionique ont été de vrais Athées, comme les Epicuriens. Thalès & Anaxagore ont pensé à peu près comme Platon.

Plutarque seul s'est déclaré ouvertement pour le Système des deux

Juin 1710.

Principes spirituels. Il est certainement un des précurseurs du Manichéïsme. Non content de soutenir aussi fortement qu'il a pû cette
erreur, il n'a rien épargné pour la
faire regarder comme un sentiment
commun aux plus fameux Philosophes : c'est dans son Traité sur Isis
& Osiris. Les Platoniciens lui ont
reproché qu'il avoit détourné à un
sens étranger quelques passages de
Platon.

Les Romains ne sont pas oubliez
Dijovis & Vejovis, paroissent à Mr.
Volfius le bon & le mauvais Dieu. Sa
conjecture seroit plus heureuse, si
les Romains n'avoient adoré que
ces deux Divinitez.

Nôtre Auteur qui cherche par
tout le Manichéïsme plus ancien que
Manés, se flatte de l'avoir au moins
trouvé dans presque tous les anciens
Héretiques ; quoi qu'à en juger par
les passages qu'il cite lui - même,
aucun d'eux n'ait enseigné avant
Manés, l'éternité & l'independance
des deux Principes. Les Gnosti-
ques, Simon, Menandre, Carpo-
crate, Basilide, Cerdon, ont feint

que le Monde étoit l'ouvrage d'une ou de plufieurs Divinitez fubalternes faites elles-mêmes par un Dieu fuprême. Les Valentiniens, Hermogene, croyoient la matiére éternelle ; & ils en faifoient le Principe de tout le mal. Marcion à qui on a plus reproché qu'à aucun autre, de vouloir partager la Divinité entre deux Dieux, n'a foutenu qu'un fentiment fort commun parmi les Idolâtres de l'Egypte, de la Perfe, & des Indes, un Dieu fuprême, incréé, qui ne fait jamais que du bien, & deux Divinitez Dieux fubalternes, un Créateur du Monde, jufte & fevere, qui avoit donné la Loi aux Juifs, un autre Dieu deftructeur & méchant. C'eft ainfi que Saint Athanafe, Saint Cyrille de Jerufalem, Saint Epiphane, St. Jean de Damas, expofent la doctrine de cet Héréfiarque. Rhodon, dont Eufebe nous a confervé des fragmens dans le cinquiéme Livre de fon Hiftoire Ecclefiaftique, en parle un peu autrement. Selon lui Marcion non plus que Cerdon fon Maître, n'a crû que deux Divinitez, le Dieu suprême, & une autre Divinité subalterne Créateur du Monde : mais les Marcionites se sont partagez en trois Sectes, dont la premiere ne croyoit qu'un seul Principe de toutes choses, la seconde en croyoit deux, & la troisiéme croyoit trois Principes.

Nous voici parvenus à la veritable origine du pur Manichéïsme. Dans le troisiéme siécle de l'Ere Chrétienne un certain Scythien Phisophe Arabe établi à Alexandrie, forma le dessein de réünir le Christianisme avec la Religion des Mages dont il faisoit profession. Novateur en tout il altera les dogmes de l'une & de l'autre Religion. Il proposa le premier distinctement le Systême de deux Dieux independans, l'un bon, l'autre mauvais ; Systême pour lequel Plutarque avoit marqué beaucoup de penchant, mais qu'il n'avoit touché qu'en passant. Scythien mourut sans avoir publié ses Écrits, qui passérent à son Disciple Terebinthe. Celui-ci les porta en Perse, où il prit le nom de Buddas. Une mort funeste prévint le dessein qu'il

avoit de former une Secte. Sa Veuve heritiére des papiers de Scythien,
les fit passer dans les mains d'un jeune Esclave qu'elle acheta nommé
Cubricus, qui changea de nom comme Terebinthe, & prit celui de Manés. Cet Hérésiarque commença à
dogmatizer dans la Perse. Les Docteurs Persans s'élevérent contre lui ;
mais il se soutint par la faveur du
Roi, qu'il perdit bien tôt pour n'a-
voir pû guérir le Prince son Fils
par un miracle : car il avoit eû la hardiesse d'en promettre un. Echappé
pour un tems à la vengeance du
Monarque irrité , il vint répandre
ses erreurs parmi les Chrétiens sujets aux Romains, sur tout dans la
Mesopotamie. C'est-là qu'il eût avec
l'Evêque Archelaüs la Conférence
que Mr. Zacagni Sous-bibliothecaire du Vatican a imprimée. Enfin
le Roi de Perse l'ayant fait enlever
le fit écorcher tout vif.

Les Disciples de Manés ne furent
pas fermes dans son opinion. Seleu-
cus un des plus fameux Manichéens,
& Fauste si connu par ses Disputes
avec Saint Augustin, ne reconnois-

foient point d'autre Principe du mal que la matiere incréée & éternelle.

Les Bogomiles, Secte de Manichéens qui fit du bruit dans le douziéme Siécle, ne prêchoient qu'un Dieu souverain, dont Satan le mauvais Dieu étoit le Fils aîné. Pour Manés, fa Lettre à Marcellus, & fa Conférence avec Archelaüs, imprimées par Mr. l'Abbé Zacagni Sous-bibliothecaire du Vatican, ne permettent pas de douter, qu'il n'ait crû deux Dieux incréez & indépendans l'un de l'autre.

L'Auteur met avec peine les Albigeois au rang de ces Héretiques. Quoique le Manichéïfme des Albigeois ne foit plus un problême parmi les Sçavans, les Proteftans renoncent à regret à la génealogie qu'ils fe font fabriquée, & dans laquelle les Albigeois fervent à remplir un grand vuide.

Un fait curieux termine l'Hiftoire de la Secte de Manés. Un certain Tyllius Heiff Fleffingois, converti vers l'an 1685. par les Miniftres Lutheriens de Muskau dans la Luzace, dépofa qu'il y avoit beaucoup de Ma-

Juin 1710.

-fées qu'a eûës le Pere Tournemine
fur l'union de l'Ame avec le corps ;
c'eſt principalement parce que ce
Pere ſuppoſe comme un principe
certain la création des Ames : car
l'autre objection qu'il fait contre
le Syſtême de ce Pere, ne roule
que ſur un mal-entendu. Le P. Tournemine n'a jamais dit que l'Ame n'a-
git que ſelon la ſtructure du corps :
il a dit, ce qui eſt très-different,
que la ſtructure, la ſituation, l'état du
corps, modifioit l'action de l'Ame
ſur le corps, & la rendoit plus facile
ou plus difficile. C'eſt de-là qu'il
tire la diverſité des ſentimens & des
perceptions : mais ce n'eſt que de
l'action de l'Ame ſur le corps qu'il
parle. Ainſi l'Ame eſt dans ſon Syſtême indépendante du corps dans
ſes opérations propres, & ſur tout
dans l'exercice de ſa liberté, pour
laquelle Mr. Voſſius ſemble craindre ; parce qu'il s'eſt imaginé que
dans ce Syſtême l'action de l'Ame
dépendoit de la differente ſtructure
du corps. Revenons à la création
des Ames. C'eſt ne pas s'écarter aſſez
du Manichéïſme que de la croire

dit Mr. Volfius : car, continuë-t'il, on est obligé en suivant ce principe d'expliquer l'origine du mal comme ces Herétiques l'expliquoient. Les Ames selon eux tirées de la substance de Dieu , entrant dans les corps étoient infectées par la corruption de la matiere , d'où naissoit le peché : de même les Ames créées dans l'innocence ne seront infectées du peché , que parce qu'elles entreront dans des corps corrompus par le peché d'Adam. Voilà l'objection de nôtre Auteur.

Quand elle auroit quelque force contre ceux qui font consister le peché originel dans je ne sçai quelle altération des organes du corps , elle n'en a aucune contre le commun des Théologiens, qui expliquent autrement la nature du peché originel, & qui conviennent que l'Ame ne le contracte , que parce que l'Homme dont elle fait partie descend du premier pecheur par la voye ordinaire. Ce n'est point le corps ni la matiere qui infecte l'Ame : c'est le peché du premier Homme auquel toute sa Posterité a eû part, comme elle en auroit eû à son bonheur ; parce qu'elle étoit renfermée dans les conditions du Traité de Dieu avec Adam. Le sentiment de l'Eglise sur la création des Ames n'a donc aucun rapport avec le Manichéïsme ; & il est fâcheux pour l'Auteur, que son aversion indiscrette pour une erreur, l'ait jetté dans une autre erreur.

Il nous paroît encore que c'est prendre la chose trop sérieusement, que d'imputer le Manichéïsme à Eilhard Lubin Professeur de Rostok, aussi mauvais Théologien qu'excellent Humaniste. Ce Professeur par un raffinement de Metaphysique plus ridicule que condamnable, entreprit de soutenir que l'on pouvoit dans un sens vrai & orthodoxe distinguer deux Principes éternels & incréez du bien & du mal : voilà en apparence le pur Manichéïsme : mais les Metaphysiciens disent souvent toute autre chose que ce qu'ils semblent dire : leur langue plein d'équivoques, fertile en questions de nom, ne signifie rien moins que ce qu'il semble signifier. Les deux Principes d'Eilhard Lubin,

Juin 1710.

'C'eſt Dieu & le néant, Dieu principe de tout le bien, le néant principe de tout le mal. Le ſubtil Metaphyſi-cien ſe ſçavoit bon gré d'avoir ima-giné, qu'on pouvoit donner au néant les attributs d'éternel & d'incréé, & de paroître dire des choſes nouvelles ſur l'origine du mal, en ne diſant rien que de fort commun. Il eſt vrai qu'il eût mieux fait de nous donner ſur d'autres Poëtes d'auſſi bons Com-mentaires que ceux qu'il nous a donnez ſur Juvenal, & ſur Horace : mais il ne mérite pas qu'on le traite de Manichéen. Son Livre parut en 1597. ſous ce titre, *Phoſphorei de primâ causâ mali, Tractatus hypermetaphyſicus.*

Les deux premieres Sections de l'Ouvrage dont nous venons de ren-dre compte renferment, comme on l'a vû, une hiſtoire fort exacte de l'erreur des deux Principes. La troiſiéme & derniere Section eſt employée à réfuter cette erreur. L'Auteur y rappelle la diſpute de feu Mr. Bayle avec Mr. l'Archevê-que de Dublin, Meſſieurs Jaquelot, Jurieu, le Clerc, Bernard, & l'Auteur Catholique d'un Traité de la distinction du bien & du mal imprimé à Paris. Cette Section contient un Extrait méthodique, clair, & fidelle, de cette fameuse Dispute, & un examen de toutes les objections des Manichéens,& de toutes les nouvelles difficultez que Mr. Bayle a proposées en faveur du Systeme des deux Principes. Mr. Volfius se détourne un peu de son sujet, pour attaquer Mr. King Archevêque de Dublin, sur la maniére dont ce sçavant Prélat Anglois croit qu'on doit expliquer le libre arbitre. Il juge que c'est le détruire que de soumettre la volonté à la détermination du jugement pratique ou de l'attrait le plus puissant ; que toute détermination anterieure au choix libre, est incompatible avec la liberté ; que la volonté toujours indépendante de ses objets, ne choisit pas l'un d'eux parce qu'il lui plaît davantage ; mais qu'il lui plaît davantage parce qu'elle l'a choisi. Mr. Volfius ne combat cette opinion que foiblement: ce n'est pas sa faute s'il ne la combat pas avec plus de force ; car il paroît

auffé contre elle : mais il eft
de rien objecter de plaufible,
ıne opinion fi conforme aux
au fentiment que nous avons
ement de nôtre liberté.

TICLE **LXXXII.**

ᴦEZ DES MONNOYES.
ᴦ. *Henri Poullain, Confeiller en*
ᴦ *des Monnoyes.* A Paris, chez
ᴦic Leonard Imprimeur or-
ᴦe du Roi , ruë Saint Jaques
u de Venife, 1709. *in 12. Pa-*
ᴦ4.

ᴧonnoye eft un riche fonds
ᴦecherches pour l'Hiftorien,
editations pour le Politique.
ırque le tems où chaque ef-
té fabriquée & a eû cours ,
s, fa valeur , fa bonté, & les
ᴏns qui y ont été mifes.
confidere l'ufage qu'elle a
ᴏmmerce, & les moyens de
e abondante dans l'Etat. Les
Traitez de Mrs. Bouterouë
anc , femblent avoir épuifé
ᴏncerne l'hiftoire des Mon-
710.

maller. Quelques-uns avo
dès le commencement d
fiécle, & les autres ont ét
par Mr. Loger Avocat
ment.

Le but donc que se pr
Poullain , est de rendre ab
en France les espéces d'o
gent , en y conservant cel
sont déja , & en y attirant
Pays voisins. Les moyens
ne à cet effet, semblent se
deux principaux : le prem
blir une juste proportion
& l'argent, qu'il estime êtr
ze à un , faisant valoir le
mis en monnoye douze foi
celui d'argent mis aussi en r

Pour comprendre la preuve du
premier moyen, il faut ſçavoir quel-
e étoit alors la proportion établie
ntre les Monnoyes d'or & d'argent,
ſoit en France , ſoit dans les Etats
voiſins. Mr. Poullain la rapporte
ainſi, pages 9. 146. & 232. En Fran-
e par l'Ordonnance de Henri IV.
l'an 1602. l'Ecu d'or mis à 65. ſols &
e quart-d'écu d'argent à 16 ſols, la
proportion étoit d'un peu plus de
onze à un. En Eſpagne par une Ordonnance de 1599. elle étoit d'un peu
plus de douze à un ; & par une autre
Ordonnance de 1609. elle devint de
treize & un tiers à un. En Angleter-
e ſous la Reine Elizabeth elle étoit
ſeulement de dix, & le Roi Jaques I.
en 1611. l'éleva à 13 $\frac{12}{25}$. En Flandres
elle fut miſe en 1609. de 13 $\frac{11}{37}$. A
Milan en 1611. d'un peu plus de dou-
e. En Allemagne en 1608. & 1609.
le 12 $\frac{1}{7}$.

Cette différence de proportions
fait voir, que l'or par rapport à l'ar-
ent étoit en France de moindre
prix que par tout ailleurs ; & que
paſſant de nos mains en celles des
étrangers il augmentoit en valeur

au moins d'un douziéme : de forte
que de chez-nous il couloit chez-
eux ; car un profit clair eft une pente pour la Monnoye. D'où il s'enfui-
voit encore , que le Peuple fentant
que l'or étoit plus recherché que
l'argent , le fur-hauffoit, comme parle Mr. Poullain , & faifoit monter à
foixante douze fols l'écu d'or , qui
par l'Ordonnance n'étoit fixé qu'à
foixante cinq.

La preuve du fecond moyen fe
prend de la différence des payemens
à faire aux Marchands étrangers & à
ceux du Pays : ceux-là refufent d'en
recevoir en cuivre & en billon, que
ceux - ci font obligez d'accepter.
Ainfi les riches efpeces s'en vont , &
les viles demeurent.

Voilà en fubftance tout ce que contiennent les Traitez ramaffez en ce
volume. Le premier eft un Memoire
préfenté à Mr. le Duc de Sully en
1608. *De la fcience & connoiffance que doit*
avoir un Confeiller d'Etat au fait des
Monnoyes. Mr. Poullain le divife en
12. Maximes, qui tendent toutes à
ce qu'on a déja remarqué en general. Dans la huitiéme il fe déclare

contre l'ufage d'alors, qui donnoit cours dans le Royaume à toutes efpeces étrangéres. Son avis eft que nos Marchands ne les reçuffent qu'au poids & comme Marchandifes, & fuffent tenus de les porter auffi-tôt aux Hôtels de Monnoye, afin de les convertir en efpeces courantes.

Il diftingue dans la neuviéme fix fortes d'affoibliffemens qui peuvent arriver à la Monnoye ; 1°. Sur le poids, en le diminuant ; 2°. Sur la bonté, en l'alterant par le mélange du billon ; 3°. Sur le prix ou le cours, en hauffant en même proportion les efpeces d'or & d'argent ; 4°. Sur la traite, en augmentant les droits du Prince pour la fabrique ; 5°. Sur la proportion, en hauffant feulement ou les efpeces d'or, ou celles d'argent ; d'où il arrive que les efpeces qui ne font point hauffées, font en effet abbaiffées pour la valeur ; 6°. Sur la fabrication des efpeces de billon & de cuivre.

Il examine dans les deux maximes fuivantes les effets de ces fix fortes d'affoibliffemens ; & il dit que les deux premieres ne font guéres fenfibles au Peuple ; que la troiſiéme, la quatriéme , & la cinquiéme peuvent avoir des titres ſpécieux ; que la derniére eſt la plus préjudiciable de toutes : & il conclut qu'un Conſeiller d'Etat ne doit jamais conſentir à aucun de ces affoibliſſemens , par la conſidération même du Prince, qui y perd d'autant plus qu'aucun de ſes ſujets , qu'il eſt plus riche. Qu'un petit Prince , dont le mediocré revenu amenne peu de Monnoye dans ſes coffres , faſſe quelque profit en le chargeant de traite ; il n'en eſt pas de même d'un grand Prince.

Comme en 1612. le Sieur Bagarris préſenta une Requête au Roi, tendante à ce qu'il lui fût permis de faire battre pour 825000 livres d'eſpeces de cuivre en ſols & en demiſols à l'imitation des Medailles Romaines , Mr. Poullain conſulté ſur ce projet, s'y oppoſa. Et c'eſt le ſecond Traité de ce Recüeil, qui à pour titre, *Avertiſſement ſur le Placet préſenté au Roi par Pierre Antoine Raſcas Sieur de Bagarris.* Il renvoye ces imitations de Medailles aux jettons ; & il ſoutient que dans un Etat bien

ʒlé il ne faut point ſouffrir la gran-
multiplication des eſpeces de
lon & de cuivre. Il avance un ſen-
ient particulier ſur le S.C. *Senatus*
nſulto, qui ſe voit plus ſouvent ſur
Medailles de bronze que ſur
les d'or ou d'argent : car il pré-
id que ces lettres marquent une
rtaine quantité d'eſpeces preſcrit-
par le Senat , & qu'il étoit défen-
aux Monétaires d'exceder. Et
prétend auſſi que la liberté accor-
e à ceux de Treves & d'Aquilée
n répandre autant qu'ils vou-
ent , ne contribua pas peu à la dé-
lence de l'Empire.

Il remarque qu'on eſtimoit que ce
i rouloit alors de cette Monnoye
France, montoit à ſept ou huit
llions : ce qui lui paroît une
p groſſe ſomme ; vû que cinq ou
cens mille livres en ſols avoient
lement inondé le Royaume en
)6. que toutes les Recettes du Roi
étoient chargées.

Pour obvier au *ſurhauſſement* de
cu d'or, que le Peuple portoit à
ſols, contre l'Ordonnance qui le
oit à 65, Le Sieur Godefroy Pro-
Juin 1710.   Y y ij

Bodin, qui au livre ſixieme (
troiſiéme de ſa République, :
ces *ſurhauſſemens* à ce que l'o:
gent ne ſont pas abſolum(
dans la Monnoye. Mr. Poulla
tre donc, que l'unique caul
deſordre venoit de ce que la
tion obſervée en France entr
l'argent, étoit au-deſſous de c
les Etats voiſins avoient éta
remarque qu'avant Loüis X
avoit peu d'eſpeces d'argent (
ce, & que ce Prince comi
en faire battre de groſſes pi(
furent appellé teſtons, & ne '
que dix ſols.

Le cinquiéme Traité eſt t(
la proportion de l'or & de l

Le septiéme & le huitiéme font employez à l'examen d'une nouvelle machine, inventée & proposée par un nommé Briot, pour fabriquer la Monnoye.

Dans le neuviéme il montre par l'exemple de l'Espagne, où la multiplication des especes de billon & de cuivre avoit presque fait disparoître celles d'or & d'argent, combien elle est pernicieuse.

Le dixiéme n'est que pour les Maîtres des Monnoyes, & ne contient que des formules de délivrances.

A tous ces Traitez est ajouté un Glossaire des termes propres de la monnoye. On se contentera d'en rapporter quelques-uns qui semblent ne devoir pas être ignorez.

Titre & *Karat* font termes affectez à l'or, *Loi* & *denier* à l'argent. Une piece du titre de 24. Karats est d'or fin, dans celle du titre de 23. Karats il y a une 24e. partie de billon. Une piece de loi de douze deniers est d'argent fin, & celle de loi d'onze deniers porte une 12e. partie de billon.

Argent-le-roi est celui qui est employé dans la Monnoye depuis le regne de Philippe le Bel. Il est à la loi de onze deniers & demi.

Taille marque le nombre dès espe-ces fabriquées d'un marc soit d'or, soit d'argent. Ainsi nos nouveaux Loüis-d'or de vingt francs sont à la taille de 32 au marc, & nos nou-veaux écus de 100 sols à la taille de huit au marc.

Seigneuriage est le droit que le Roi prend sur la fabrique de la Mon-noye. *Brassage* est celui que le Roi permet de prendre au Maître de la Monnoye. *Et Rendage* est la somme du Seigneuriage & du Brassage.

Reméde de poids, de titre, & de loi, est une permission de demeurer un peu au-dessous de ce qui est pre-scrit par l'Ordonnance, en considé-ration de la difficulté qu'il y a aux Ouvriers d'y parvenir toûjours si juste.

Traite comprend le Rendage & le Remede.

ARTICLE LXXXIII.

RECUEIL DE PLUSIEURS Pieces d'Eloquence & de Poëſie, preſentées à l'Academie Françoiſe pour les Prix de l'année 1709. Avec pluſieurs Diſcours qui ont été prononcez dans l'Academie en differentes occaſions. A Paris chez Jean Baptiſte Coignard Imprimeur ordinaire du Roi & de l'Academie Françoiſe, ruë Saint Jaques, à la Bible d'or, *in 12. pages* 500.

LE Public connoît depuis long-tems l'excellence des Recüeils que l'Academie Françoiſe donne de deux en deux ans. Trois Panegyriques de St. Loüis prononcez devant l'Academie & dignes d'un pareil Auditoire, augmente le prix de celui-ci.

C'eſt Mr. de la Mothe Houdart qui a remporté le Prix d'Eloquence, après avoir remporté pluſieurs fois celui de Poëſie. Poëte & Orateur du premier Ordre, il réünit en lui deux qualitez dont une ſeule ſuffiroit pour l'immortaliſer.

Juin 1710.

Yy iiij

Le sujet proposé étoit cette Maxime Chrétienne , *Que rien ne rend l'homme plus véritablement grand que la crainte de Dieu.* L'Exorde du Discours de Mr. de la Mothe suffit pour confirmer le Jugement de l'Academie.

„ Nous voulons être grands , &
„ nous le sommes en effet : mais nous
„ nous avilissons, en cherchant nô-
„ tre Grandeur où elle n'est pas;
„ d'autant plus méprisables que nô-
„ tre avilissement est nôtre propre
„ ouvrage, & que rien ne pouvoit
„ nous dégrader que nous-mêmes.

„ En vain nous reste-t'il une ve-
„ ritable idée de la Grandeur : nous
„ l'appliquons presque toûjours mal.
„ Et quoi qu'éclairez sur la fin que
„ nous nous proposons , nous demeu-
„ rons aveugles sur les moyens que
„ nous prenons pour y parvenir.

„ Ce qui fait la Grandeur, nous le
„ sçavons, c'est la Puissance & la Sa-
„ gesse : elle renferme necessairement
„ ces deux avantages. La puissance sans
„ lumieres, ou les lumieres sans puis-
„ sance ne seroient tout au plus qu'une
„ Grandeur imparfaite, digne à la fois

Juin 1710.

„ de mépris & d'eſtime, & qui per-
, droit bien-tôt d'un côté l'admira-
, tion qu'elle ſurprendroit de l'autre.

„ Il n'y a donc que Dieu de
„ grand, dans toute la préciſion de
, ce terme. Lui ſeul eſt le Puiſſant &
, le Sage : tous les êtres ſont ſes créa-
„ tures : point d'autre fondement
„ de l'Univers que ſa volonté. Mais
„ auſſi éclairé que puiſſant, il n'a
„ rien créé que pour une fin digne
, de lui ; & la Sageſſe de ſes voyes
„ égale en lui celle de ſes deſſeins.

„ Ce n'eſt point ſans doute à une
„ ſemblable Grandeur que l'Hom-
„ me aſpire ; mais il en pourſuit au
„ moins l'ombre, toûjours impa-
„ tient de s'élever ſur ſes égaux, par
„ l'autorité ou par les lumiéres.

„ De-là ſont nez les Heros & les
„ Sçavans, deux eſpéces d'Ambi-
„ tieux qui ſe ſont arrogé le nom de
„ grands Hommes, & qui n'accor-
„ dent au reſte du Monde que les
„ vils noms de peuple & de vul-
„ gaire.

„ Tâchons cependant de diſſiper
„ l'illuſion qui les ſéduit ; qu'ils
„ voyent eux-mêmes les bornes de

„ leur prétenduë Grandeur ; & qu'ils
„ apprennent à respecter ceux qui
„ sous des apparences moins brillan-
„ tes, en ont sçû trouver une plus
„ réelle & plus solide.

„ L'Ecriture dans les paroles qui
„ fondent le sujet de ce Discours ᵃ,
„ met la crainte de Dieu au-dessus
„ de la Science & de la Sagesse hu-
„ maine ; & en un autre endroit ᵇ
„ elle lui donne le même avantage
„ sur l'Autorité & sur la Puissance.
„ Joignons ces deux idées pour rem-
„ plir toute l'étenduë du sujet.

„ Que les Puissans & les Sages du
„ Monde se reconnoissent foibles &
„ insensez devant ceux qui craignent
„ Dieu ; & qu'ils avoüent que tout
„ nous avilit, au lieu que cette crain-
„ te magnanime nous rétablit dans
„ nôtre premiere dignité.

Le Discours suivant est d'un habile Orateur, regulier dans le dessein,
exact dans les preuves, & dont le

ᵃ *Quam Magnus est qui invenit scientiam*
& sapientiam ! sed non est super timentem
Dominum. ᵇ *Magnus est Judex, & potens est*
in honore, & non est major illo qui timet
Deum. Eccl. ch. 10. v. 27.

Juin 1710.

ſtyle eſt par tout nombreux & cou-
lant. Les trois autres Diſcours, ſur
tout le cinquiéme ont leurs beautez;
& c'eſt une grande gloire pour la
France que de tels Diſcours n'ayent
pas emporté le Prix.

Le Prix de Poëſie a été donné à
une Ode de Mr. l'Abbé Aſſelin. Le
Sujet propoſé étoit le ſoin qu'a le
Roi de faire fleurir les Lettres & les
Arts au milieu du tumulte des Armes. Une ſeule Stance donnera une
aſſez grande idée de cette belle Ode.

Dignes Eleves de Minerve,
Vous y venez de toutes parts :
C'eſt à vous ſeuls qu'elle réſerve
Le ſoin d'y cultiver les Arts.
Par tout que d'excellens modelles !
Des Phidias & des Appelles
J'admire les enchantemens.
De leur main quelle eſt la puiſſance !
Sous leurs traits la matiere penſe
Et le corps a des ſentimens.

Cinq Odes qui ont concouru
pour le Prix arrêteront agréablement le Lecteur, encore plus agréablement ſurpris quand il trouve
après elles une nouvelle Ode de Mr.

de la Mothe faite pour remercier
l'Academie du Prix d'Eloquence. On
trouve après cette Ode une Lettre
de l'Academie de Soiſſons à l'Aca-
démie Françoiſe, & l'Eloge de Mr. le
Préſident Delfaut un des premiers
Academiciens de Soiſſons. Mr. l'Abbé Goſſet Auteur de l'Eloge nous
repréſente Mr. Delfaut comme un
Citoyen aimable, un Juge exact, un
excellent Academicien. Les Diſcours qui ſuivent prononcez dans
l'Academie Françoiſe en differentes
occaſions, ont déja eû place dans
nos Mémoires : il n'y a que les trois
Panégyriques de Saint Loüis dont
nous devions compte au Public.

Mr. l'Abbé Fournier dans le Panegyrique prononcé l'an mil ſept
cens neuf, montre *que Dieu a con-*
duit le Regne de Saint Loüis, & que
Saint Loüis a établi le Regne de Dieu.
Tout eſt délicatement travaillé, tout
eſt fini dans ce Diſcours. La peinture
des tentations ou la Royauté expo-
ſe, fera connoître que nous ne flat-
tons point l'Orateur.

» Avoüons - le, Meſſieurs, qu'il y
» a beaucoup à craindre pour les

„Rois, & que de grands perils me-
„nacent leurs Ames. Placez dans
„cette Region dangereuſe où le
„Monde exhale tout ſon poiſon, ils
„ſont toûjours prêts d'en reſſentir
„les malignes influences. Tout ce
„qui approche de leur Perſonne
„ne tend preſque qu'à les pervertir.
„Tout ne leur préſente que des obſ-
„tacles à la vertu ou des piéges à l'in-
„nocence. La Grandeur les éblouit,
„la Politique les abuſe, la Puiſſance
„les endurcit, l'Indépendance les
„rend injuſtes. Telle eſt la condi-
„tion déplorable de ces Maîtres de
„la Terre, qui les élevant au deſ-
„ſus des hommes, les met auſſi plus
„en butte à tous les traits, & réünit
„contre eux les différens ennemis
„qui ne nous attaquent que ſéparé-
„ment. Si leur Thrône, comme ce-
„lui de Salomon * , brille d'yvoire
„& d'or, il eſt auſſi entouré de lions
„& de lionceaux ; c'eſt à dire que
„les périls naiſſent, pour ainſi dire,
„dans le Siége même de leur Digni-
„té, & que ſi la Vertu y paroît avec
„avantage, elle ni réſide auſſi qu'a-
„vec danger.

* *Reg.* 10.

Le Panegyriqué que Mr. l'Abbé Lopis de la Fare prononça l'an mil sept cens huit, brille par tout de ce beau feu qui part d'une imagination heureuse. Cet essai d'un jeune Orateur feroit honneur aux Maîtres de l'Eloquence. Mr. l'Abbé de la Fare s'est borné à ne parler que de l'humilité & de la patience du Saint Roi , & il le fait voir *humble au milieu de tout ce qui est le plus capable d'assouvir l'orgueil humain ; grand & ferme dans les malheurs les plus accablans.* La peinture de Saint Loüis captif, est le morceau que nous avons choisi pour donner quelque idée de toute la Piéce.

„ D'où vient que le bras du Sei-
„ gneur semble combattre contre
„ lui ? D'où vient que de la Gloire
„ de Vainqueur, Loüis , le Magna-
„ nime Loüis , passe à la honte de
„ l'esclavage ? La chûte est terrible !
„ elle vous étonne ! Eh qui n'en se-
„ roit étonné ? Du faîte de la Gran-
„ deur , est-ce ainsi qu'on tombe
„ dans la derniere des humiliations ?
„ sur cet Auguste front tant de lau-
„ riers doivent-ils si-tôt se flétrir ?

Juin 1710.

,, Auditeurs, que je refpecte, fouf-
,,frez qu'en paffant, je recomman-
, de à vos fages réflexions, le néant
, & l'inftabilité des Grandeurs &
, & des profperitez de cette vie
, miférable & tumultueufe : je n'en
, murmure point ici. Eh ! pourquoi
, des murmures, où la victime elle-
, même fe répand en actions de gra-
, ces ? Loüis adore la main qui le
, frappe: il fe croit trop heureux d'ê-
, tre captif pour JESUS-CHRIST: il met
, ce titre au deffus de fes titres les
, plus pompeux : fa douleur ne s'ex-
, hale point en plaintes & en fou-
, pirs : me conviendroit-il d'en exi-
, ger de la vôtre ?

,, Ah ! penfons plus chrétienne-
, ment, Meffieurs : il eft tems que
, nous reconnoiffions au contraire,
, qu'ici Dieu a voulu mettre le
, fceau à la Gloire d'un Saint qui lui
, fut auffi cher que David. Grand
, dans la profperité, il ne falloit pas
, qu'on pût douter s'il le feroit au-
, tant dans le plus triftes revers.
, Sans les adverfitez Job feroit-il
, l'objet de nôtre véneration ? Loüis
, avoit acquis toute la gloire de

„ la Royauté : mais le véritable dia-
„ dême du Chrétien avoit - il cou-
„ ronné cette gloire profane ? Les
„ hommes font faux : dans une Ame
„ haute & heureufe les vertus font
„ fouvent équivoques : mais dans les
„ humiliations le Sage * nous affûre
„ que l'homme ne peut fe montrer
„ que tel qu'il eft : c'eft là le creufet
„ ou le cœur fe vérifie comme l'or
„ dans le feu. Enfin Loüis devoit
„ auffi de grands exemples de fer-
„ meté, de foumiffion, & de patien-
„ ce à ceux de fes Defcendans qui le
„ prendroient pour modelle.

„ Approchez donc vous tous qu'u-
„ ne veritable Grandeur à toûjours
„ droit de toucher. Vous m'avez fui-
„ vi fur les pas de mon Heros dans
„ ces champs ou naiffent les palmes,
„ & les lauriers : ici je ne rougirai
„ point de vous introduire dans fa
„ prifon : venez être les témoins de
„ ce nouveau genre de Gloire. Loüis
„ eft vaincu : quelle noble fierté le
„ rend encore redoutable à fon Vain-
„ queur? Loüis eft dans les fers: quelle
„ Grandeur en lui , quelle fecrette

* *Eccli. c. 2.*

Juin 1710.

„ fuperiorité porte un Peuple info-
„ lent à refpecter un malheur de
„ tout tems en poffeffion de n'exci-
„ ter que du mépris?

Mr. l'Abbé le Prévôt Prédicateur
celebre, reprefente dans le Panegyrique qui fuit prononcé en mil fept
cens cinq, Saint Loüis comme ayant
eû toute la Gloire de la Royauté
devant les hommes & devant Dieu.
Dans cette Piéce, la verité des maximes eft foutenuë par la beauté des
penfées, la nouveauté des tours, la
jufteffe des expreffions. On en jugera par le tableau de Saint Loüis rendant la Juftice par lui-même. Ce que
l'Orateur dit de la fermeté de Saint
Loüis dans les difgraces immédiatement avant que de parler de fon
équité, eft trop beau pour l'omettre.

„ Jufques dans les malheurs de
„ cette Entreprife fainte, vous con-
„ noîtrez la grandeur de fon Ame. Il
„ donne à fes défaites l'éclat du
„ triomphe. Après avoir fait redou-
„ ter fes fuccès, il fait refpecter fes
„ difgraces. Il parle dans les fers,
„ comme l'on parle fur le Thrône.
„ Il eft Roi dans un Etat où à peine
„ on eft homme.

» A ces traits, Messieurs, vous
» connoissez un grand courage : m
» le courage seul ne peut faire q
» les Heros & non pas les gra
» Rois. Le Guerrier & le Conq
» rant ne sont qu'une portion
» Monarque. Il faut pour rempli
» mesure d'un titre si vaste & si
» borieux, joindre la balance à
» pée, & montrer autant de sag
» dans le reglement de ses Eta
» qu'on a montré de force pour
» défendre. Hâtons-nous donc, M
» sieurs, de voir l'application
» Loüis à rendre Justice à ses P
» ples. C'est-là proprement où l'
» connoît le merite du Souverain.
» Thrône est trop élevé & tr
» ébloüissant pour y étudier le Pri
» ce : les rayons qui en sortent
» permettent pas une grande atte
» tion : le Tribunal accessible
» laisse plus aisément connoître :
» distingue mieux ce qu'il vat
» parce qu'il éclate moins. Et co
» me il y vient sans pompe & s
» bruit, pour vanger la raison p
» ses Oracles ; la raison de ceux q
» lui sont assujettis, est alors plus

,, droit & plus à portée de le confi-
,, derer.

,, Quel amas de Vertus ne décou-
,, vrirent donc pas nos Ancêtres dans
,, l'équitable Loüis ? il n'aimoit à se
,, montrer à eux que fur le Tribunal,
,, & là il n'étoit redoutable qu'à la
,, malice & à l'obftination. Il ne re-
,, tenoit de cette Majefté qui orne
,, les Souverains & qui intimide les
,, fujets, que ce qu'il en falloit pour
,, déconcerter le coupable, & pour
,, effrayer l'injufte. La mifere fervoit
,, de crédit pour l'approcher ; & la
,, pauvreté qui eft fouvent traitée
,, comme le crime, en étoit reçûë
avec autant d'égards que la Grandeur même. Il ne donnoit pas de
ces Audiences qu'il faut fe procurer avec précaution, qu'il faut dérober avec addreffe, qu'il faut attendre avec ennui; où le Grand
paroit que pour joüir de fon
Rang & de fa Gloire, ou pour donner le fpectacle de fa Puiffance;
Audiences fi favorables pour le riche quoique criminel, fi aufteres
pour le pauvre quoi qu'innocent;
qu'on n'accorde pas au malheu-

,, 1710.

» reux ce qu'il faut de tems pour
» vaincre les premiers embarras de
» sa timidité, bien loin de lui en don-
» ner assez pour expliquer ses cha-
» grins ; où il est écouté sans être
» entendu, & où il trouve quelque
» fois que son Juge est plus à crain-
» dre que sa Partie.

» Loüis n'en usoit pas ainsi : cha-
» que jour où l'on avoit besoin de
» sa protection, devenoit un jour
» d'Audience ; & chaque Audience
» étoit facile pour tous les Etats. La
» Noblesse y étoit reçüë avec dis-
» tinction, le Peuple avec humanité.
» Avoir vû le Prince étoit souvent
» une fortune, & toûjours une con-
» solation pour les miserables. Il ju-
» geoit comme juge le Seigneur mê-
» me [a], sans acception de personne.
» La bonne cause [b] ne perdoit rien
» sur des levres rustiques ; & la
» mauvaise ne gagnoit rien dans les
» bouches éloquentes. Il avoit reçû
» du Ciel, comme Salomon [c], le
» don de discerner le vrai - sembla-
» ble qui éblöuit & qui trompe, d'a-

[a] *Prov.* 24. *v.* 23.　[b] *Act.* 10. 34.　[c] *Sap.*
9. 12.

Juin 1710.

vrai qui éclaire & qui con-
Il paroît, & l'injuſtice trem-
écoute, & l'innocence reſ-
parle, & l'affliction ceſſe :
once, & l'uſurpation eſt

:ICLE **LXXXIV.**

PERILS OF FALSE
ren, both in Church and
C'eſt à dire, *Les faux Freres*
angereux & à l'Egliſe & à l'E-
ermon prêché devant le Maire
Bourgeois de Londres, dans l'E-
athedrale de Saint Paul, le 5.
1709. Par Henri Sacheverell
du College de la Magdelaine
rd &c. A Londres chez Hen-
ements à la demie-Lune au
tiere de Saint Paul 1709.

Sermon de Mr. Sacheverell
it tant de bruit en Europe,
ublic ſera bien aiſe d'en trou-
Extrait dans nos Memoires.
rononcé devant le Maire de
le 5. de Novembre de l'an-
niére, jour auquel on cele-
710.

bre en Angleterre l'Anniverſaire de la Conſpiration découverte contre le Roi Jaques I. & les deux Chambres du Parlement.

Comme ce Sermon intereſſe tout un grand Etat, nous en donnerons un Extrait ſimple ſans y mêler nos reflexions. Nous nous ſervirons même des expreſſions de l'Auteur; & nous laiſſerons aux Lecteurs à juger d'une affaire qui partage aujourd'hui toute l'Angleterre.

Mr. Sacheverell prit pour Texte de ſon Diſcours ces paroles de Saint Paul 2. Cor. XI. 26. *Dans les perils entre les faux Freres.* Il fit voir d'abord que l'Egliſe naiſſante de Corinthe expoſée aux Ennemis du nom de JESUS-CHRIST, avoit tout à craindre de la part des Perſécuteurs; mais qu'elle n'avoit rien tant à apprehender, que les faux Freres qu'elle nourriſſoit, pour ainſi dire, dans ſon ſein. Je prens ici, dit l'Orateur, le terme de *faux Freres* dans toute l'étenduë de ſa ſignification, & il me ſera facile de l'appliquer à l'Etat préſent de l'Egliſe Anglicane. ,, Nous „ voyons que des Factieux & des

,, Imposteurs ont corrompu la doc-
,, trine de cette Eglise : ils en ont
,, profané le culte : ils en méprisent
,, les Ministres : les Autels & les Sa-
,, cremens sont prostituez à une trou-
,, pe infame d'Hypocrites , de Déïs-
,, tes, de Sociniens, & d'Athées. Au
reste ces desordres se commettent
aujourd'hui impunément & sans
crainte. Ceux qui ont l'autorité en
main , loin de s'y oppofer semblent
les approuver. C'est ces faux Freres
que Mr. Sacheverell entreprend de
combattre dans son Difcours.

1°. Il fait voir d'abord qui font
ceux qui meritent le nom de *faux
Freres*. 2°. Il prouve que les faux Freres dont il parle font dangereux &
à l'Eglise & à l'Etat. 3°. il fait connoître quelle est leur malignité &
leur fureur. Et enfin il tire cette
confequence de tout son Difcours,
qu'il faut en tout tems , mais principalement dans le tems préfent éviter les faux Freres , & s'attacher inviolablement à la Doctrine de l'E-
glife Anglicane.

I. Point. Il y a des faux Freres, dit
Mr. Sacheverell, 1°. Par rapport à

Juin 1710.

Dieu & à la Religion dans laquelle ils sont élevez. 2°. Il y en a par rapport à l'Etat dont ils sont membres. 3°. Il y en a par rapport aux particuliers avec qui ils vivent. C'est ici que Mr. Sacheverell, en donnant la définition d'un faux Frere, décharge toute l'amertume de son zele sur les differentes Sectes de Non-conformistes, qui divisent aujourd'hui l'Angleterre. Il les dépeint au naturel : en voici quelques traits.

„ 1. Celui-là, dit-il, est un faux
„ Frere par rapport à Dieu & à l'E-
„ glise, qui soutient des Doctrines
„ nouvelles contraires à l'Ecriture
„ Sainte, aux Decrets de l'Eglise, &
„ aux Ecrits des anciens Peres. Car
„ quoi qu'il soit vrai que l'Ecriture
„ seule contient tous les points es-
„ sentiels de nôtre Foi, il faut néan-
„ moins avoüer que les premiers Pe-
„ res doivent passer pour les meil-
„ leurs Interpretes du sens de l'E-
„ criture. Si donc quelque Fanati-
„ que s'élevant contre toute l'Anti-
„ quité, osoit donner de nouvelles
„ interprétations à l'Ecriture Sainte,
„ n'aurions-nous pas raison de le re-

Juin 1710.   „ garder

ler comme un faux Frere ?

l y en a d'autres qui n'ofant at-
ier l'effentiel de la Religion ,
contentent de décrier & de
rner en ridicule la Difcipline
e culte de l'Eglife. Ils nient
e Hierarchie établie par Jesus-
ʀist & par fes Apôtres ; & par
fequent ils fappent peu à peu
ondemens de l'Eglifes.

D'autres indifferens fur le fait
Religion , fuivent aveuglément
tes les impreffions que la Cour
donne. Si le Prince paroît af—
ionné à l'Eglife établie par les
x , ils font profeffion ouverte
re Membres de cette Eglife ;
ävorife les Non - conformiftes ,
foutiennent avec chaleur les
rêts de ces Sectes. L'on peut
que ces gens ne reconnoiffent
ʔt d'autre Dieu que leur in-
ʔt.

y en a d'autres, & ce font cer-
s beaux Efprits de profeffion ,
bâtiffent leur Foi fur un Syf-
e de Philofophie. Ce qui leur
ʔît au deffus de la raifon paffe
z eux pour une vaine chimere.

» D'autres enfin semblables aux
» Pharisiens de l'Evangile, font pro-
» fession d'une sainteté austere & ap-
» parente : ils méprisent leurs Freres,
» & ne s'occupent qu'à étaler leurs
» propres vertus.

2. Il y a aussi en Angleterre des
faux Freres par rapport à l'Etat. Voici comme Mr. Sacheverell prouve
cette proposition. » C'est une maxi-
» me, dit-il, generalement reçûë,
» que sans une necessité pressante, on
» ne doit rien innover dans la *Cons-*
» *titution fondamentale du Gouverne-*
» *ment*. Or le Gouvernement politi-
» que d'Angleterre dépend essentiel-
» lement , non seulement des Loix
» civiles , mais aussi de la doctrine
» dont l'Eglise fait profession. L'E-
glise appuyant le Gouvernement civil , & le Gouvernement civil ser-
vant à maintenir l'Eglise , celui qui
s'éloigne de la Foi de nos Peres, doit
être traité comme un faux Frere &
comme un Ennemi de l'Etat : voici
comme Mr. Sacheverell prouve cette consequence. C'est une Maxime
reçûë dans l'Eglise Anglicane , que
les *Sujets sont obligez d'obéir absolument*

& sans restriction à leur Souverain. Personne ne peut douter, que la sureté
du Prince & le bonheur du Peuple
ne dépendent de cette Maxime. Les
Ennémis de l'Etat les plus déclarez
n'ont jamais osé donner atteinte à
cette doctrine. Le Prince d'Orange
devenu Maître de l'Angleterre, déclare dans un Manifeste public, qu'il
n'étoit monté sur le Trône que
parce qu'il *l'avoit trouvé vacant.* Le
Parlement fit peu de tems après brû-
ler un libelle qui revoquoit en doute cette Doctrine. Mais il semble
que les Presbyteriens tournent maintenant en ridicule cette Maxime
fondamentale de l'Etat : ils la regar-
dent comme contraire aux libertez
& aux privileges du Peuple : ils osent
soutenir que les Sujets peuvent dé-
ôner leurs Souverains &c. Nous
ons vû de nos jours, dit Mr. Sa-
everell, les funestes suites de cette
nnable Doctrine ; & on ne peut
ter que ceux qui la soutiennent
bient de faux Freres par rapport
tat.

Mr. Sacheverell fait voir qu'il
ussi de faux Freres par rapport

à la vie civile. Comme il passe legerement sur cet article, nous n'en parlerons point dans cet Extrait.

II. Point. Les faux Freres sont dangereux à l'Eglise & à l'Etat ; parce que par leurs intrigues & leurs factions, ils affoiblissent l'une & l'autre. Mr. Sacheverell donne d'abord une notion generale de l'Eglise Anglicane : il soutient que tous les Protestans qui s'en disent membres ne le sont point en effet, que les Presbyteriens & les autres Non - conformistes incorporez dans l'Eglise Anglicane , sont de faux Freres qui la minent peu à peu. Les factions, les cabales , le schisme, & la confusion y regnent depuis qu'on les y tolere. Sous un faux prétexte de zele contre les Catholiques Romains, ils introduisent dans l'Eglise Anglicane le Socianisme , le Déïsme , & l'Athéïsme , semblables en cela aux Juifs qui crucifiérent JESUS - CHRIST, de peur que les Romains ne vinssent détruire leur Nation. Mais peu importe à l'Eglise Anglicane , que ce soit Rome ou Geneve qui la détruise.

Juin 1710.

Les faux Freres font aussi dangereux à l'Etat qu'à l'Eglise : car on
ne peut nier que ceux d'entre eux
qui se soumettent en apparence au
Gouvernement présent n'y soient
forcez ; & par conséquent ils atten-
dent le moment favorable pour exciter des troubles & des séditions.

Que ceux, dit Mr. Sacheverell, *qui*
font chargez des affaires publiques, *exa-*
minent s'il convient au bien public de
confier le Gouvernement de l'Etat & de
l'Eglise à de telles gens. L'Histoire du
siécle passé nous apprend jusqu'où
la revolte des faux Freres s'est portée ; & les Presbyteriens osent aujourd'hui révoquer en doute le droit
que Sa Majesté a sur cette Couronne.

Depuis que l'Evêque Grindal,
qui se disoit faussement enfant de
l'Eglise Anglicane , introduisit les
Presbyteriens dans ce Royaume ,
ont-il jamais cessé de remuer & de
se soulever contre leur Prince &
contre leur Patrie ? La Reine Elizabeth étoit convaincuë qu'il n'y auroit ni paix ni tranquillité en Angleterre , que les Presbyteriens n'en

fuſſent exterminez. Si Jaques I. avoit
ſuivi l'exemple de cette ſage Reine,
Charles I. n'auroit jamais eû le malheur de finir ſes jours ſur un écha-
faut, & ſes Succeſſeurs n'auroient
point été expoſes à ces facheuſes extremitez auxquelles nous les avons
vû reduits. Mais ſans rappeller le
triſte ſouvenir de nos malheurs paſ-
ſez, ne voyons-nous pas avec combien d'addreſſe ils tâchent de mettre la diſcorde entre les Sujets de la
Reine, en donnant aux Membres de
l'Egliſe Anglicane les noms odieux
de Papiſtes, de Jacobites, & de
Traîtres? Ils paroiſſent à l'exterieur
de zelez Défenſeurs de l'Egliſe &
de l'Etat, & il les trahiſſent en ſecret,
ſemblables à ce Parlement, qui en
même tems qu'il répandoit dans le
Monde que la vie de Charles I. étoit
en ſureté, la lui faiſoit ôter par la
main d'un bourreau.

I I I. Point. Il n'eſt point neceſſaire de donner ici l'extrait de cette
troiſiéme partie. Il ſuffit ſeulement
de dire, que Mr. Sacheverell y montre, que ceux à qui il donne le nom
de faux Freres, ſont pleins de mali-

nité & de fureur. Il conclut son
Discours par une exhortation pa-
hétique, pour engager tout le mon-
le à les éviter.

On sçait le trouble que ce Sermon
causé en Angleterre. A peine fut-
l prononcé, que les Presbyteriens
ommencérent à en murmurer, &
traiter le Prédicateur de séditieux:
e qui obligea Mr. Sacheverell à im-
rimer son Sermon, & à le dédier
u Maire de Londres. Mais la pro-
ection qu'il croyoit trouver dans
e nom de Mylord Maire, n'a servi
qu'à aigrir de plus en plus la Chambre des Communes. Comme presque
tous les Membres de ce corps sont
Presbyteriens, ils se sont trouvez
vivement offensez du Discours du
Ministre *Episcopal :* ils ont également
censuré & l'Epitre Dédicatoire &
le Sermon. Voici les principaux
chefs d'accusation.

1°. Mr. Sacheverell a insinué &
soutenu dans son Sermon, que les
moyens dont le Prince d'Orange
s'étoit servi pour se rendre Maître
de la Couronne d'Angleterre étoient
odieux & illicites.

Juin 1710.   Z z iiij

n'étoit pas en
avoit été cruellement mis à m
Les autres chefs d'accusation
plus legers, & sont renfermez
les précedens.

ARTICLE LXXX

REFLEXIONS SUR DI
sujets. A Paris chez Esprit
en la maison de Denis Tier
de la Harpe 1709. *in 12. p*

Depuis que les Reflexi
rales de M. L. D. de E
Juin 1710.

-paru, cette forte de Livres a beaucoup multiplié. L'Auteur de celui-ci en convient : il ne croit pas cependant que le grand nombre de portraits qui nous repréfentent nos défauts, ait épuifé la matiere, & rendu inutiles ceux qu'on fera dans la fuite. Il ne donne le fien que comme un fimple effai de Litterature : il a fenti ce qu'on peut y réprendre. Pour prévenir la Critique, il déclare qu'il a prétendu donner des Reflexions qui permettent un ftyle moins gêné, & non des Maximes qui doivent toûjours être courtes, précifes. Il a rangé fous un même tître, celles qui lui ont paru avoir entre elles quelque rapport ; & il a tâché d'en égayer le ferieux, par divers traits d'efprit des Anciens & des Modernes. Quelques Reflexions tranfcrites ici feront mieux connoître le caractere de l'Ouvrage, que tout ce que nous en pourrions dire.

En general il eft aifé de remedier à une paffion dans fes commencemens : elle peut alors fe détruire par fa feule foibleffe. Au contraire on peut dire de quelques-unes des plus

vives agitations de l'Ame, telles que
font la colere & l'affliction, qu'elles
diminuent par leurs propres excès,
comme certaines maladies ceffent
d'elles-mêmes, fi-tôt qu'elles font
arrivées à leur dernier periode.

La complaifance la plus naturelle
& la plus agréable, eft celle qui fait
paroître aux autres, qu'en fuivant
leur volonté, on ne fuit véritablement que la fienne propre. L'on trouve au contraire dans le monde des
gens qu'on pourroit dire en quelque
maniére être complaifans de mauvaife grace: vous leur voyez un certain air contraint & embarraffé, qui
vous laiffe trop fentir qu'ils ne font
que vôtre volonté.

Un confeil, dont la complaifance
ou la politique retranche quelque
chofe ne peut être bon ; & fouvent
il devient moins utile que préjudiciable.

Certains mauvais Critiques femblent être perfuadez, qu'il n'eft pas
du bel Efprit de reconnoître la
moindre beauté dans un Ouvrage ;
& que c'eft pour eux comme un tître de merite & d'érudition, de trou-

ver à redire à tout ce qu'on écrit.
Il y a néanmoins des gens aſſez ſimples ou aſſez ignorans, pour les croire ſur leur parole.

Tel Plaiſant qu'on admire lorſqu'il raille, fait pitié quand on le raille.

Ce n'eſt pas un défaut de ne pouvoir railler : mais c'en eſt un fort grand de ne point entendre raillerie.

Certains Railleurs reſſemblent aux Tigres : on les craint lors même qu'ils ſe joüent.

Dans l'étude ordinaire des Sciences, on s'attache plûtôt à ſçavoir ce que les Anciens & les Auteurs celebres ont dit, qu'à examiner s'ils ont bien dit, ou s'ils ont dit vrai. La ſource de cette illuſion vient peut-être, de ce que la plûpart de ceux qui travaillent, s'appliquent moins à la recherche de la verité, ou à ſe rendre ſolidement ſçavans, qu'à le paroître.

Le ſeul vrai eſt digne de nôtre attention ; & nous avons un ſi fort penchant à le découvrir, que les perſonnes mêmes qui l'ignorent, n'approuvent que ce qui en a l'apparen-

ce. Il semble qu'il en est à peu près
de la verité, comme de la vertu que
nous aimons malgré nous, & même
jusques dans nos Ennemis.

Il arrive presque toûjours, que
l'on n'est mécontent de la situation
où l'on se trouve, que par l'idée faus-
se qu'on se forme du bonheur d'au-
trui.

De tous les secrets il n'y en a pas
un, que la plûpart des Dames gar-
dent mieux que celui de leur âge:
elles se le cachent en quelque façon
à elles-mêmes; & il semble que les
années de leur vie, ne s'écoulent
point selon la mesure ordinaire du
cours du Soleil.

ARTICLE LXXXVI.

REFLEXIONS DU PERE DE *Mourgues Jesuite , sur les disputes des Saints Peres, contre les Philosophes Payens ; avec le plan d'un Ouvrage prêt à paroître , où ce Pere explique le Systeme Theologique des Philosophes Payens , & le Systeme Philosophique des Saints Peres.*

Monsieur,

Puisque vous trouvez bon, que les Lettres philosophiques que j'ai eû l'honneur de vous écrire , paroissent au jour ; je n'addresserai qu'à vous même les éclaircissemens que je dois au Public sur le sujet & sur le but de ces Lettres.

Ce qu'ont produit mes Lettres rassemblées & rangées , c'est un plan de la Théologie du Pythagorisme, & des autres Sectes sçavantes de la Gréce, pour servir d'éclaircissement aux beaux Ouvrages que les Peres ont publiez contre le Paganisme , &

Juin 1710.

pour faciliter une lecture si importante & si curieuse. Car on y trouve
des difficultez, qui viennent uniquement de ce qu'on n'est pas aujour-
d'hui au fait de l'ancienne Doctrine
des Philosophes , comme tout le
monde y étoit dans le tems que les
Peres de l'Eglise ont écrit contre
eux. Un Lecteur qui voudroit tout
entendre , seroit obligé de se faire
une idée de la Religion surannée
des Grecs ; & je me suis proposé
de lui en épargner ou diminuer la
peine.

Vous sçavez , Monsieur , ce qui
m'a engagé dans cette occupation.
C'est le dessein dont je m'ouvris à
vous il y a sept ans, d'ajouter quelque chose au *Parallele* que j'avois
fait *de la Morale Chrétienne avec celle
des Philosophes* , telle qu'elle est expo-
sée dans le Manuël d'Epictete. Je
trouvois un moyen aisé de continuer ce Parallele par la traduction
des douze Discours de Theodoret
contre les Grecs , sous le titre de
Thérapeutique , terme qui exprime
une maniére methodique de les traiter de leurs maladies, c'est à dire de

Juin 1710.

les guérir de leurs erreurs. Je tra-
duifis donc cet Ouvrage ; & fi la
doctrine prefque effacée des Sectes
philofophiques ne s'y fût trouvée
trop mêlée, j'aurois fait paroître dès-
ors cette traduction , fans avoir
l'autre peine pour Théodoret que
celle de lui avoir fait perdre quelque chofe de fon agrément & de fa
force , en lui faifant parler nôtre langue comme je fuis capable de la
lui faire parler. Mais parce que plein
de la Philofophie & de la Théologie des Grecs, il écrit pour des Lecteurs qui en étoient pleins , & qui
l'entendoient à demi-mot ; il touche
d'une main legére quantité de matiéres , fur lefquelles nous avons befoin d'aller prendre ailleurs des lumiéres qui nous manquent : & fans
avoir été obfcur , il a aujourd'hui
pour nous des obfcuritez.

Je fus donc obligé de penfer aux
Notes, qui fe multipliérent à un tel
point , qu'elles paffoient l'étenduë
du Texte. Alors j'eûs la penfée de
es mettre en ordre , joignant enfemble celles qui regardoient les
mêmes fujets. Je m'apperçûs que

cela pourroit produire quelque chose qui feroit plus de plaisir, que des
Notes sans liaison & sans suite; &
je formai là-dessus l'idée de deux
Plans d'ancienne Doctrine, dont je
me trouvois la matiére entre les
mains ; du *Plan théologique* que je
fais passer le premier, & du *Plan
philosophique* que vous avez déja,
Monsieur, presque tout lû, & que
j'acheve de mettre en état de paroître; l'un & l'autre rapportez à l'é-
claircissement de la Therapeutique,
& generalement à celui des Ouvrages polémiques des Peres contre les
Payens. Car je remarquai que Théodoret étant le dernier des Peres
Grecs qui eût écrit en ce genre,
avoit abbregé dans ces douze Discours tout ce qui avoit paru jusqu'a-
lors au sujet de ces fameuses controverses ; qu'elles seroient éclair-
cies, si la Therapeutique l'étoit.

Quoi que cet excellent Abbregé
ne dût paroître naturellement qu'a-
près les deux Plans que j'avois jugé
necessaires, ou du moins utiles pour
le mettre dans son jour ; j'ai
crû néanmoins pouvoir passer sur

cette confidération , pour donner
plûtôt au Public la fatisfaction de
e lire en nôtre langue ; & j'ai joint
a Thérapeutique au Plan théologique en forme de fecond volume,
afin qu'on voye ce que le premier y
aura répandu de clarté , & que les
petites obfcuritez qui y feront ref-
tées , fervent à faire defirer un peu
le Plan philofophique.

Reflexions fur les Ouvrages polemiques des Saints Peres contre les Payens.

J'ai quelque chofe de plus important à dire (& l'on a droit de l'attendre de moi) touchant le merite,
la matiere & la methode des Ouvrages polemiques que j'ai prétendu
éclaircir. C'eft fi je ne me trompe ,
ce que les Peres ont de plus travaillé , ce qui a fait briller davantage
leur efprit & leur éloquence , & ce
qui fait plus de plaifir à lire. Deux
fuites d'Orateurs Chrétiens & de
Docteurs éclairez , y ont manié avec
dignité les deux langues les plus par-
faites & les plus abondantes. D'un
côté Saint Juftin & Athenagore dès

le second siecle; St. Clement Alexandrin au commencement du troisié-me, & après lui Origéne ; Eusébe de Césarée & Saint Grégoire de Nazianze presque au deux bouts du quatriéme ; Saint Cyrille d'Alexandrie & Théodoret à l'entrée & au milieu du cinquiéme : de l'autre côté Minutius Felix avec Tertullien vers la fin du second siécle & le commencement du troisiéme ; Lactance & Arnobe sur le commencement du quatriéme ; sur sa fin & dans le suivant Saint Augustin. Chaque suite pourroit être plus chargée, & poussée plus loin : mais il suffit de ces grands noms, pour faire juger que l'Ouvrage dont je parle, est un trésor inestimable. ‒

La cause de JESUS-CHRIST, que ces glorieux Défenseurs avoient en main, & les fiers ennemis qu'ils avoient en tête, ne leur permettoient pas de se negliger. Une guerre generale de Religion ne faisoit que deux Partis de toute la Terre ; le Christianisme & le Paganisme ; celui-ci établi , & l'autre naissant. Tout le monde à l'exception d'une

médiocre République , avoit été
Payen. La Philofophie & toutes les
Sciences, l'Art de raifonner & d'écrire , avoient pris naiffance dans ce
Parti : les armes mêmes dont on pouvoit fe fervir pour le combattre,
étoient à lui en quelque forte : on ne
pouvoit lui en contefter ni l'invention, ni l'ufage. La révolution rapide & toute miraculeufe , qui venoit
de fe faire en faveur du Chriftianifme , avoit commencé & continué
par le Peuple : car la fageffe de la
chair avoit réfifté dans les Doctes au
mouvement de l'Efprit de Dieu, &
avoit tenu contre les miracles : cette
fçavante partie du Monde reftoit
encore à réduire.

Que par la difficulté de l'entreprife on juge de ceux qui l'ont formée, & qui l'ont heureufement ter-
minée ; & qu'on fe fouvienne qu'ils
ont forcé la Gréce idolâtre à fer-
mer non-feulement fes Temples,
mais fes Ecoles. La Victoire mémo-
rable que l'Eglife a remportée par
leur genie , a achevé l'humiliation
des Gentils , en faifant paroître à la
face de l'Univers que ceux qui réfif-

ordinaires au difcours & a
nement. Sous des plumes f
tes & fi fécondes , nôtre
toute divine parut couve
éclat humain , plus éblouïff
les yeux du Paganifme , q
des operations miraculeu
ofoit traiter de preftiges.
toient plus des Pêcheurs, qu
diges en main , lui comm
de croire, plûtôt qu'ils ne l
doient ; digne toutefois &
faire commencement de l'c
Dieu : c'étoient des Docte
confondoient des Docteurs
fuperiorité de raifon & de
c'étoit l'élite des Chrétien
mefuroit en difpute reglée ,

vres des Apôtres, les Gentils fuperbes & indociles ont écrit , & ont in-
fulté : après les Ouvrages des Péres
ils fe font condamnez au filence, ils
n'ont ofé fe montrer.

Tout ce qu'on pourroit dire de
la perfection de leurs Ouvrages s'ab-
brege , en difant qu'elle répond à la
dignité de leur fujet. Ce fujet eft la
Divinité de la Religion Chrétienne,
& l'illufion de toutes les autres fortes de Religion. Il ne faut pas confondre cette matiére avec celle du
refte de leurs Ecrits , où nos veritez
faintes font expofées fans artifice à
un Peuple qui vouloit *des difcours &*
des prédications qui n'euffent rien des pa-
roles propres à perfuader, dont fe fert la
fageffe humaine ; où ces veritez font
utilement tournées fur le reglement
des mœurs & de la vie , ce qui char-
moit un Peuple qui *ayant faim & foif*
de la Juftice, ne défiroit rien avec
plus d'ardeur que d'être raffafié par
l'inftruction ; où elles font prouvées
avec autant de facilité que de foli-
dité par les deux Teftamens & par
la Tradition Apoftolique , ce qui
faifoit la conviction la plus douce &

la plus ferme pour ce Peuple *juste qui vivoit de la Foi , nourri des paroles de la Foi , & de la bonne doctrine ;* où en un mot nos Ecrivains sublimes, faisant ceder l'art à la simplicité, n'ont voulu paroître *qu'en Evêques & en Pasteurs de nos Ames.*

Mais ils ont été obligez de prendre d'autres mesures avec les Payens, & de manier d'autres armes dans ce combat. Il a été question de donner à ces Esprits incredules des démonstrations humaines d'une Religion qui est au-dessus de l'Homme , & de le mener par les lumieres de la raison dans l'heureuse obscurité de la Foi. Sans le secours de nos Saintes Ecritures , il a fallu réduire ces infidelles à en reconnoître l'autorité, ou lès convaincre que *les témoignages du Seigneur sont trop croyables & ses jugemens vrais , justifiez par eux mêmes.* C'est à quoi les Peres se sont le plus attachez, je veux dire à faire de l'objet même de la Foi la raison de croire , & à prouver que nôtre Religion nettement proposée, ne peut trouver de l'incredulité que dans des Esprits sans force & sans lumiére.

Juin 1710.

Ce n'eſt pas tout : ils ont attaqué
directement le Paganiſme qui avoit
été durant deux mille trois cens ans
la Religion dóminante dans le Monde ; la Religon *de ceux qui ſe diſoient*
ſages ; celle des Egyptiens, des Grecs,
& des Romains , trois Peuples hors
deſquels l'Hiſtoire ne remarque
preſque aucune trace d'érudition ni
de culture : j'excepte les Hebreux,
que les Grecs confondoient mal à
propos avec les Peuples Barbares.
C'étoit un ſyſteme choquant de Religion , il eſt vrai ; mais ce n'eſt pas à
dire qu'il fût aiſé de le renverſer :
car outre qu'en fait de Religion les
choſes qui choquent la pure raiſon ,
ne ſont pas celles auxquelles on tient
le moins , parce qu'elles paſſent pour
de grands myſteres ; outre cela , dis-
je , les meilleurs Eſprits du Paganiſme le plus moderne , craignant *la*
cenſure éclairée des tems Chrétiens, comme parle Saint Auguſtin , avoient
abandonné quelque choſe de leur
ancien ſyſteme, pour eſſayer de ſauver le reſte. Mais cela n'a rien mis à
couvert de l'attaque des Peres :
Après les poſtes qui étoient ſans dé-

l'autre contre ceux qui avo
. que chofe de fupportable
pouvoient humilier les
mais ceux-ci nourriffoien
gueïl. Il a été comme conv
les Peres, de leur faire con
premiers par le parallele d
correfpondans de nôtre
toute édifiante & toute fai
leur enlever les derniers p
frontation de nos divines
de l'ancien Teftament, où
lité avoit fait quelques la
elle s'étoit parée. Telle
methode que je dois exp
peu plus en détail .

    Voici donc comme ils í

fon préfente elle-même contre de telles impietez , ne font pas negligées dans leurs Ouvrages polemiques : & quantité de ces Piéces étant tournées ou en véhémentes invectives contre des diffolutions confacrées , ou en des dérifions neceffaires d'opinions monftreufes & applaudies , tout ce qui donne du fel & de la pointe aux difcours les plus fpirituels de ce genre, y eft employé & addroitement ménagé. Mais pour en éloigner un air indécent de Satyres profanes , & pour confondre l'erreur par la verité , ils parlent le langage facré des Prophetes & des Apôtres : ils comparent continuellement les abominations du culte idolatrique avec la pureté du culte Chrétien : ils préfentent à tout coup la Loi de Dieu comme un miroir fans tache , dans lequel la créance & les obfervations payennes paroiffent horribles.

Après avoir cüeilli & brûlé l'yvraye dont ce malheureux champ étoit plein, ils ont pris foin d'amaffer dans le grenier du Seigneur un peu de froment qui étoit mêlé parmi tant d'yvraye ; c'est à dire qu'ayant démêlé quelques points de Doctrine faine dans la Théologie payenne, ils les ont rapportez au trésor de nos divines Ecritures, d'où ils avoient été tirez, comme ils le prouvent tous de concert & par des témoignages non suspects ; puisque ce sont les Payens qui les leur fournissent eux-mêmes. L'Hébraïsme de quelques Philosophes Grecs (s'il m'est permis de nommer ainsi quelques veritez, qu'ils avoient compilées dans les Livres des Hebreux, & considerablement alterées) cet Hébraïsme, dis-je, paroît par les Ecrits des Saints Peres aussi certain que l'Hellénisme de quelques Philosophes Juifs, qui n'est pas problématique parmi les Sçavans. L'établissement du premier de ces deux faits a paru capital à nos sages Ecrivains ; & je dois indiquer le motif qu'ils ont eû de s'y attacher comme ils ont fait dans une partie considerable de ces Ouvrages, dont je tâche de faire connoître l'esprit.

La vanité des Grecs étoit le *plus* grand obstacle à leur conversion : *l'enflûre étoit leur maladie*, comme parle Theodoret. De Difciples des Philofophes, ils ne vouloient pas devenir Difciples des Pêcheurs. Leurs Théologiens étoient Orphée, Homere, Hefiode, Solon, Thalés, Pherecyde, Pythagore, Heraclite, Empédocle, Anaximéne, Socrate, Platon ; qu'ils oppofoient ierement à des Galiléens inconnnus. Ils ignoroient cependant ce qui étoit conftant par les plus anciens monumens de l'Hiftoire, que leurs Théologiens prétendus avoient eu les Hebreux pour leurs premiers Maîtres ; dont ils avoient toutefois pitoyablement défiguré la doctrine, foit parce qu'ils ne l'avoient reçûë que par le canal des Egyptiens qui l'avoient déja alterée, foit parce qu'ils y avoient encore mêlé eux - mêmes leurs erreurs populaires. La Gentilité moderne ayant laiffé tomber les preuves de ce fait peu glorieux pour elle, les Peres ont fait un de leurs principaux foins de le bien éclaircir, & de le rappeller aux Grecs de leur tems, indociles à proportion de leur vanité, & vains à proportion de leur ignorance.

En lifant ce qu'ils ont écrit fur
cette matiere, il n'eft perfonne qui
ne voye encore aujourd'hui avec
plaifir, la Doctrine des Patriarches
& des Prophetes honorez de la fa-
miliarité du Seigneur, couler toute
pure dans le Chriftianifme par le
Judaïfme comme par fon canal naturel, & s'épancher, pour ainfi dire,
fur le rivage par quelques filets dé-
robez dont elle arrofe le Paganifme;
bien qu'elle s'y corrompe pref-
qu'auffi-tôt, reçûë dans des ruiffeaux
pleins de boüë. On a, dis-je, la con-
folation de voir le premier Peuple
inftruit immediatement par les Oracles de Dieu même, inftruire plei-
nement le Peuple Chrétien qui eft
dans fa defcendance directe; &
laiffer toûjours échapper quelques
rayons des veritez celeftes fur la
Gentilité fa pofterité collatérale,
qui avoit eû le malheur de dégéné-
rer; communiquer d'abord quelques fentimens de Religion à l'E-
gypte qui n'adoroit que des monf-
tres dans ces tems reculez, où la
Gréce n'étant encore qu'une Nation
barbare n'adoroit rien; humanifer

& polir enfuite les Grecs par les Égyptiens, & les Italiens par les Grecs. Car les Peres ont juftifié par une curieufe recherche de l'Hiftoi-e, que ces trois Nations qui ont paffé pour les plus éclairées, doi-vent aux Hébreux & aux Chaldéens les prémieres connoiffances des cho-fes divines, humaines, & naturelles.

Ils ont fait remarquer que les plus celebres Philofophes, avoient eû pour Moyfe une efpece de foi qu'on pourroit peut-être nommer aveugle ou fervile dans ces Philofophes. Car non-feulement contre les lumieres ordinaires, ils reconnoiffent quel-que diftinction d'hypoftafes, com-me ils parlent, dans l'Unité de la Na-ure divine ; mais ils abandonnent même les fuites naturelles de leurs principes fur d'autres points confi-derables, lorfque. les *anciens Mémoi-es* les y obligent : c'eft ainfi que Pla-on indique timidement nos ancien-es Ecritures, comme Saint Juftin a obfervé. On peut mettre parmi es inconfequences, que Théodo-et appelle des contradictions dans efquelles ils font tombez en vou-

dans le lieu du Jugement 8
gations de l'autre vie , avec
constance qu'elle n'anime
rant ce paſſage non plus q
le cours de ſes peines : car
nité & cette *inanimation* ſo
l'ordre naturel des Metem
dont ces Philoſophes étoier

Les Peres ont fait beau
tention ſur la longue liſte
ſoit Poëtes, ſoit Philoſoph
rent le voyage d'Egypte da
ſein de s'y inſtruire à fond
Xénophon appelle *la Philo*
veilleuſe , c'eſt à dire , de la
ſecrette des Prêtres de ce
car ce voyage ſembloit êt
ceſſité pour ceux qui aſ

Pythagore , Eudoxe , Democrite , Oenopide , Platon , Hecatée : & quant à la doctrine qui piquoit tant leur curiofité , les Peres ont crû & donné pour indubitable , que c'étoit quelque teinture de la Théologie de Moyfe & des Patriarches ; n'étant pas poffible que les Hébreux, durant le long féjour qu'ils avoient fait en Egypte , n'y euffent laiffé du moins quelques legeres impreffions des principaux Dogmes de leur Religion , lefquelles fe confervoient & fe tranfmettoient entre les Sçavans du pays , fur tout entre les Prêtres.

Les preuves éclatantes de cette tradition font , I. La palinodie d'Orphée , qui revenu d'Egypte mit infiniment au-deffous du Dieu fuprême, les Dieux de nom qu'il lui avoit iuparavant égalez , & ne voulut plus entretenir fon cher Mufée que de *l'Unique Exiftant par lui-même, & de fon Verbe* ; II. Les fublimes idées que Pythagore rapporta du même voyage touchant l'Etre éternel & intelligible , dont il fit le prémier objet de la Religion, & l'objet total de la Philofophie ; III. La tentative que fit

Platon après ses courses, pour substituer la Théologie allégorique à la poëtique : ce qui alloit indirectement à annéantir l'Idolatrie.

Il y a plus : car les Peres ont ramassé diverses expressions de Platon & des autres Philosophes, avec quantité de leurs propositions & de leurs Maximes, qui paroissent visiblement copiées de nos Ecritures : & afin qu'on n'aille pas se figurer, que ce soit là une idée de nos pieux Ecrivains, voici un fameux Pythagoricien qui dit plus que cela : *Qu'est-ce que Platon? C'est Moyse qui parle Grec.* Ce mot de Numénius d'Apamée est rapporté par Hésychius de Milet, ainsi que par Suidas, par Théodoret & par Eusébe. Que si les Peres parlent si souvent des larcins que les Grecs avoient faits sur les Hebreux, c'est parce que ces Grecs plagiaires s'étoient fait par-là une Religion fort differente de celle du Peuple, & que c'est sur la difference de ces deux Religions, l'une épurée des plus grossiéres erreurs de l'autre, que les Péres ont reglé leur méthode uniforme, qui est telle en trois articles.

Le premier contient l'expoſition de la Religion populaire. tant pour le dogme que pour le culte ; le ſecond l'expoſition de la Religion philoſophique, qui étoit celle de tous les Sçavans du Paganiſme ; & le troiſiéme l'expoſition de la Religion Chrétienne, qui eſt la continuation & la perfection de celle de Moyſe & des Hébreux. C'eſt là la diſtribution ordinaire des Ouvrages polémiques : & le but que leurs habiles Auteurs s'y propoſent, eſt de faire revenir la Gentilité des erreurs populaires par l'autorité des Philoſophes reconnuë du Peuple, & des erreurs philoſophiques par l'autorité des Prophetes aſſez reconnuë des Philoſophes qui les avoient pillez, comme les Peres le diſent ſans ceſſe.

J'oſe dire, Monſieur, que c'eſt là le vrai Plan de ces anciennes Controverſes, qui ont ſi heureuſement réüſſi aux illuſtres Défenſeurs de l'Egliſe. Il eſt neceſſaire de faire obſerver ici, que ſuivant ce Plan ils étoient obligez de marquer quelque ſorte d'eſtime pour les plus celebres Philoſophes, en les comparant avec le reste du Monde payen. C'est donc dans le cas de cette comparaison marqué & inculqué par les Peres, que Pythagore & Platon ont été érigez par les Peres même en Maîtres dignes d'être écoutez de ce Peuple horriblement superstitieux : cas si mal remarqué toutefois, que c'est cette inattention certainement inexcusable, qui rend aujourd'hui la Critique si entreprenante & si inconsiderée sous certaines plumes odieuses pour les Fidelles, & méprisables pour les Sçavans.

J'aurai souvent occasion de faire remarquer dans mes Lettres, combien la réputation des Peres est nette sur l'article d'un mauvais Platonisme qu'on leur impute, sans sçavoir à fond ce que c'est que le Platonisme, sans en connoître ni le bon, ni le mauvais, & sans prendre garde que ni Platon ni les autres Auteurs Payens, ne sont jamais citez par les Peres que pour les Payens, & que tout ce qu'ils en citent de raisonnable sur les matieres de Religion, ils prouvent en même tems que les Payens l'avoient tiré des Hebreux.

Juin 1710.

Ils ne manquent jamais d'ajouter,
que ces plagiaires, ou lâches ou infidelles, ont tout alteré ce qu'ils ont
volé. Car, ou ils n'ont ofé l'expliquer nettement dans leurs Livres,
craignant les emportemens de la
multitude obftinément idolâtre ; où
ils y ont mêlé des erreurs étrangéres , foit par la force des préjugez
de la naiffance , foit par l'ignorance
du total de nos Ecritures. En un mot
les Peres n'approuvent en quelque
forte le Platonifme que par les endroits qu'il avoit empruntez du Judaïfme , & par une efpece de réfor-
me qu'il avoit faite dans le Paganifme.

Après cela ils font tous leurs déclarations conformes aux deux que
je mets ici pour exemple. Voici celle de Saint Auguftin. ◦ *Ariftote a dit*

◦ S. Auguft. fur le Pf. 140. *Dixit hoc*
Ariftoteles : adjunge illum petra (petra
autem erat Chriftus) & abforptus eft...
Dixit hoc Pythagoras , dixit hoc Plato : ad-
junge illos petra : compara authoritatem il-
lorum authoritati Evangelica... abforpti
funt juxta petram iftam... Tamdiu vide-
tur aliquid dicere ; donec comparetur pe-
tra. Propterea fi inventus fuerit aliquis il-

A A a vj   *tomus*

cela : *Approchez-le de la pierre (ou la
pierre c'étoit* JESUS-CHRIST *) &
Aristote est abymé. Ainsi a parlé Pythagore , ainsi Platon : approchez les de
la pierre , comparez leur autorité à celle
de l'Evangile : ils sont engloutis auprès
de cette pierre. Ils semblent dire quelque chose jusqu'à ce qu'on vienne à les
comparer à la pierre. C'est pourquoi s'il se
trouve que quelqu'un d'entre eux ait dit
ce que* JESUS-CHRIST *a dit aussi,
nous en felicitons ce Philosophe ; mais
ce n'est pas lui que nous suivons. Je ne
veux être que Chrétien,* dit Saint Justin [b] : *non que la doctrine de Platon
soit éloignée de celle de* JESUS-CHRIT:
*il suffit qu'elle n'y est pas entiérement
conforme.* Jusqu'ici on n'avoit pas
eû besoin de prouver que les Peres
s'en étoient tenus à leurs déclarations.

　　Quel est le malheur de ces tems
& le mien , si mes Lettres se trouvent

*Iorum hoc dixisse, quod dixit & Christus,
gratulamur illi, non sequimur illum.* [b] Saint
Justin 1. Apologia. Χϱιϲιανος ευριϲκωμαι...
ἀχ ὃτι ἀλλότϱιά ἐϲι τὰ Πλάτων⊙ διδάγ-
μαϲα τῶ Χϱιϲῶ, ἀλλ' ὅτι ἀχ ἐϲι πάνϲα
ὅμοια.

　　JUIN 1710.

plus neceſſaires que je ne le ſouhai-
te , contre une licence nouvelle, qui
ne peut avoir aucun motif ni religieux, ni honnête ! Avec quelle in-
decence parlent de ces grandes lumieres de l'Egliſe quelques Ecrivains imprudens au Nord de la
France ! Et peu goûtez chez eux , où
les Sçavans raiſonnables & moderez
deſapprouvent cette hardieſſe , par
quelle étoile trouvent-ils parmi nous
des Lecteurs indulgens, quoi qu'en
petit nombre ? A-t'on des principes ſur la Religion , quand on veut
que les canaux de la Tradition ne
ſoient pas nets de la lie du Paganiſme ? Convient-il à des Chrétiens
d'inſinuër , que les Vainqueurs de
l'idolatrie ne méritoient pas de l'ê-
tre ? Que prétend-on mettre après
tout, à la place de ce merite qu'on
extenuë ? Le droit des Peres ſur nôtre eſtime eſt ſi notoire, qu'une déclaration d'eſtime & de veneration
pour les Peres, n'eſt preſque d'aucun merite au près du Public. Avec
quelle indignation lira-t'il donc des
déclarations à peu près contraires,
ſoutenuës de quelques miſerables

tentatives de Critique, pour justifier, s'il étoit possible, ce manque de respect & de Religion? L'étrange moyen de se faire un nom! Ceux qui se sont fait connoître par-là, n'ont pas besoin d'être flétris.

Jugement des Ouvrages qui nous restent sur la Théologie des Philosophes Payens.

J'ai tâché de donner une idée generale des Ouvrages polémiques par leur matiére & par leur forme: j'ai dit que la pensée que j'ai eûë de les éclaircir, m'a fait dresser un Plan de la Théologie Payenne que j'ai jugé utile : & l'on peut souhaiter d'apprendre sur quels mémoires je l'ai dressé.

Platon & Aristote sont les deux sources les plus riches & les plus abondantes de cette ancienne Doctrine : ce sont les deux seuls qui nous soient connus par eux-mêmes, je veux dire par leurs propres Ouvrages. Quelques fragmens du Pythagoricien Ocellus, anterieur à l'un & à l'autre, ne peuvent pas être comptez pour beaucoup. J'en ai néanmoins profité. Il ne nous reste du fameux Pythagore, que ses Symboles & ses Vers d'or, pour lesquels son Disciple Lysis lui a prêté sa main : quand on a possedé la Théologie philosophique de ce Chef des Philosophes, on en reconnoit les principaux points bien marquez dans ses Symboles , & un beau précis dans ses Vers. A cela près on n'a qu'une connoissance historique des sentimens des anciens Philosophes , par Ciceron, par Plutarque, & par quelques autres, sur tout par Laërce, sans qui les Dogmes & les tems philosophiques seroient bien obscurs.

Philon presque aussi Philosophe que Juif, & par consequent un peu trop Philosophe , est un bon introducteur pour ceux qui desirent entrer dans le Pythagorisme, où il marche sur les pas de Platon : de sorte qu'en lisant ses Ouvrages, on ne sçait *si c'est Philon qui platonize ou si c'est Platon qui philonize*, expression proverbiale rapportée par Saint Jerôme. Il faut être averti une fois pour toutes,

Juin 1710.

que le Pythagorifme & le Platoni
me, c'eft la même chofe.

Plutarque fait voir qu'il fçait par
faitement cette Carte : mais il ba
trop de pays pour pouvoir fervi
de guide. Les deux Sextus (ou l'uni
que Sextus, (car il n'eft pas trop fû
que le Sceptique foit différent d
l'Empyrique,) attaquent generale
ment toutes les opinions des Dog
matiques : mais ils commencent to
jours par expofer nettement ces opi
nions, & par cette methode ils éclai
rent beaucoup un Lecteur.

Venons à Plotin. C'eft un Auteu
qu'il faut s'obftiner à lire, jufqu'à c
que fa lecture vienne enfin à fair
plaifir : car après cela il remplit l'ef
prit de lumieres faines & fublimes
par rapport à la Philofophie la plu
épurée du Paganifme. Les Peres qu
font venus après lui l'ont eftimé &
oppofé au Paganifme groffier. Por
phyre qui nous a confervé ce tréfo
d'ancienne doctrine, foutient digne
ment lui - même dans fes quatre Li
vres de l'abftinence & dans fa fameu
fe Lettre à Anebon, le parti de l

Théologie de Platon & de Pythagore, auſſi bien qu'Iamblique dans
la vie de ce dernier & dans l'exhortation à la Philoſophie. Mais il eſt
Peuple comme le Peuple même
dans ſon Livre des Myſteres en réponſe à la Lettre dont je viens de
parler ; tout infatué d'operations ma-
giques, qu'il nomme plus honnête-
ment théürgiques, d'une divination commandée & artificielle des
ſacrifices de toute eſpéce, & de
l'idolâtrie la plus outrée ; occupé
à donner un air de raiſon & de Religion aux ſuperſtitions les plus in-
ſenſées de la vile multitude, qui le
regardoit comme un Platonicien
merveilleux. Et voilà, pour le dire
en paſſant, le faux Platoniſme & le
mauvais Pythagoriſme de certains
Philoſophes eſclaves du Peuple, ven-
dus à la flatterie des Puiſſances à qui
il importoit qu'on laiſſât le Peuple
dans ſes uſages, notoirement déſer-
teurs de Platon, & contre leſquels
les Peres n'ont ceſſé d'alleguer Platon & Pythagore. Tant s'en faut
qu'on puiſſe ſoupçonner les Peres
d'un Platoniſme ſi corrompu, nous

tité de ces anciens Dogm[...]
ques Commentateurs Gre[...]
ton & d'Aristote, tels qu'A[...]
d'Aphrodisie, & Procle d[...]
sont mieux entrez dans [...]
dans le style de l'ancienne [...]
phie que les Commentate[...]
dernes.

Pour les Latins, Cicero[...]
que, Virgile même & Ov[...]
voir que les beaux Esprit[...]
goûtoient encore de leu[...]
Philosophie merveilleuse , c'e[...]
celle de Pythagore , née [...]
siécles auparavant dans ce[...]
méridionale de leur Pays,[...]
appellée anciennement l[...]
Gréce. Ils étoient Grecs [...]

Quant aux Auteurs Chrétiens, on en tire certainement de grandes lumiéres sur ces anciens Syſtêmes: car les Peres n'en ont rien cóndamné qu'avec connoiſſance, & ils n'en ont rien ignoré ; ſur tout Saint Juſtin, Saint Clément Alexandrin, & Arnobe, qui avoient été Philoſophes, Origene, Euſebe, Lactance Diſciple d'Arnobe, & Saint Auguſtin.

On ne peut pas douter que S. Auguſtin ne vît auſſi clair dans le fond du Pythagoriſme que Plotin & que Platon même. Le Saint Docteur me paroît avoir tenté une choſe digne de ſa Religion & de ſon grand génie. Car après avoir marqué, réprouvé, refuté, *quantité d'erreurs*, qu'il nomme *capitales* de ce Pythagoriſme payen ; comme l'éternité de la matiere, la divinité du Monde & des globes céleſtes, la préexiſtence & la tranſmigration des Ames, avec l'animation de toute la Nature, il eſſaye de conſerver, pour ainſi dire, les reſtes conſidérables de ce débris, & de rendre le fond de cette Philoſophie independant de ces articles inſoutenables. La réalité

du *Monde intelligible* subsiste ; l'illu-
sion du *Monde sensible* , & l'incompré-
hensibilité du *Monde materiel* , selon
ce qu'il est en lui-même hors de la
sensation & de l'intelligence , n'en
sont pas moins bien établies : la volonté agissante de Dieu supplée l'a-
nimation generale : la lumiére que
l'Ame reçoit immédiatement du
Verbe pour les veritez universelles,
rend superflu le Dogme de la ré-
miniscence lié sans necessité à celui
des métempsycoses imaginaires : les
Nombres , ou *Idées* , ou *Formes*, ces
trois épouventails de certains Esprits, deviennent la chose du monde la plus sensée & la plus claire sous
cette plume lumineuse, pour la nommer de la sorte : & pour tout dire
en un mot , au lieu de ce Pythagorisme odieux par des impietez qu'il
fait voir qui y sont comme étrangéres , & tenébreux par quelques mysteres de termes & d'expressions,
qu'il développe avec sa netteté ordinaire , Saint Augustin en expose un
autre tout épuré , où ceux qui veulent ou qui sçavent suivre un tel
Conducteur , peuvent courir d'un

t à l'autre fans trouver aucun
acle dans leur chemin. Si c'étoit
onneur de fçavoir à fond la plus
enne Philofophie dont les Grecs.
ont tant glorifiez, les Latins n'au-
nt befoin que de Saint Augus-
feul pour foutenir en cela leur
neur. Ceux qui ne le connoiffent
par fes Ouvrages philofophi-
à qui font en grand nombre , ne
roient rendre à fon Efprit toute
ftice qu'il mérite.

près avoir indiqué les Auteurs
m'ont éclairé fur la Théologie
Pythagoriciens , il me refte à
: connoître la raifon qui m'a
chercher avec un foin particu-
la Théologie de cette Secte.
t que le Pythagorifme eft la
ologie & la Philofophie primi-
qui fait le fonds de la doctrine.
autres Sectes ; lefquelles ne font.
gard de celles - là que comme-
rfes herefies à l'égard d'une
igion , ou comme divers dia-
s à l'égard d'une langue origi-
. La Philofophie étoit à naître
d Pythagore nâquit. Jufqu'à
ceux qui faifoient en Gréce une

profession particuliere & marquée
de Science & de Religion, prenoient
le nom de Sages. Pythagore trouva
ce titre trop faftueux. *Le feul Sage,*
dit-il, *c'eft Dieu feul* ; & par ce grand
mot il fupprima pour jamais une
fiére focieté de *Sages* qui s'étoit formée dans fon Pays quelques années
avant fa naiffance. Il fonda donc en
leur place *les Philofophes*, ou *Amateurs
de la Sageffe* ; & par ce nom plus mo-
defte & inoüi jufqu'alors , il voulut
faire comprendre aux hommes qu'ils
devoient tendre continuellement à
cette Sageffe confommée dont il
leur promettoit des leçons ; mais
non pas préfumer jamais d'y avoir
atteint , ni nourrir d'un tel orgueil
leur pareffe. Il ouvrit fon Ecole en
Italie ; & la rapidité avec laquelle
fa doctrine paffa la mer, & s'étendit
de tous côtez eft une preuve éclat-
tante de la fuperiorité de fon génie.
Toute la Grece fçavante l'a reconnu pour fon Maitre. Sa Théologie qui s'enfeignoit toute pure dans
l'Academie fondée par Platon,
reçût dans les Sectes pofterieures
quelques alterations , que je ferai

Juin 1710.

connoître incidemment , en expo-
fant le Plan Théologique du Pythagorifme , dans mes douze premieres Lettres.

La Thérapeutique que je joins
à ces Lettres , avec des analyfes &
des notes , ne peut manquer d'être
favorablement reçûë du Public ; à
moins que ma traduction n'ait entiérement défiguré cet excellent Ouvrage d'un des plus fçavans Evêques qu'ait eû l'Eglife orientale ,
je veux dire de Théodoret. Il a été
abandonné ou contredit par Mr.
Uffer fur un point important de
Chronologie , ainfi que par Mr.
Van-Dale fur la matiére des Oracles ; & m'ayant paru que c'eft fans
raifon , j'ai eû l'honneur de vous en
dire ma penfée , Monfieur , dès l'année 1705. dans deux longues Lettres apologétiques que je mets à la
tête de la Thérapeutique ; parce
qu'elle en juftifie la doctrine fur ces
deux articles confiderables.

Au refte le ftyle de Lettres que
j'ai employé dans le Plan que j'ex-
pofe aux yeux du Public, a certains
privileges commodes pour la liberté
Juin 1710.

lides regarderont moins
licences de ce genre , qu
sité & à l'importance de r
On verra avec plaisir ce
la Gentilité polie a pensé
ligion : & il sera certai
quelque utilité de voir
niere à n'en pouvoir pas c
quand elle a pensé raisor
sur quelques points de ce
jet , c'est le premier P
Peuple élû dont le Chri
recüeilli la substitution, c
le Peuple Hébreu qui l'a

Plan de l'Ouvrage où le Sy
logique des Philosophes
est expliqué.

'état des Ames dans l'autre vie fe-
on les Philofophes Payens, fur l'i-
lée qu'ils ont eûë du Jugement des
norts & fur les metempfycofes. Le
roifiéme article explique la Doc-
rine des Philofophes, du Peuple,
& des Poëtes fur les Dieux fubal-
ernes en trois Lettres ; l'une fur les
Dieux vifibles, c'eft à dire le Mon-
le & les Aftres ; la feconde fur les
Dieux invifibles, c'eft à dire les Ge-
ies de divers ordres ; la troifié-
ne fur les Divinitez de la Fable,
jui n'étoient pour les Philofophes
jue des Divinitez allegoriques. Le
juatriéme article, c'eft à dire, le
ulte idolatrique eft renfermé en
eux Lettres ; l'une fur la théorie
e ce culte, c'eft à dire fur la pré-
enduë alligation des Genies aux
doles par les operations de la fauffe
Theürgie, ou plûtôt de la Magie ;
autre fur la pratique de ce culte
ans fes principales fonctions, les
acrifices, la divination, les fêtes
ayennes. Le dernier article n'oc-
upe qu'une feule Lettre fur les
Athées du Paganifme. J'ai déja dit
ue la traduction de la Therapeu-

Juin 1710.   BBb

tique de Theodoret, & deux Differtations apologetiques pour ce
fçavant Pere contre Ufferius & Van-
dale, rempliront le fecond volume.

Le fecond Ouvrage qui viendra
enfuite deftiné à expliquer *le Syfté-
me philofophique*, entre auffi directement que le premier dans mon deffein de faciliter la lecture des Peres.
Il eft pour le moins auffi curieux
que le premier. Les Nombres de
Pythagore, & les idées de Platon
font des chofes fenfées, folides, rai-
fonnables, fublimes, & qui renferment un beau fens, qui n'eft prefque plus connu de perfonne, comme
il l'étoit de Saint Auguftin & des
autres Peres. J'éclaircis ce fens-là
& le refte des dogmes philofophiques, d'une maniere qui mettra les
Lecteurs au fait de ces anciens Syf-
têmes. Les Schifmes des Difciples de
Pythagore qui ont produit quinze
ou feize Sectes differentes, les Auteurs de ces Schifmes, la fucceffion
des Maîtres dans chaque Secte, &
les articles qui ont fait la féparation, tout cela eft recherché avec
foin ; & je me flatte de faire voir

Juin 1710.

ettement, que les nouveaux Philofophes dont j'ai été autrefois chargé, ont manqué l'objet entier de
la Philofophie. Ce fecond Ouvrage eft écrit en forme d'entretiens,
dont le dernier eft fur l'ufage que
les Saints Peres ont fait de la Philofophie payenne, & fur lafameufe
queftion, s'ils ont préferéle Plato-
ifme aux autres Sectes.

ARTICLE LXXXVII.

LOGE DE FEU Mr. FINOT
celebre Médecin, tiré d'une Lettre de
Mr. Hecquet au P. Tournemine Je-
fuite.

L'On fçait, Mon Reverend Pere,
que ce n'eft qu'aux noms des
Auteurs celebres par leurs Ecrits,
que vous accordez place dans vos
Mémoires après leur mort. Mais re-
fuferez-vous cette marque d'honneur à un grand Medecin, qui a été
renommé pour fa Science, diftingué pour fa Sageffe, & celebre pour
fes fuccès? Ces qualitez avoüées de
tout le monde, foutenuës de vôtre

credit dans la République des Lettres, & appuyées de l'honneur de
vôtre amitié, ne suffiront-elles pas,
pour meriter à cet illustre Mort la
place que ses Amis vous demandent?
C'est Mr. Finot que vous avez aimé, M. R. P. & qui vous honoroit,
pour lequel on prend la liberté d'interesser vôtre plume. Quelle ap-
prenne, si vous le voulez bien, au
Monde litteraire, qu'il a perdu dans
ce Medecin celebre un très-sçavant
Homme.

Raymond Jacob Finot étoit de
Beziers en Languedoc, où il étudia
les belles Lettres & la Philosophie
avec distinction. Plein de ces con-
noissances, quoique tout jeune encore, il fut à Montpellier en 1656.
étudier la Medecine. Cette celebre
Faculté sentit dès-lors son merite
& l'honora du bonnet de Docteur
en 1659. Son inclination pour les
Sciences, & ses rares talens pour la
Medecine, n'en demeurérent pas-là:
ils lui inspirérent le dessein de venir
à Paris. Il y arriva âgé de 25 ans
avec un Esprit juste & sensé,
une memoire heureuse, une élo-

quence naturelle, & un naturel aifé. Tant de difpofitions avantageufes apportées en 1664. dans la Faculté de Medecine de Paris, la plus fçavante du Monde & la plus renommée, lui meritérent un rang diftingué dans cette fameufe Compagnie. On y aima la douceur de fes mœurs:on y eftima fa probité, fon érudition, fon habileté, fa fageffe. Tout ce qu'il fit pour cette celebre Ecole l'honora. Ses Thefes fçavantes & judicieufes, fes éloquens Difcours, fes Leçons anatomiques, les Ecrits qu'il y dicta, furent les preuves & les témoins de fon merite.

Ses Thefes fur-tout en font de fidelles garants. Celle-ci, *Non ergò fructus vino temperati falubriores*, du 9e. Mars 1673. découvre avec autant de beauté que d'utilité la nature des *fruits* & de la boiffon qui doit les accompagner ; par où l'on voit la parfaite connoiffance qu'il avoit du regime, cette partie principale de la Medecine. Une autre qui nous refte de lui fur le jugement qu'on doit faire des *urines* dans les maladies, *Non ergò ex urinis certa valetudinis au-*

quia , du 23e. Decembre 1677. Cette These montre son discerne-ment dans l'exercice de la Medeci-ne , & la justesse de ses observations. Mais celle sur tout où il a traité du rallentissement du sang dans les ma-ladies , *Non ergò quia celerior pulsus, celerior sanguinis circulatus* , du 13e. Jan-vier 1701. est la marque d'une medi-tation profonde sur l'économie du corps humain , & d'une connoissan-ce singuliere de la nature & du cours du sang , la preuve enfin de sa rare capacité & de sa grande experience. Mais d'autres témoins parlent enco-re pour lui : car ses succès nombreux, & les rares cures qu'il a faites ; tant de gens qui ne le survivent que par-ce qu'il a sçû les délivrer de la mort; tant d'observations qu'on tient de lui ; tant de maximes qu'on lui doit; ne sont-ce pas autant de témoignages de reconnoissance, ou autant de voix qui publient l'habileté, l'experience, & la grande capacité de Mr. Finot?

L'histoire des cures singuliéres qu'il a faites auroit été aussi utile au Public que glorieuse pour lui : mais il falloit qu'il en fût l'Historien. Sa

Juin 1710.

modeſtie & le peu de tems que lui laiſſoit l'eſtime & la confiance de tout Paris , ne l'ont pas permis. Je vous en rappellerai ſeulement quelques-unes dont vous avez été témoin. Vous vous ſouvenez d'un enfant de la premiere qualité qu'il a conſervé à ſon illuſtre Famille par ſa fermeté à ſoutenir , que ce que beaucoup de Medecins & de Chirurgiens prenoient pour un abſcés , n'en étoit pas un. Les indices auroient été équivoques pour tout autre que pour lui. Vous n'aurez pas oublié non plus ce jeune Malade qu'on traitoit comme s'il eût été attaqué d'une inflammation du peritoine, & qui étoit preſque à l'agonie : Mr. Finot que vous appellâtes reconnut d'abord que le mal étoit une hydropiſie accidentelle , cauſée par la rupture de quelque vaiſſeau lymphatique : il ordonna la ponction , & prédit qu'on tireroit environ douze pintes de lymphe , & que la douleur & la iévre ceſſeroient incontinent. L'effet répondit à ſa prédiction : vous l'avez vû guérir ſur le champ. Une autre perſonne mourante qu'on croyoit malade d'un abscès dans le foye, il jugea que c'étoit une paralysie de vessie, fit sonder le malade, & le mal cessa par l'évacuation de l'urine. Il a guéri sous vos yeux presque aussi promptement un Seigneur de la Cour condamné par les plus habiles Medecins de France : il le fit saigner du pied, & répondit que deux ou trois heures après le ventre s'ouvriroit de lui même, & qu'au soir il seroit sans fiévre. J'ai entre les mains un Malade dans qui il a combattu avec succès pendant plusieurs années, une disposition prochaine à l'apoplexie.

Je ne dois pas finir son Eloge sans vous dire quelque chose des maximes auxquelles il a toûjours été attaché. Il ordonnoit peu de remedes : il falloit que la necessité le contraignît à les employer : il avoit plus de confiance dans un bon regime que dans ces secours violens : sur tout il n'avoit presque jamais recours aux remedes chauds, qui, comme il disoit agréablement, tuent le Malade en chassant la maladie :

Juin 1710.

Quis furor eſt ne moriare mori ?

Il commençoit preſque toûjours par faire ſaigner le Malade , & il ne ſe ſervoit des purgatifs qu'avec beaucoup de diſcretion , convaincu que ce ſont des poiſons temperez, auxquels la moindre faute du Medecin peut rendre leur malignité. Il étoit auſſi habile à prévenir les maladies qu'à les guérir. Il ſe diſtinguoit encore par le ſoin qu'il prenoit de rétablir entierement les Malades : ſoin que les Medecins negligent aſſez ſouvent ; ceux qui ne manquent pas de capacité manquant d'attention. La même penetration qui manifeſtoit à Mr. Finot les commencemens du mal encore cachez , lui en découvroit les reſtes , cauſes funeſtes de rechûtes plus funeſtes que le mal, quand on ne les ſuit pas auſſi attentivement que le faiſoit nôtre habile Medecin.

Il eſt mort à Paris le 28. de Septembre 1709. d'une pleuréſie , âgé de 72 ans. Mais ſa mort à cet âge acheve ſon Eloge. En effet né comme il étoit habituellement Phthiſique, & dans une conſomption toûjours prochaine, il ne falloit pas moins qu'une habileté femblable à la fienne, pour prolonger fes jours beaucoup au-delà du terme que les plus habiles Medecins lui avoient donné.

Article LXXXVIII.

LES VIES DES SAINTS PERES des Deferts d'Occident, avec des figures qui repréfentent l'aufterité de leur Vie & leurs principales occupations. A Paris chez Jean Mariette, ruë Saint Jacques 1708. *deux tomes in 12. tome premier pages 381. tome fecond pages 438.*

L'Occident a eû fes Anacoretes auffi-bien que l'Orient ; & s'ils font moins connus, ce n'eft pas que leur fainteté ait moins éclatté dans le tems qu'ils ont vécu, mais les Saints Moines des Deferts de l'Egypte, de la Paleftine, & de la Syrie, ont eû d'illuftres Hiftoriens, S. Athanafe, Saint Jerôme, Theodoret, Severe Sulpice, Caffien, Pallade, Evagrius. Les Saints Peres des Deferts de l'Europe ont vécu dans des fiécles barbares , dont l'obscurité a presque enseveli leurs vertus. Le peu qui en est venu jusqu'à nous, s'est conservé dans des Memoires dépourvûs de tous les agrémens du style. Mr. de Villefore , à qui le Public doit *un abregé des Vies des Saints Peres des Deserts d'Orient en deux tomes imprimé chez Mariette* , avec des figures belles & correctes , dont nous avons parlé dans les Memoires du mois de Juillet 1706. a crû devoir rendre son Ouvrage complet , en joignant aux premiers Hermites les Imitateurs qu'ils ont eûs dans tous les siécles. Ce dessein si glorieux à l'Eglise Latine est executé avec la discretion, l'onction, l'élegance, qui paroît dans tous les Ouvrages de Mr. de Villefore. Le Graveur a secondé l'Auteur ; & la propreté des gravûres donne un nouveau prix à cet édifiant Ouvrage. On y lira des miracles surprenans : l'Auteur n'a pas crû devoir les omettre après les avoir trouvez dans les Historiens originaux. Nous devons penser, dit-il judicieusement , que Dieu donne à la vive Foi des grands Saints plus

nautez , ou l'Efprit
regne encore aujourd'l
pureté primitive. Ces
dit-il , comme plus près
pour ainfi dire fous nos
peut être capables de fai
preffion fur les cœurs :
compare aux pratiques
Solitaires , la conform
trouvera aura plus de
perfuader aux Fidelles ,
qu'ils verront dans ce
doit pas leur faire regar
teritez & ces pénitences
comme des objets d'un
miration.

ARTICLE LXXXIX.

LETTRES D'UN SUISSE A UN Français; où l'on voit les veritables interêts des Princes & des Nations de l'Europe qui font en guerre, & divers Memoires, Manifeftes, & Actes fervant de preuves à ces Lettres. Tome huitiême. A Bâle 1709. *in douze pages* 285.

NOus avons parlé des autres Tomes de ce curieux Ouvrage dans le rems qu'ils ont paru, & nous avons fait connoître, que fi la matiere étoit importante, la forme qu'une de nos meilleures plumes lui a donnée, ajoute un nouveau prix à ce Livre. Les piéces originales qu'on y a ramaffées, le feront toûjours rechercher. Le Recüeil complet en huit volumes fe vend à Paris chez de Laulne ruë Saint Jaques à l'Empereur.

Juin 1710.

ARTICLE XC.

DETAIL DE L'OBSERVATION
de l'Eclipse de Lune du 13ᵉ. Février 1710. faite à Caën dans le College des Peres Jesuites , par le Pere Aubert Jesuite.

LA Pendule reglée sur le mouve-ment moyen ayant été mise à midi avec le Soleil.

à 9ʰ. 8'. 4ⁿ. Le bord inferieur de la Lune parut manifeste-ment obscurci de l'ombre veritable. La pe-nombre y étoit depuis quelques minutes.

16. 58. Grimaldi entre dans l'ombre.

18. 50. Grimaldi est entré dans l'ombre.

20. 46. Tycho entre dans l'om, bre.

27. 54. Galilée entre dans l'om-bre.

42. 26. Copernic entre dans l'ombre.

43. 44. Copernic est entré dans l'ombre.

Juin 1710.

52. 40. L'ombre eſt à Dionyſius.

à 10ʰ. 1ʹ. 36ʺ. Menelaüs entre' dans
l'ombre.

19. 26. La jmer des criſes eſt
toute dans l'ombre.

54. 36. Galilée ſort de l'ombre.

58. 48. Grimaldi commence à
ſortir de l'ombre.

à 11. 0. 40. Grimaldi eſt ſorti de
l'ombre.

11. 26. Copernic eſt ſorti de
l'ombre.

27. 51. Menelaüs eſt ſorti de
l'ombre.

36. 48. Dionyſius eſt ſorti de
l'ombre.

39. 36. La mer des criſes commence à ſortir de l'om-
bre.

48. 41. La mer des criſes eſt
ſortie de l'ombre.

à 12. 9. 30. La Lune étoit dégagée
de la penombre.

Mr. Caſſini m'avoit prié d'obſerver exactement cette Eclipſe, afin
de pouvoir déterminer la longitude
de Caën, qui n'eſt point encore connuë : je lui envoyai mon obſervation,
Juin 1710.

& il m'a fait l'honneur de m'envoyer celle qu'il fit à Verſailles en la préſence & par les ordres de Monſeigneur le Duc de Bourgogne, & celle qui fut faite à l'Obſervatoire. L'une & l'autre ne commence que vers le milieu de l'Eclipſe : au lieu que le beau tems me permit de l'obſerver dès le commencement. Par la comparaiſon des deux obſervations, c'eſt à dire de la mienne & de celle de Paris, il réſulte que Caën eſt plus Occidental que Paris de deux degrez & environ douze minutes de degré : ce qui n'eſt pas tout à fait conforme à la poſition de Caën dans les Cartes les plus exactes. D'autres obſervations nous éclairciront encore dans la ſuite ; & je les pourrai faire d'autant plus exactement, que j'ai une pendule d'une extrême exactitude, faite à l'Obſervatoire ſous les yeux de Mr. Caſſini.

ARTICLE XCI.

OBSERVATION DE L'ECLIPSE
de Lune du 13. Février 1710. faite à Bordeaux par J. Bouin de la Compagnie de Jesus.

LE Ciel ayant été couvert de nuages tout le matin le 13. Février jufques vers 3 heures du foir, je ne pûs point comparer ce jour-là l'heure de la pendule avec l'heure du midi veritable ; mais je l'avois fait le jour précedent, & je le fis le jour fuivant, le Ciel ayant été fort ferein. La pendule a été reglée fur le mouvement moyen, & je me fuis fervi pour cela de deux Etoiles de la queuë du Scorpion marquées dans Bayer ζ & λ ; parce qu'elles paroiffoient le matin dans le crepufcule, & que le verre objectif de la lunette n'avoit point befoin d'être éclairé par une bougie.

Le Ciel fut fort inconftant le foir : j'obfervai cependant avec une lunette de 8 pieds & demi à deux verres convexes, les phafes fuivantes, c'eft

Juin 1710.

à dire les passages des taches par l'ombre de la Lune.

Dans les phases croissantes le nom de la tache marqué vis-à-vis des minutes & des secondes, marque le tems auquel la tache cessa de paroître, étant entiérement cachée par l'ombre de la Terre ; & dans les phases décroissantes, il marque le tems auquel elle est entiérement sortie de l'ombre & a paru tout à fait.

Phases croissantes.

Tems vrai au meridien de Bordeaux.

A 8^h.55′.10″. Du soir. Commencement de la penombre.

9. 0. 15. L'ombre étoit ambiguë.

1. 13. Commencement de l'Eclipse par l'ombre de la Terre. L'Eclipse commença par le bord oriental de la Lune entre les taches de Grimaldus & Schikardus.

7. 25. Schikardus.

10. 8. Grimaldus.

14. 8. Gassendus.

15. 30. Copernicus.

18. 10. Galilæus.

rs 8ʰ. 18′.30″. le Ciel ſe couvrit de
s nuages pouſſez par un vent de
rd-oüeſt , qui cachérent entiere-
nt la Lune juſques à 10 heures.

0ʰ. 2′.13″. Plinius.

    4. 28. Taruntius.

    7. 30. Promontorium Somnii.

  11. 0.Mare fœcunditatis eſt
       entierement caché.

  12. 15. Un bord de mare Cri-
       ſium.

  14. 7. Proclus.

  15. 30. La tache qui eſt dans
       Mare Criſium.

  21.30. Poſſidonius.

  25.15. Mare Criſium entie-
       rement caché.

  27. 30. Cleomedes.

mbre a obſcurci une plus grande
tie de la Lune vers 10ʰ. 28. & 29.
autes.

Phaſes décroiſſantes.

0ʰ.32′.45″.Harpalus.

  39. 5. Helicon.

  44.10. Heraclides.

  49.54.Poſſidonius.

  50. 0. Le cœur du Lion *Regu-*
Juin 1710.

lus , & le milieu du bord de l'ombre étoient également éloignez du bord de la Lune.

A 10ʰ.53′.45″.Archimedes.

    54.24. Aristarchus.

    55. 0. Timocharis.

A 11ʰ. 0′.15″.Galilæus.

    1.10. Keplerus.

    2.25. Cleomedes.

    3.34. Erastothenes.

    6.10. Grimaldus.

    7.18. Copernicus.

    8.30. Mare Crisium commence à paroître.

    10. 0. Manilius.

    10.32. Lansbergius.

    10.48. Menelaus.

    12. 2. Reinholdus.

    13.27. Plinius.

    17.20. Proclus.

    19.15. Gaffendus.

    19.36. Promontorium somnii.

    20. 4. Insula sinûs maris medii.

    22.15. Dionysius.

    24.50. Bullialdus.

    25. 0. Mare Crisium paroît entierement.

    26.30. Schikardus.

Juin 1710.

1ʰ. 28′ 10″. Promontorium acutum.

29. 45. Capuanus.

30. 12. Taruntius.

31. 0. Le Cœur du Lion étoit au sommet d'un triangle isofcele , dont une ligne tirée par les taches d'Hermes & de Platon, étoit la bafe : les jambes du triangle étoient un peu plus longues que la bafe.

31. 55. Pitatus.

36. 30. Cyrillus , Catharina.

38. 20. Tycho.

38. 35. Regulus avec les taches d'Hermes & de Platon faifoit un triangle rectangle , dont l'hypotenufe étoit une ligne tirée depuis Hermes jufques à Regulus , & Platon étoit au sommet de l'angle droit.

42. 12. Fracaftorius.

44. 50. Mare Nectaris entiérement découvert.

49. 0. Langrenus.

50. 10. Snellius.

à 11ʰ. 51'. 18". Petavius.

    53. 15. Furnerius.

    56. 0. Fin de l'Eclipse.

A 11ʰ. 58 minutes la penombre ne paroiſſoit plus avec la Lunette de 8 pieds & demi, & elle paroiſſoit avec une de 2 & demi. 2 minutes après minuit il ne paroiſſoit plus de penombre même ſans lunette. Regulus étoit pour lors éloigné du bord de la Lune d'environ 20 minutes.

Comme la lunette dont je me ſuis ſervi étoit toute ſimple ſans reticule ni micrometre, je n'ai pû obſerver exactement la quantité des doigts éclipſez, qui autant que j'en ai pû juger, ont été aſſez conformes avec le calcul.

Le tems de l'Eclipſe a précedé le calcul que j'en avois fait de 2'. 32". & la durée a été moindre de 2'. 23". je me ſuis ſervi pour la calculer des tables de Mr. de la Hire.

Obſervation de l'Eclipſe de Soleil du 28.
    Février 1710. faite à Bordeaux par
    J. Bonin de la Compagnie de JESUS.

Afin d'obſerver cette Eclipſe le
    Juin 1710.

plus exactement qu'il me feroit poffible , je dreffai fur la ligne meri-
diene une longue bande de bois paralelle à l'axe du Monde, felon l'élevation du pole de Bordeaux de 44ᵈ.
50'. & elle tournoit librement fur
deux pivots.

Cela fait j'adaptai à cette bande
une machine à laquelle étoit attachée une lunette de 6 pieds , par le
moyen de laquelle le Soleil étoit
repréfenté fur un tambour de papier
difpofé au bout de la machine, &
perpendiculaire à la lunette. L'i-
mage du Soleil avoit 1 pied, 4 pouces , 8 lignes de diametre , & elle
étoit divifée en 12 doigts par 6 cercles concentriques. Quelque affer-
mie que fût la machine, un vent
bas d'Oüeft ne laiffoit pas que de
l'agiter un peu, & d'empêcher qu'on
ne fît tranquillement l'obfervation.
Les nuages pouffez par le vent l'ont
encore interrompuë. Voici celles
que j'ai pû remarquer.

Tems vrai au méridien de Bordeaux.

Phafes croiffantes.
à 11ʰ.14'.18". Commencement de
l'Eclipfe.

à 11^h.17'. 13". un demi doigt.

20. 42. un doigt.

24. 28. 1. doigt & $\frac{5}{7}$.

28. 36. 2. doigts.

33. 10. 2. doigts & $\frac{1}{2}$.

38. 15. 3. doigts.

43. 53. 3. doigts & $\frac{1}{2}$.

50. 7. 4. doigts.

56. 57. 4. doigts & $\frac{1}{2}$.

12^h. 4. 26. 5. doigts.

12. 56. 5. doigts & $\frac{1}{2}$.

21. 49. 6. doigts.

31. 35. 6. doigts & $\frac{1}{2}$.

40. 34. 6. doigts & $\frac{3}{4}$.

Phases décroissantes.

49. 30. 6. doigts & $\frac{1}{2}$.

59. 23. 6. doigts.

De gros nuages poussez par le ve
couvrent le Soleil.

à 13^h.16'. 42". 5. doigts.

23. 51. 4. doigts & $\frac{1}{2}$.

30. 44. 4. doigts.

36. 56. 3. doigts & $\frac{1}{2}$.

Nuages épais.

47. 30. 2. doigts & $\frac{1}{2}$.

Nuages.

56. 24. 1. doigt & $\frac{1}{2}$.

58. 18. 1. doigt & $\frac{1}{4}$.

A 2 heures le Ciel se couvrit

7uin 1710.　　　　　　　tierem

tierement , enfuite le Soleil ayant un peu paru à 2 h. 9'. 45". l'Eclipfe avoit déja fini.

Cette Eclipfe a confidérablement devancé le calcul ; puis qu'elle a commencé 20'. 23". plus-tôt que je ne l'avois marqué dans une efpece de Calendrier que j'avois fait pour cette année , & dans lequel j'avois mis le renouveau , eû égard à la dif-férence des méridiens comme la connoiffance des tems l'avoit mar-quée pour Paris. Elle a été auffi un peu plus grande que les tables ne la donnoient.

Je me fuis fouvent préparé pour obferver les immerfions du premier Satellite de Jupiter à Bordeaux, mais les nuages fembloient venir à point nommé pour empêcher l'obferva-tion.

Mercure a paru ici tous les foirs depuis le 18. Février jufqu'au 27. Il parut le plus éloigné du Soleil le 21. ne s'étant couché que vers 6 heures trois quarts.

ARTICLE CII.

NOUVELLES LITERAIRES.

DE MOSCOU.

ON estime beaucoup *l'élegante traduction d'Horace en langue Esclavonne*, que le Czar a fait faire par *Mr. Elie Kopiewicz* un de ses Secretaires Auteur de la *Traduction Esclavonne de Quinte-Curce & de quelques autres Livres*. A propos de la traduction de Quinte-Curce, le Czar avoüe qu'il en a profité. Le Roi de Suede, dit-il, vouloit imiter Alexandre; mais par malheur pour lui je n'ai pas imité Darius. Memnon donna au Roi de Perse un bon conseil: Darius perit pour ne l'avoir pas suivi: je l'ai suivi, & j'ai fait périr l'Armée Suedoise.

DE SUEDE.

Vous n'avez point parlé de quelques Livres qui ne sont pas tout à fait nouveaux, puisqu'il y en a qui

paroiſſent depuis deux ou trois ans ;
mais qui ne doivent pas être omis
dans vos Memoires.

Torſtani Rudeen Iter per Orbem eru-
ditum : Le Voyage du Monde ſçavant.
L'Auteur dans ce voyage fabuleux
parcourt les pays où les Sciences ont
fleuri : il paſſe d'Egypte dans la Ju-
dée & dans la Phenicie, de-là dans
la Perſe, dans la Grece, dans l'Italie : il raconte l'état où les belles
Lettres ont été dans ces differens
pays : il parcourt de la même maniere les pays où les belles Lettres
ſont aujourd'hui cultivées.

Chriſtiani Alexandri de re veſtiariâ.
C'eſt un Traité des vêtemens anciens & modernes exact & curieux.
D'abord les peaux des animaux ſans
autre préparation ſervoient aux hommes pour s'habiller & pour coucher
deſſus. On en faiſoit des tentes, des
boucliers, des caſques : c'eſt ce qu'on
apprend dans les deux premiers chapitres. L'Auteur traite dans le troiſiéme de l'uſage du lin & de ſes differentes eſpeces. Le quatriéme renferme tout ce qui regarde la laine.
Le cinquiéme parle de la pourpre.

Le sixiéme instruit sur la soye & sur les Seres qui l'ont inventée.

Christiani Alandri de Magiâ numerorum. De la Magie des nombres. Le sçavant Auteur examine dans cette Dissertation, si les nombres & les proportions arithmétiques ou harmoniques, ont quelque efficacité naturelle, qui réponde aux promesses des Enchanteurs.

Gabrielis Justenii de incertitudine præceptorum grammaticorum. De l'incertitude de la Grammaire. L'Auteur prouve assez bien qu'il n'y a presque rien de fixe dans cet Art, & que la plus-part de ses regles sont démenties par l'usage.

Mr. Gustave Peringer de Lilienblad, a donné *une Edition de Pseaumes en Hebreu fort singuliere.* Elle est gra-
Hebreux paroissent en

a

accens   eaucoup
labés   eringer ayant eû en vûë
soin,   d'apprendre aux Lecteurs l'usage de
ces accens, pour distinguer les parties du Texte, en séparer les diverses sentences, & en découvrir le ve-

Juin 1710.

ritable fens. La Verfion Latine eft
tirée des meilleurs Interpretes. L'E-
diteur ne s'eft rendu efclave d'aucun, & il s'eft confervé la liberté de
choifir la Verfion de chaque verfet
qu'il a crû la plus fidelle : fous chaque mot Hebreu, on en trouve l'a-
nalyfe. L'Auteur a indiqué les diverfes maniere de lire, de ponctuer,
d'accentuer : quoi qu'elles foient en
petit nombre & legeres, il n'a pas
voulu les negliger, & il conjure ceux
qui font en état de confulter les anciens Manufcrits, de travailler avec
lui à déterminer la veritable leçon.
Enfin il a marqué à côté de chaque
accent la note de mufique qui lui
convient, & par-là il a mis ceux qui
aiment l'Hebreu & fçavent la Mufique, en état de chanter les Pfeaumes en Hebreu. Mr. Peringer s'eft
fervi de Truls Arvidfon Graveur
du Roi : comme la gravûre peut fe
corriger, il efpere qu'il ne laiffera
aucune faute dans l'Ouvrage. C'eft
un grand in octavo.

On vante une Differtation de Mr.
Belman Profeffeur d'Upfale fur la
Mufique ancienne : *De antiquâ &*

ne devroit pas souffrir, je dis parmi
les Protestans, qu'il osât donner atteinte à des veritez respectées jusqu'ici parmi eux, ni qu'il écrivît
pour soutenir qu'il est probable, que
la Mere de Dieu sentit les douleurs
de l'enfantement, & qu'elle appella
une Sage-femme. *Sa Dissertation sur
cette matiere est écrite en Aleman.*

DE GRIPSWALD.

L'Alemagne n'a pas été inaccessible à une certaine Critique audacieuse toûjours prête à favoriser
l'incredulité, malgré l'heureux penchant pour la Religion qu'un esprit naturellement solide donne à
ses Peuples. Trois ou quatre Ecrivains impies la scandalizent depuis
quelque tems par les conjectures
qu'ils osent débiter. Ce sont Messieurs Thomasius, Gundlingius,
Vonderhardt, principaux Auteurs
d'une espece de Journal dont il a
paru plusieurs tomes, sous le titre
d'Observations literaires imprimées
à Hall, *Observationes Hallenses*, C'estlà que Mr. Vonder-hart a proposé

Juin 1710.

quelques-uns de fes paradoxes : il a
produit les autres dans fon Journal
philologique, *Ephemerides philologica,*
& dans un Livre écrit en mauvais
François, qui a paru en Hollande il
y a près de deux ans.

Les plus fçavans Profeffeurs d'A-
lemagne ont repouffé avec beaucoup
d'érudition, les foibles attaques de
ce Corrupteur de l'Ecriture Sainte.
Mr. Brandan Henri Gebhard l'a
fuivi dans tous fes détours.

Mr. Vonder-hardt qui met fa gloire à faire difparoitre tout le merveilleux de l'Ecriture Sainte, a prétendu qu'on entend mal ce qui eft
raconté dans le chapitre quinziéme
des Juges ; que l'on a crû trop legerement que Samfon prit 300 renards, & que les ayant attachez deux
à deux par les queuës où il lia un
flambeau , il mit ainfi le feu dans les
moiffons des Philiftins. Le mot Hebreu, felon Mr. Vonder-hart, fignifie des gerbes & non des renards. Mr.
Gebhard le nie , & montre que ce
mot ne fe prenant jamais dans l'E-
criture que pour des renards, c'eft
fans aucun fondement qu'on lui at-

bizarres ; & ceux qui ne croyent
pas ce que croyent les perſonnes
ſenſées, croyent de leur côté ce que
les perſonnes ſenſées refuſent de
croire. L'incredulité & la credulité
ridicule ne ſont pas incompatibles :
on a vû plus d'une fois les devins
écoutez par ceux qui n'avoient aucune foi pour les Prophetes.

Brandani Gebhardi de maxillâ Sam-
ſonâ & corpore Adami lucida, contra
obſervationes Wallenſes. Mr. Fechtius
avoit déja examiné cette prétenduë
gloire d'Adam avant ſon peché.

Mr. Gebhard attentif à relever
toutes les fautes de ſon Adverſaire,
ne lui a pas pardonné d'avoir voulu
changer les corbeaux qui nourri-
rent Élie ſur le mont Oreb, en des
Habitans d'une bourgade qu'il place au bas de la montagne. Un Ra-
bin avoit eû la même penſée, qui
n'en eſt pas plus raiſonnable. Mr.
Gebhard fait ſentir tout le ridicule
de cette metamorphoſe, & ſon op-
poſition aux termes de l'Ecriture.

Brandani Gebhardi de Orebitis Elia
nutritoribus, naturales corvi homines-ne
intelligantur.
Juin 1710.

DE HELMSTAD.

Mr. Fabricius Professeur de cette Université, different du sçavant du même nom qui demeure à Hambourg, travaille à un catalogue de sa propre Bibliotheque, où il donnera l'extrait des Livres, son jugement sur chacun , & l'histoire des Auteurs.

D'ITALIE.

Il a paru ici presque en même tems deux Livres de Théologie scholastique, dont les Auteurs sont de l'Ordre de Saint Dominique.

Disputationes Theologicæ in primam partem Summæ Theologicæ Sancti Thomæ, edita ab admodum Reverendo Patre Fr. Paulo Maria Cauvino de Nicæa Ordinis Prædicatorum fol. Romæ 1709. ex Typographia Komareck.

Divus Thomas sui interpres de divina motione in ordine supernaturali , seu de divinis auxiliis. Opus dicatum Innocentio XII. Pont. opt. max. Authore Fr. Ant. Massoullié Ord. Præd. fol. Romæ 1709.

humain par Monsieur Couper. Cette Edition in folio est fort augmenté.

Il paroît presque toutes les semaines de petits Livres sur les disputes du tems ; c'est à dire contre *l'Auteur des droits de l'Eglise Chrétienne ; sur les bornes de l'Autorité royale, & de l'obeïssance des Sujets ; sur l'obligation de croire la Trinité, & la Divinité de* JESUS-CHRIST. La plus-part de ces Livres ne contiennent rien qui merite quelque attention : ce sont des repetitions de ce qu'on a dit cent fois sur ces matieres, des déclamations & rien de plus.

DE HOLLANDE.

On imprime *les Memoires des Plenipotentiaires de France à la Paix de Nimégue, & les Memoires des Plenipotentiaires de France à la Paix de Munster.*

DE TOULOUSE.

Il court ici une Satyre contre les faux Dévots, dont l'Auteur ne se nomme pas. Ce n'est pas un Poëte du commun : il a du feu, de l'esprit ; & peut-être n'en a-t'il que trop. Ses portraits sont touchez fortement. Il

Juin 1710.

lémafque l'Hypocrite & l'Héreti-
que déguifé, fans nuire à la veritable Dévotion, dont il fait une peinture charmante.

Vous êtes obligez à une reftitution de conféquence dans les Memoires du mois de Janvier de cette
année, article premier page huit. On
attribuë *l'Art d'élever un Prince* au Pere
de Foix Jefuite : le veritable Auteur
de cet Ouvrage, eft le Pere Blaife
Gifbert Jefuite de la même Province que le Pere de Foix. Le Pere Gifbert qui étoit fort jeune quand il
publia cet Ouvrage, crût devoir fe
cacher. Son Livre eût un fuccès fur-
prenant. On l'attribua à differentes
Perfonnes. On crût que le feu Marquis de Vardes y avoit beaucoup de
part. La premiere Edition ayant été
enlevée fort vîte, l'Auteur en donna
une feconde augmentée & divifée
en deux parties fous le titre de *l'Art*
de former l'Efprit & le Cœur d'un Prince.
Le Pere de Foix n'a eû d'autre part
au Livre, que d'en avoir permis l'impreffion comme Provincial. On a de
ce Pere *l'Art de prêcher* imprimé chez
Pralard; Livre excellent en fon genre.
Juin 1710.

On a du Pere Gisbert un Livre intitulé *Le bon goût de l'Eloquence Chrétienne*, qui parut en 1705. La comparaison de ces deux Livres avec *l'Art de former l'Esprit & le Cœur du Prince*, peut servir à faire connoître le veritable Auteur de ce dernier Ouvrage.

DE ROUEN.

Le Pere Duval Jesuite Regent de Rhetorique dans le College Archiepiscopal, à cedé aux instances de toute la Ville, & fait imprimer le Panegyrique Latin de Monsieur le Duc de Luxembourg, qu'il prononça il y a quelque tems. C'est un in quarto de 35 pages, imprimé chez Lallemant.

Illustrissimo Luxemburgensium Duci, Normaniæ Gubernatori gratiarum actio.

Quoique l'Auteur se fût borné à l'arrivée & au séjour de Monsieur de Luxembourg à Roüen, il n'a eû que trop de matiere. L'endroit où il parle des troubles appaisez par Monsieur de Luxembourg, est touché avec une délicatesse & une discretion admirable. Celui où il parle de la blessure que reçût Monsieur de Luxembourg en sauvant la vie à son illustre Pere, donne à cette action tout le jour qu'elle peut recevoir de l'Eloquence.

Juin 1710.

DE PARIS.

Le Pere le Jay Jefuite Regent de Rhetorique du College de Loüis le Grand, chargé de faire la Harangue ordinaire, avoit choifi pour fujet *Le paralelle de l'éloquence du Barreau & de l'éloquence de la Chaire.* Il falloit un Maître de l'Art, un Rhéteur confommé, pour traiter cette matiere. Le Pere le Jay Profeffeur de Rhetorique depuis plus de vingt ans, ne voulut pas la décider : il fe contenta d'inftruire la caufe. Sa Harangue eft imprimée, & on la lira avec autant de plaifir, qu'on en a eû en l'entendant prononcer. Il y compare l'Eloquence de la Chaire & l'Eloquence du Barreau, & par la difficulté des fujets qu'elles ont à traiter, & par la difficulté de perfuader les Auditeurs devant qui on traite ces fujets. Les portraits de Monfieur Flechier Evêque de Nimes, du P. Bourdaloüe, & de Mr. de Lamoignon ; les Caracteres des differens Prédicateurs, & des differens Avocats ; les préceptes de l'Art répandus dans fon Difcours fous une forme agreable ; & fur tout la Latinité pure & nombreufe, font fouhaiter que le P. le Jai fe plaigne encore plus d'une fois des fatigues de fon emploi, & qu'il forme des Orateurs pour la Chaire, pareils à Mr. l'Abbé Prévôt, & pour le Barreau qui approchent de Mr. Chauvelin Avocat general, à qui il dedie fa Harangue.

vrier. Mr. de M. prétend que c'
fice celebré à l'honneur de
Bacchus. Cette explication à c
quelques reflexions que nou
fidellement. L'Enfant felon
explication, c'eft Bacchus lu
deux femmes affifes à terre font
pa fes Nourrices. Orphée, di
d'Hippa. Il falloit dire Onon
Ouvrages qui portent le non
ne font pas de lui, mais de c
contemporain de Pififtrate. L'I
le P. Tournemine prend pour
& qui en l'habit & l'air, à part
Athamas Roi de Thebes, *ou le S*
Faune. L'alternative eft fingul
de Thebes , & un Faune, ne do
reffembler affez, pour qu'on pu:
dre l'un pour l'autre. On s'éton
Mr. de M. ne s'eft pas détermi

environne, ne paroit pas faire grande attention. M. de M. plein de l'idée de ce Sacrifice, a changé un des deux Satyres en un jeune Miniſtre du Sacrifice, & obligé le Graveur comme on le ſçait de lui-même, de mettre du feu où il n'en voyoit pas. Nous ne nous arrêtons pas aux changemens qui paroiſſent dans le nouveau deſſein. Mr. le Hay a] fait ſur ces changemens des remarques qui divertiront le Public en l'inſtruiſant : mais ce que dit l'Auteur de la nouvelle explication ſur Alexandre qu'il prend pour Apollon, & la conjecture ſur le Pêcheur ſont d'une érudition trop recherchée, pour être omis. Apollon eſt ici, dit-il, comme une Divinité que les Egyptiens & les Grecs confondoient avec Bacchus. On ne devine pas à quel ſymbole l'Auteur de la nouvelle explication reconnoit Apollon : eſt-ce à la peau qui lui ſert de manteau, ou au cheval qu'il conduit ? ni dans quel Scholiaſte il a appris que les Egyptiens & les Grecs confondoient Apollon & Bacchus. Herodote & tous les bons Auteurs ſans exception, lui auroient appris le contraire. Chez les Egyptiens Oſiris pris pour Bacchus , étoit crû le Pere d'Orus pris pour Apollon. Chez les Grecs Apollon avoit tué le ſerpent Python long-tems avant que Bacchus nâquit de Semelé : & quand il ſeroit vrai que les Grecs auroient pris A llon & Bacchus pour la même

sur le longue à un a cemesu

F I N.

TABLE

TABLE.

Fin de la Table.

ADDITION

Aux Memoires de May, *Article 63*
Page 801. *aprés ces mots*, ajoûtent
& retranchent.

AU reste, on ne croit pas qu'il
vienne en penſée à M. Mill
de dire, qu'en rejettant ſa prétenduë
regle de critique touchant les Variantes du texte de la Bible, on affoi-
bliſſe le moins du monde l'autorité
des Peres, au regard du ſens de l'E-
criture ; à la verité les citations qu'on
en trouve dans leurs écrits ; (car
on voit aſſez qu'il ne s'agit icy que
des paſſages qu'ils citent par cy,
par-là, ſelon que leur ſujet le demande, & non du corps de l'Ecriture ou
même de quelque Livre entier :)
ces citations, dis-je, à la verité ne
peuvent pas ſervir de regle aſſurée
pour juger comment on liſoit au
commencement : puiſqu'il arrive
fort ſouvent qu'elles ſont differentes
en ce qui regarde les mots, & cela
encore ſans qu'elles ſuffiſent par

elles-mêmes pour difcerner furement quelle étoit la leçon primitive du texte, avant que les exemplaires en fe multipliant vinffent à varier. C'eft ce qui nous fait dire, que la regle du Docteur Anglois eft bien fautive, parce qu'elle feroit fort fouvent incertaine, & que déslà on ne peut pas même la nommer une regle : mais il fe tromperoit de penfer que cela donnaft aucune atteinte à la tradition fondée fur le témoignage des Peres. Ce témoignage nous eft un garant affuré de la maniere dont l'Eglife des fiécles paffez, a entendu quelque paffage de l'Ecriture, lorfqu'ils conviennent à le prendre dans le même fens ; quand ils ne le rapporteroient pas tous dans les mêmes termes ; car alors la diverfité qu'il peut y avoir entre leurs citations, n'étant que dans quelques mots, elle n'empêche pas que le fens qu'ils donnent à l'Ecriture, & qui fait la Tradition, ne foit le même : comme les changemens que font fouvent les Auteurs facrez du Nouveau Teftament, en rapportant les paſſages de l'Ancien, n'en alterent nullement le ſens. Ce n'eſt pas la peine d'en mettre icy des exemples, tant le fait eſt connu de tout le monde.

Aprés cela que M. Mill attribuë à telle cauſe qu'il luy plaira cette diverſité de citations dans les Peres, qu'il diſe qu'elle vient de ce qu'ils avoient des exemplaires differens : ou qu'en citant quelquefois de memoire, ils n'ont pas toûjours rapporté exactement les mêmes mots ; ou qu'avec réflexion, ſans rien changer pour le ſens, il ont quelquefois changé, omis, tranſpoſé, ou ajoûté quelques mots au texte cité, ſelon qu'ils le jugeoient à propos, pour plus grande clarté, & par rapport à leur deſſein : cela ne donnera pas plus lieu de dire qu'il y ait de l'infidelité dans les citations des Peres, que dans celles des Evangeliſtes & de Saint Paul, qui en ont uſé de même, en citant des paſſages de l'Ancien Teſtament.

Ce qui donneroit veritablement atteinte à l'autorité de la Tradition, qui est celle de l'Eglise ; ce seroit de passer comme legitime, la prétenduë regle de M. Mill, puisque ce seroit avoüer que les particuliers indépendamment de l'autorité de l'Eglise, ont une regle assurée pour juger quel est le vray texte des Livres sacrez, dans tous les endroits où les exemplaires se trouvent varier.

Page 942. lig. 2. & 13. Jarchas, *lisez*, Iarchaa.

—— Lig. 19. Poëtes, *lisez*, Païens.

Page 948. l. 25. *lisez*, la foudre lui fit fauter.

Page 961. l. 15. *lisez*, explofion.

Page 965. l. 20. *lisez*, il exprime les faillies de fo imagination d'une maniere.

Page 980. l. 6. parce que, *lisez*, par lequel.

Page 981. l. 15. *lisez*, Tapuyes.

Page 982. l. 9. *lisez*, Zernebox. —

Page 995. l. 16. lisez, *phoſphori*.

Page 1070. ligne pénultiéme, ôtez, le point après champ.

Page 1090. l. 26. 8. *lisez*, 3.

Page 1103. l. 12. lisez, *meletemata*.

Page 1116. l. 1. lisez, mombart.

—— Lig. 22. *lisez*, en a l'habit.

—— Lig. 13. *lisez*, filene.

ADDITION A L'ERRATA
de Janvier 1710.

Page 138. lig. 4. *lisez*, le diaphragme fe relâchet

—— Lig. 6. *lisez*, en fe relâchant.

—— Lig. 10. *lisez*, & ne le.

—— Lig. 11. *effacez ces mots*, en s'allongeant en tout fens.

Page 139. l. 6. *lisez* Tumeurs.

AVIS

Sur une faute échapée dans l'Eloge de Monsieur de la Moignon inseré dans les Memoires du mois d'Avril de cette année.

NOus avons attribué à Monsieur de la Moignon le Plaidoyé pour le Sieur Vanopstal, il est de Monsieur de Basville son frere. Cette faute aisée à excuser, puisque le nom de l'Auteur n'est pas dans l'Imprimé, nous donne une favorable occasion d'instruire le Public de quelques particularitez remarquables touchant cette excellente Piece.

L'état de la question étoit, que le Sieur Vanopstal Sculpteur avoit fait des bas reliefs pour Madame du Chemin, & n'avoit demandé son payement qu'un an après avoir livré son Ouvrage. La Dame opposoit au Sculpteur la prescription annale de la Coûtume de Paris, qui rend la demande d'un artisan nulle, s'il n'a fait des diligences dans l'année. Le Sculpteur répondoit que l'article de la Coûtume étoit pour les Arts mécaniques ; mais que la Peinture & la Sculpture sont des Arts liberaux. Monsieur de Basville plaida pour la veuve Vanopstal, & l'Academie fit imprimer son Plaidoyé. Après avoir ainsi travaillé pour sa propre gloire, elle songea à s'acquitter envers son éloquent défenseur. Elle nomma Monsieur Girardon pour faire son buste, & Monsieur Champagne

pour faire fon portrait. La modeftie de Monfieur de Bafville mit un obftacle au deffein
de l'Academie que toutes les inftances de
Monfieur le Brun chargé de cette négocia-
tion ne purent lever. On obtint feulement
de lui que l'on feroit le bufte & le portrait
de Monfieur le Premier Préfident fon pere
au lieu de faire fon bufte & fon portrait.
Girardon & Champagne réuffirent à leur
ordinaire, ou plûtôt ils fe furpafferent. On
voit à Courfon, maifon de Monfieur de Bafville, ces monumens de l'habileté du Peintre
& du Sculpteur, de la fage reconnoiffance
de l'Academie, de l'éloquence, de la modeftie, de la pieté filiale de Monfieur de
Bafville. Monfieur Clement fameux par tant
de Devifes & d'Infcriptions fi eftimées, fit
l'Infcription qui fe lit au-deffous du bufte :

Quod Artis immunitates apud ampliffimum,
Ordinem patrocinio praclare deffenderit,
Grati animi monimentum fibi nuncupatum,
Optimo parenti confecrari maluerit.

Pict. & Sculp. Acad. D. D. C.

Le Pere Vaniere dans le premier Livre de
fon *Pradium Rufticum*, a mis en beaux Vers
ce fait fi glorieux à Monfieur de Bafville.

Aufpice te prifca fuit olim reddita laudi,
Qua docet Ars niveo ductos è marmore vul-
  tus,
Reddere, vel vivo pictos animare colore,